法说

CORPORATE CHARTERS

章程

Lawyers' Insights
on
Customization
of
Corporate Charters

章程的
量身定制与公司治理

青岛市律师协会 / 编
李晶鑫 / 主编

法律出版社
LAW PRESS·CHINA
北京

图书在版编目(CIP)数据

法说章程 : 章程的量身定制与公司治理 / 李晶鑫主编 ; 青岛市律师协会编. -- 北京 : 法律出版社, 2021
ISBN 978 - 7 - 5197 - 5823 - 3

Ⅰ. ①法… Ⅱ. ①李… ②青… Ⅲ. ①公司-章程-研究-中国 Ⅳ. ①D922.291.914

中国版本图书馆 CIP 数据核字(2021)第 162018 号

法说章程
——章程的量身定制与公司治理
FASHUO ZHANGCHENG
—ZHANGCHENG DE LIANGSHEN DINGZHI YU GONGSI ZHILI

李晶鑫 主编
青岛市律师协会 编

责任编辑 李 群 翁潇潇
装帧设计 汪奇峰
封面题字 马 澜

出版发行 法律出版社
编辑统筹 法规出版分社
责任校对 张红蕊
责任印制 张建伟
经　　销 新华书店

开本 710 毫米×1000 毫米 1/16
印张 27 **字数** 345 千
版本 2021 年 10 月第 1 版
印次 2021 年 10 月第 1 次印刷
印刷 三河市龙大印装有限公司

地址:北京市丰台区莲花池西里 7 号(100073)
网址:www.lawpress.com.cn
投稿邮箱:info@lawpress.com.cn
举报盗版邮箱:jbwq@lawpress.com.cn
销售电话:010 - 83938349
客服电话:010 - 83938350
咨询电话:010 - 63939796

书号:ISBN 978 - 7 - 5197 - 5823 - 3
定价:60.00 元

凡购买本社图书,如有印装错误,我社负责退换。电话:010 - 83938349

法说章程

章程的量身定制与公司治理

LAWYERS' INSIGHTS ON
CUSTOMIZATION OF CORPORATE CHARTERS

主　编

李晶鑫　山东众成清泰律师事务所高级合伙人

副主编

魏淑君　山东国曜琴岛（青岛）律师事务所高级合伙人
代宝义　山东诚功律师事务所高级合伙人
郭凡炬　山东国曜琴岛（青岛）律师事务所高级合伙人
肖晓莉　上海锦天城（青岛）律师事务所高级合伙人
杨巍灵　北京大成（青岛）律师事务所高级合伙人
侯安清　山东新和律师事务所高级合伙人
董　杰　山东文康律师事务所高级合伙人
张国权　国浩律师（青岛）事务所高级合伙人

本书编委会

序 Preface

公司需要一部量身定制的好章程

几年前，青岛律协的李晶鑫律师邀请我举办过一次有关公司章程的学习交流活动。当时，他说青岛律协公司专委会继《法说公司》一书之后，正在编写一部公司章程的法律实务专著。

现在，当这部即将由法律出版社出版的《法说章程——章程的量身定制与公司治理》摆在我面前的时候，我不禁为之一振：这部专著，不论在理论上还是实务上，都对公司章程——这一公司的自治法做出了有益的探索和思考。

多年来我一直主张，鼓励公司理性自治是公司法现代化的必由之路，而公司章程是公司自治的灵魂。由于公司法典难以兼顾精准性与普适性，立法者摆脱困境的唯一策略是，打破公司法典垄断公司法体系的神话，承认公司法体系的立体性、开放性和多元性，承认公司自治法和公司法典都是公司法体系中比肩而立的重要法源。公司章程作为广义公司法体系中的公司自治法的一部分，是公司法体系组成部分的核心。

公司法典是遗憾的艺术，也是谦抑的艺术。为促进良法善治，《公司法》应尽量为公司自治法预留空间，鼓励公司内生制度的成长和创新。章程作为公司自治法的龙头、内部“小宪法”，可作为当事人成讼裁判的依据。公司创新、发展、竞争，则需要一部个性化、理性化的章程，这样才能赋能公司发展壮大。国资委与财政部联合印发了《国有企业公司章程制定管理办法》，对国企章程制定有了新的要求，国企将按章办事，章程的理性制定将是国有企业必须完成的重要任务之一。

我国现行《公司法》在规范设计上，仍然存在贯彻自治友好型理念不足的问题。如《公司法》的规范结构没有以私法规范为主；当倡导性规范与强制性规范举棋不定时，立法者在优选倡导性规范方面做得不够；《公司法》还存在公法和私法规范边界模糊、规范类型简单粗疏、规范性质表述不明、规范违反后果不清等的缺憾。这都需要公司法专家予以突破、创新并引导企业制定科学、理性、务实的章程。

我欣喜地看到《法说章程——章程的量身定制与公司治理》正是沿着这条路，对公司章程理论和实务进行了有益的探讨，提炼精华，著述立章。该书第一章开宗明义，指明公司章程就是公司的自治法。作者首先提出的一个问题是，公司章程是法律渊源吗？指出公司章程是民间法、自治法、成文法，属于非正式的、次要的法律渊源，但其约束的范围有限，仅能适用于其创制主体范围内；同时，公司章程属于直接渊源，司法者在创制裁判规范或者裁判具体案件时可以直接进行援引，不需要再进行加工处理。据此，作者进一步得出公司章程具有法定性、公开性和自治性的特征和规范、保护、公示、平衡、填补的功能。接下来作者用三章的内容，按照传统“三分法”的观点，对公司章程之绝对必要记载事项、相对必要记载事项和任意记载事项展开论述，揭示了不同类型、不同发展阶段的公司在章程记载内容上的共性和个性问题，其中不乏有来自实务的典型、个性、迫切的问题。第五章，作者用很大的篇幅，分析了影响公司治理水平的要素和章程在实现公司良性治理中的作用，从公司僵局、关联交易、表决权、代表权、代理权等十五个方面，回答了如何利用公司章程解决公司治理过程中的痛点和难点问题。第六章，作者结合公司章程在司法实践中的典型问题，如章程与股东协议冲突问题、继受股东的知情权问题、股东出资的加速到期问题、章程回购条款的效力问题等，归纳了公司章程在司法适用中的规则，没有回避近年来司法实践中的相关热点、难点问题。该书的最后一章，在前述各章的基础上，归旨于公司章程的制定和实施，剖析了公司章程的成立、生效、失效和溯及力问题。指明在制定章程的过程中，应重点考虑的因素，进而详细地论述了量体裁衣制订公司章程的路径、原则和方法，充满辩证、务实、可操的“民间”思辨。

的确，如作者在本书前言中所述，有关公司章程的法律著作，较多止步于就章程条款而说条款，难窥全豹。相对于公司，其章程是一个血肉丰满的活体，在相对守恒和不断变化中彰显其生命的活力。本书的作者是一个公司法专业律师团队，他们具备丰富的公司法律实务经验，在常年帮助服务对象规范公司治理，解决股东纠纷，化解公司僵局，实施重组清算等公司从生至死全过程的法律服务中，完成了对公司章程的认知理解，制定实施、讼争焦点、裁判依据等实务经验的总结和升华，因而具有鲜明的实务性特征。

本书以执业律师敏锐的视角，引导公司将关注的重点指向如何利用公司章程优化、提升公司的治理水平，解决公司治理中的难点问题，并系统地回答了章程与公司法律法规、章程与股东协议、章程与公司决议、章程与公司规章制度之间的制约、填补和呼应关系，回答了广大的公司尤其是有限责任公司该如何为自己量身打造一份与己匹配、良性善治的好章程，以促进公司快速、稳健、和谐地发展，回应了广大公司法律工作者按图索骥的实务需求。

相信本书会给公司法的研究者一个有益的参考，给广大实务工作者一些取之可用的“锦囊”。

是为序。

刘俊海

中国人民大学法学院教授、博士生导师

二〇二一年八月二十八日

前言 Foreword

继《法说公司》之后，青岛市律师协会公司专业委员会筹备出版第二本“法说”系列专著，编写团队将目光聚焦在公司章程上。

公司章程是公司股东共同一致的意思表示，是公司必备的基本法律文件。公司章程规定公司组织及其活动的基本准则，具有法定性、真实性、自治性和公开性的基本特征。公司章程同《公司法》共同承担规范、调整公司组织和行为，优化公司治理，保护股东和债权人权益，促进公司稳健发展的责任。可以说，读懂了公司章程，就读懂了半部《公司法》。

为此，我们把市面上有关公司章程的著作能搜尽搜，等到几十本书摆在面前的时候，我们很高兴选对了方向——关于章程理论的专著少之又少，实务方面书籍多是章程的设计、起草、模本方面的著述，少有以章程为视角，融合公司法理论与实务的专著。随着商法自治的理念不断深入人心，公司章程在公司法理论研究、公司治理实务和公司商事裁判等领域均得到了越来越多的重视，甚至可以说公司章程在促进国民经济的高质量发展，在优化市场营商环境中发挥着不可替代的作用。

编写团队的共识是：编写一本理论和实务兼顾、以实务为落脚点的公司章程专著，以此引起公司这一最广泛的、最重要的商事主体对自身章程的高度重视，从而为企业的高效、稳健、良性、可持续发展夯实基础。

为此，我们从公司章程的概念、特征、法律渊源、功能等维度入手，进行法理和实务上的解析，并以此来统领全书内容的编写，揭示章程如何与股东、资本共同构成公司的三大支柱。本书按照学界和实务界普遍接受的章程条款“三分法”的观点，在第二、三、四章全面介绍了公司章程的绝对必要记载事项、相对必要记载事项、任意记载事项的概念、特征及其重要性，并对记载事项的内容、边界及司法实践中遇到的问题进行归纳分析，期望在实务中发挥参考、引导作用。

第五章将关注的重点指向如何利用公司章程，优化、提升公司的治理水平，解决公司治理中的难点问题。结合实务中出现的问题，有针对性地解析了利用章程预防公司僵局，加强对公司股东、高管的约束，管理公司的关联交易，限制股权转让，规范公司代表权与代理权，解决公司治理中的送达难题等方面的问题。同时阐明可以运用章程对同股不同权制度、外部董事召集人制度、股权激励制度等进行制度创新，以突破管理瓶颈，实现长效发展。

面对越来越多、越来越复杂的公司诉讼，公司章程在化解公司诉讼难题的司法实践中，受重视程度在不断加强。第六章从章程司法适用与裁判规则的角度，阐述了公司章程与公司自治、法律法规的制衡与互动，归纳了在司法实践中常见的公司章程与股东协议的冲突、公司章程效力的司法审查、公司章程有关股权转让的规定、公司章程对公司对外担保的影响、有限责任公司章程回购条款效力、上市公司章程反收购条款的司法适用、公司章程与公司僵局等问题，揭示了公司章程作为裁判法源的程序正义、实体公平、法定优先等原则，以及相应裁判规则的运用。

第七章是本书的落脚点和归旨处。回答了如何制定出符合公司实际情况和发展需要的公司章程，从而体现出不同行业、不同发展阶段和目标的公司对其章程的个性化需求的问题。为此，本书编者结合章程的制定及生效、实施、修订提出了具体的建议，剖析了章程实施过程中的注意事项和法律风险等典型问题，从方法论的角度，对制定章程应当重点考虑的因素及方法和措施进行了介绍。为了更直观地展示公司章程这一法律文件丰满的血肉和灵魂，本书以自治和个性化空间更大的有限责任公司为例，提供了一个公司章程的示例，并附有相应的实务解析。我们之所以未称为“范例”或者“模板”，是因为我们深知，完美的章程之于公司永远在路上，没有最好，只有更好！

表述的体例和方式是本书的一大特色。【导向问题】【实务解析】【典型案例】【示范条款】【相关规定】的表述方式和导读式目录，直指公司章程理论和实务中的热点、难点和疑点问题，方便读者按图索骥，查阅、参考和使用。

章可循、程可循、有章可循；你也说、我也说、今日法说。

本书编委会

二〇二一年九月

缩 略 语 表

法 律	
《公司法》	《中华人民共和国公司法》
《证券法》	《中华人民共和国证券法》
《外商投资法》	《中华人民共和国外商投资法》
《合伙企业法》	《中华人民共和国合伙企业法》
《会计法》	《中华人民共和国会计法》
《民法典》	《中华人民共和国民法典》
《民法总则》	《中华人民共和国民法总则》(2021 年 1 月 1 日废止)
《合同法》	《中华人民共和国合同法》(2021 年 1 月 1 日废止)
《民事诉讼法》	《中华人民共和国民事诉讼法》
《企业破产法》	《中华人民共和国企业破产法》
《中外合资经营企业法》	《中华人民共和国中外合资经营企业法》(2020 年 1 月 1 日废止)
《中外合作经营企业法》	《中华人民共和国中外合作经营企业法》(2020 年 1 月 1 日废止)
《外资企业法》	《中华人民共和国外资企业法》
《全民所有制工业企业法》	《中华人民共和国全民所有制工业企业法》
《企业国有资产法》	《中华人民共和国企业国有资产法》
《公务员法》	《中华人民共和国公务员法》
行政法规等	
《市场主体登记管理条例》	《中华人民共和国市场主体登记管理条例》
《非上市公众公司监管指引第 3 号》	《非上市公众公司监管指引第 3 号——章程必备条款》

续表

行政法规等	
《企业会计准则36号》	《企业会计准则第36号——关联方披露》
《深圳证券交易所上市公司规范运作指引》	《深圳证券交易所上市公司规范运作指引》（2020年修订）
《信息披露指引》	《信息披露指引》（沪深交易所）
司法解释等	
《合同法解释（二）》	《最高人民法院关于适用〈中华人民共和国合同法〉若干问题的解释（二）》（2021年1月1日废止）
《公司法解释（一）》	《最高人民法院关于适用〈中华人民共和国公司法〉若干问题的规定（一）》
《公司法解释（二）》	《最高人民法院关于适用〈中华人民共和国公司法〉若干问题的规定（二）》
《公司法解释（三）》	《最高人民法院关于适用〈中华人民共和国公司法〉若干问题的规定（三）》
《公司法解释（四）》	《最高人民法院关于适用〈中华人民共和国公司法〉若干问题的规定（四）》
《公司法解释（五）》	《最高人民法院关于适用〈中华人民共和国公司法〉若干问题的规定（五）》
《九民会议纪要》	《全国法院民商事审判工作会议纪要》

目录 Contents

附 录

主要参考书目

01

第一章

章程——公司的自治法

公司作为重要的商事主体，其组织和行为主要由与公司相关的法律法规、部门规章、行业规范和公司章程来调整和规范。公司章程是体现股东共同意志的规范性文件，也是设立公司必须制定的法定文件。公司章程对公司、股东、董事、监事、高级管理人员具有约束力。由此，公司章程是公司股东共同制定的“自治法”，也被称为“公司的宪法”。实现公司章程与公司法律、法规的有机结合，对于规范公司治理，保护公司、股东和债权人的合法权益，维护社会经济秩序，改善营商环境，促进社会主义市场经济的高质量发展，具有举足轻重的意义。

第一节

公司章程的法律渊源和特征

一、公司章程如何准确定义？

在我国公司法学领域中，对公司章程的定义有以下三种具有代表性的观点：

第一种观点，公司章程是指规范公司的组织与行为，规定公司与股东之间、股东与股东之间权利义务关系的公司必备的法律文件，是公司组织和活动的基本准则，是公司的宪章。第二种观点，公司章程是指就公司组织及其行为规范、公司性质、宗旨、经营范围、组织机构、活动方式、权利义务分配等内容进行记载的基本文件。第三种观点，公司章程是公司必备的规定公司组织及其活动的基本规则的书面文件，是以书面形式固定下来的全体股东共同一致的意思表示。

可以看出，第一种观点主要是从公司章程所调整对象——公司自身的组织和行为，公司与股东、股东与股东之间的权利义务关系进行观察而理解公司章程的；第二种观点则主要是从公司章程所蕴含的内容来理解公司章程的，这其实是对公司章程进行外观化的理解；第三种观点则主要是从三个方面对公司章程进行界定，即公司章程的形式——书面，公司章程的内容——组织及活动准则，公司章程的实质——公司股东意思表示一致。

编者认为，可以从制定主体、主要内容、法定要式以及基本性质几个方面对公司章程进行定义，即公司章程是指股东或者发起人依法制定的规定公司名称、住所、经营范围、注册资本、股东姓名或名称、公司机构及其产生办法、职权、议事规则等重大事项的书面文件，是规范公司组织和行为的自治性法律规范。

公司章程对公司内部和公司外部均产生法律约束力：不仅对公司、股东、董监高、实际控制人有约束，还对公司的担保权人、债权人、关联交易方等外部第三人产生一定的法律效力。

二、公司章程是法律渊源吗？

法律渊源，又称法源或法的渊源，是来源于大陆法系的法律术语。通常认为，法律渊源包括主体渊源、方式渊源和材料渊源三个层次，以及行为规范和裁判规范两个面向。

公司章程作为民间成文制定法的典型代表，是公司重要的自治性法律规范。自治法相对他治法而言，虽创制主体各异，但同为广义上的法律范畴，属于法律渊源。

公司章程作为公司的自治性法律规范，一方面，其是公司自治、私法自治及最终极层面上的法的自由价值理念的具体化，是立法机关在创制公司方面的法律时最重要的材料渊源。如立法机关在制定公司法时经常直接吸收、采纳公司章程中的成熟经验、做法。另一方面，公司章程还是司法机关创制公司方面的适用规则或者作出裁判时重要的材料渊源，公司法以及相关法律对公司章程制定内容的广泛授权及对其独立法律地位的确认，则是其成为法律渊源必不可少的条件之一。如司法机关在创制公司纠纷司法解释时会直接或间接地将公司章程作为重要的参考依据，或者法官在对个案尤其是公司纠纷案件进行裁判时，会特别注重公司章程的规定，特别是相关自治性约定内容，以便在此基础上进行援引、分析和判断。

三、公司章程在司法实践中如何援引适用？

公司章程与公司法以及公司法的上位法、相关法构成一个自洽的、周延的逻辑体系。公司章程的法源定位是公司章程司法适用中不可回避的关键性问题。公司章程的法源定位涉及的是公司章程的法律渊源性质定位、形式定位以及种类定位问题。

（一）公司章程的法源形式

法律渊源可以划分为不同的表现形式，主要有国家法与民间法、自治法与他治法、成文法与不成文法三种。那么，公司章程属于哪种法律渊源呢？

1. 公司章程属于民间法

根据法律创制主体性质和身份的不同，可以分为国家立法主体和民间立法主体，由此产生的法律规范形式为国家法和非国家法（民间法）。前者指国家机关（立法机关、行政机关、司法机关等）创制的具有国家强制力的法律规范，特点在于这些规范集中代表或者反映了国家意志，是自上而下的立法活动，对全体社会成员具有普适性和外在强制力；后者指非国家机关（自然人、民间组织等）创制的具有一般强制力的法律规范，特点在于这些规范集中代表或者反映了民间立法主体的集体意志，是自下而上的立法活动，对民间组织内部具有一般适用性和内在强制力。

公司章程属于民间法，表现在公司章程的创制主体是受章程约束的公司内部全体股东（发起人），集中反映了公司全体股东的意志，对公司内部具有一般适用性和内在强制力。公司的组织和行为，如决策的制定及事务的执行等，都要受到公司章程的约束。

2. 公司章程属于自治法

根据法律规范的创制主体和受约束主体之间的关系，可以分为自治立法方式和他治立法方式，由此产生的法律规范形式为自治法和他治法。公司章程属于自治法，表现在公司章程的创制主体和受约束主体均为公司内部成员，他们直接或者间接地参与了公司章程的制定，自愿接受公司章程的约束和管辖。

3. 公司章程属于成文制定法

根据法律规范的创制方式和表现形式的不同，可以分为成文法（又称制定法）和不成文法。公司章程属于制定法，表现在公司章程是公司发起人、股东，有意识、自觉主动地运用理性设计，以一定的内在逻辑形成的约束公司组织和行为的法律规范，且内容具有一定的确定性和稳定性，非经特定程序一般不会进行较大变动。

（二）公司章程的法源种类

法律渊源根据不同的标准，可以划分为不同的种类，主要有正式渊源与非正式渊源、直接渊源与间接渊源、主要渊源与次要渊源等。公司章程的法源种类划分如下：

1. 公司章程属于非正式渊源

根据法律规范的权威性、正式性程度的不同，可以分为正式渊源和非正式渊源。这是英美法系关于法律渊源最为常见的一种分类。正式渊源主要包括国家立法主体创制的成文制定法，这是正式渊源中的核心内容，而非正式渊源则主要包括民间法、判例、政策、习惯、法理等。大陆法系国家在裁判具体个案时多从既有法律规定出发，适用的多为正式渊源，而英美法系国家则多遵循先例，某一个案件的判决原则上对后来发生的其他相同或者类似的案件具有绝对的约束力，因此非正式渊源使用非常普遍。

公司章程属于非正式渊源。表现在：公司章程是公司内部成员创制的用于自我约束的法律规范，该法律规范尚未得到国家意义层面的权威认可，也即公司章程不同于公司法，虽然具有一定的强制力，但其约束力范围有限，仅能适用于该创制主体范围内。因此，公司章程具有非正式渊源的特点，属于非正式渊源中比较有代表性的一种。

2. 公司章程属于直接渊源

根据法律规范是否可由司法者直接援引和使用，可分为直接渊源和间接渊源。这是英美法系关于法律渊源另一种比较常见的分类。通常认为，直接渊源是指司法者在创制裁判规范或者裁判具体个案时可以直接进行援引的法律规范，间接渊源则指司法者在创制裁判规范或者裁判具体个案时不得进行直接援引而需要通过一定的处理后才能间接援引的法律规范。

公司章程属于直接渊源。表现在：公司章程是典型的民间法中的成文制定法，是公司股东通过一定的程序制定的，其内容相对明确、具体，且比较稳定，法官在援引公司章程时一般可直接进行援引，不需要再加工处理。

3. 公司章程属于次要渊源

根据法律规范适用时的等级排列，可分为主要渊源和次要渊源，这是英美法系关于法律渊源的一种比较常见的分类。

主要渊源，又称基本渊源、一级渊源，是指司法者构建裁判规范或者裁判具体个案时应当首先采纳和优先适用的法律规范；次要渊源，又称补充渊源、二级渊源，是指司法者构建裁判规范或者裁判具体个案时，在缺乏主要渊源或者直接采纳主要渊源依然不足的情况下，可以适用的补充性法律规范。主要渊源与次要渊源之间是一种适用等级上的效力位阶关系。

公司章程属于次要渊源。理由在于：公司章程是民间自治性成文制定法，是司法者构建裁判规范或者裁判具体个案时排在第二序列适用的法律规范，在其之前，司法者应当首先适用国家成文制定法，如公司方面相关的法律等。

四、如何准确把握公司章程的法律特征？

公司章程的法律特征主要有三个方面：法定性、公开性和自治性。

（一）法定性

公司章程的法定性主要强调章程的制定、主要内容、效力、修改权限及程序由法律强制规定，任何公司都不得违反。以我国公司法为例，其主要表现在以下五个方面。

1. 制定的法定性

公司章程是公司设立必须具备的法定文件。《公司法》第 11 条规定设立公司必须依法制定公司章程。《市场主体登记管理条例》第 9 条第 1 项规定，市场主体的章程或者合伙协议应当向登记机关办理备案；第 16 条第 1 款第 4 项规定，公司申请办理市场主体登记，应当提交章程。上述法律规定表明，公司章程是设立公司必须向公司登记机关提供的法律文件，其制定的法定性不言而喻。

2. 内容的法定性

《公司法》对于有限责任公司和股份有限公司章程的必备事项作了列举，该事项就是公司章程的法定内容。《公司法》第 25 条和第 81 条分别规定了有限责任公司和股份有限公司章程应当载明的事项。这体现了公权力对私法自治的干预。如不作修改，可能导致公司章程的相关条款无效，也可能导致公司据此作出的相关决议无效。

3. 效力的法定性

《公司法》第 11 条规定，公司章程对公司、股东、董事、监事、高级管理人员具有约束力。国家通过《公司法》立法的形式认可了公司章程的法律效力，将公司章程作为公司法律规范的重要渊源之一。《公司法》第 11 条的规定奠定了公司章程的法律地位，其效力为强制性条款，不得以任何方式排除其效力约束。同时，《公司法》对公司自治范围内大量事项授权公司章程结合公司的实际情况和需要另行规定，并以“公司章程另有规定的除外”“公司章程另有规定的从其规定”等授权性条款，赋予了公司章程对自治事项效力优先的规则。

4. 修改权限和程序的法定性

公司章程的修改权限和程序需要符合《公司法》的规定。按照《公司法》第37条、第43条、第99条和第103条的规定，有限责任公司由股东会行使修改公司章程的职权，股份有限公司由股东大会行使修改公司章程的职权。修改公司章程，有限责任公司必须经代表2/3以上表决权的股东通过，股份有限公司必须经出席会议的股东所持表决权的2/3以上通过。

5. 登记的法定性

无论是公司设立时的初始章程，还是公司设立后对章程进行修改，均需要向公司登记机关办理登记。《公司法》第29条、第83条第3款和第92条的规定表明，不管是有限责任公司、发起设立的股份有限公司，还是募集设立的股份有限公司，公司章程均是申请公司设立登记必须报送的法律文件之一。同时，《公司法》第12条第1款规定：“公司的经营范围由公司章程规定，并依法登记。公司可以修改公司章程，改变经营范围，但是应当办理变更登记。”

（二）公开性

公司章程不是秘密文件。公司章程所记载的内容应当通过法定的方式公示而为公众所知悉。公司设立、募集股份、发行证券等场合，需要将公司章程报送相关公司登记机关或监督管理机构进行公示、披露或者依法置备于指定场所供公众查阅。公司章程的公开性特征主要表现在以下几个方面：

（1）公司章程是向公司登记机关申请公司设立登记必须报送的法律文件之一。公众可以向公司登记机关申请查询公司登记事项，公司登记机关应当提供查询服务。

（2）股东对公司章程的知情权。《公司法》第 33 条、第 96 条、第 97 条的规定表明有限责任公司股东有权查阅、复制公司章程，股份有限公司应当将公司章程置备于本公司，股东有权查阅。第 85 条规定发起人向社会公开募集股份，必须公告招股说明书，招股说明书应当附有发起人制定的公司章程。

（3）公司章程是公司公开发行股票或者公司债券时必须披露的文件之一。《证券法》第 16 条规定，申请公开发行公司债券，应当向国务院授权的部门或者国务院证券监督管理机构报送公司章程等募集文件；第 23 条第 1 款规定："证券发行申请经注册后，发行人应当依照法律、行政法规的规定，在证券公开发行前公告公开发行募集文件，并将该文件置备于指定场所供公众查阅。"

公司章程的公开性特征具有重要意义。通过公司章程的公示，在公司、社会公众、国家监管机构之间建立起一条信息互联通道，方便公司的股东（投资者）、债权人以及公司交易相对方从不同的途径了解公司章程的内容，从而使公司的运行及公司股东、董监高、实际控制人等参与人的活动受到法律规范的制约，交易安全得到一定保障。

（三）自治性

基于《公司法》对制定公司章程的授权，公司章程可以通过对相对必要记载事项、任意记载事项的设计，作出对公司组织和其行为的相关事项量体裁衣式的规定，体现出广阔的自治空间。公司章程自治性特征主要表现在：

（1）公司章程作为一种组织和行为规范，是由股东或发起人依法自行制定、修改的，体现了公司全体股东或发起人的共同意志；

（2）法律不强行干预股东自治部分，由公司股东及其他适格的公司参与者来进行规范、执行，通常无须国家强制力介入；

（3）公司章程作为公司内部规章，其效力及于公司、股东和董监高等；

（4）公司章程的自治性特征，也表现为不同的公司，其章程规定的内容也往往有所不同。

由此，股东或发起人在制定、修改公司章程时，均可以在法律允许的范围内，针对自身特点，对公司的经营范围、法定代表人、对外提供担保、股东会、董事会及监事会的议事方式和表决程序、董事长及副董事长的产生办法、执行董事及经理的职权等一系列重大事项作出自治性的规定，确定公司的组织及其活动的具体规则。当然，公司章程的自治性是相对的，其法定性与自治性相统一的特点，也是《公司法》融合了强行性规范与任意性规范于一体的直接反映[①]。

① 参见赵旭东主编：《公司法学》，高等教育出版社2003年版，第78页。

第二节

公司章程的记载事项和功能

公司章程的记载事项，是指公司全体股东/发起人依据法律规定自主拟定并记载于公司章程，以规范公司组织和行为的相关规定。

一、对公司章程记载事项进行分类的实务意义何在?

根据法律对公司章程的记载事项有无明确规定，以及记载事项对章程效力影响的不同，公司章程记载事项分为绝对必要记载事项、相对必要记载事项和任意记载事项三种。

（一）绝对必要记载事项

绝对必要记载事项，是指根据法律法规的规定，在公司章程中必须记载的事项。绝对必要记载事项的基本特征如下：其一，该事项是按不同类型的公司性质的要求，与形成公司独立人格密切相关的重大事项；其二，公司章程必须对其进行逐一的、合法的规定；其三，缺少该事项可能导致章程因内容不合法而不成立甚至无效、公司登记机关拒绝登记等不利法律后果。

（二）相对必要记载事项

相对必要记载事项，是指在法律上对制定章程有指示性或者授权性规定，但公司章程如果未作记载，也不影响公司章程效力的条款。一般情形下，如果章程未予记载这种条款，可以直接适用法律的相关规定；如果对此予以记载，则所记载的条款发生法律效力。相对必要记载事项有三个基本特征：其一，法律对章程该事项的内容仅有指示性或者授权性的规定，而不作出直接规定；其二，由章程制定人自由决定是否记载及记载的具体内容；其三，相对必要记载事项如违反法律法规的强制性规定，只导致该事项规定的内容无效，不影响章程的整体效力。

（三）任意记载事项

任意记载事项，是指法律上没有规定或要求，按照私法自治的原则完全由章程制定人根据需要，在不违反法律法规和公序良俗的前提下自主记载的事项。任意记载事项有三个基本特征：其一，法律不作出规定而由章程制定人自主决定是否进行记载；其二，一旦作出则与其他记载事项具有同等效力；其三，记载事项内容不合法，只导致该事项规定的内容无效，不影响整个章程的效力。

以上是从章程内容分类的角度，对章程记载事项进行的分类。有的学者认为，根据公司章程的记载事项是否由法律明确规定，仅需分为必要记载事项和任意记载事项两种。但无论上述“三分法”抑或“二分法”，我国《公司法》均未作出此等区分。在章程记载事项的问题上，使用了“应当”“可以”“由公司章程规定”“公司章程另行规定的除外”“除本法另有规定的外，由公司章程规定”等表述，予以区分，从而对章程制定主体、监管机关、司法机构产生实务意义上的指导作用。

二、制定和规范各类公司章程的法律依据主要有哪些?

公司是现代企业中最主要、最典型的组织形式。公司作为最重要的商事主体，公司章程是其实现自治的重要载体。同时，为规范公司的行为，保障市场经济秩序，改善营商环境，公司法等法律法规通过一系列强制性规范，对公司的组织和行为进行约束、规范。可以说，公司的自治是建立在他治基础之上的自治，是有边界的。

国家一方面通过《公司法》《市场主体登记管理条例》等法律法规对公司章程的制定和修改进行引导、规范，另一方面通过公司章程的登记备案制度，来实现对公司章程的管理、监督。下面结合公司的不同类型，介绍一下规范公司章程的法律法规和规章。

（一）有限责任公司

有限责任公司是指由50个以下的股东出资设立，每个股东以其所认缴的出资额为限对公司承担有限责任，公司法人以其全部资产对公司债务承担全部责任的经济组织。有限责任公司是占比最高的公司类型，大多数中小微企业选择有限责任公司为其公司形式。针对有限责任公司的章程制定，法律规范主要体现在《公司法》以及《市场主体登记管理条例》之中。有限责任公司因股东人数较少，体现出更多的人合性，公司章程自治的空间也相对较大。

（二）一人有限责任公司

一人有限责任公司是指只有一个自然人股东或者一个法人股东的有限责任公司。一人有限责任公司是特殊的有限责任公司。一人有限责任公司的章程制定法律依据主要是《公司法》和《市场主体登记管理条例》。在满足关于有限责任公司章程记载事项相关规定外，还应当将公司类型、治理结构、财务监督等与普通有限责任公司相区别的内容作为记载事项在章程中予以体现。

（三）国有独资公司

国有独资公司是指国家单独出资，由国务院或者地方人民政府委托本级人民政府国有资产监督管理机构履行出资人职责的有限责任公司。国有独资公司是特殊的有限责任公司，其章程制定的法律依据主要是《公司法》和《市场主体登记管理条例》。国有独资公司应当结合其经营目的和特殊的组织结构特点，以及国家对国有资产管理的法律法规，来制定和实施公司章程。

（四）股份有限公司

股份有限公司是指以公司资本为股份所组成的公司，股东以其认购的股份为限对公司承担责任。针对股份有限公司章程，法律依据主要体现在《公司法》和《市场主体登记管理条例》之中。

（五）非上市公众公司

非上市公众公司是指公开发行股票但不在证券交易所上市的股份有限公司，以及非公开募集（向特定对象发行股票）使股东人数超过 200 人的股份有限公司。非上市公众公司是股份有限公司的一类，其章程受《公司法》《市场主体登记管理条例》规范、约束的同时，还受到中国证监会的管理和监督。中国证监会制定的《非上市公众公司监管指引第 3 号》，从监管角度对非上市公众公司章程记载事项提出了指导意见。

（六）上市公司

上市公司是指所公开发行的股票经过国务院或者国务院授权的证券管理部门批准在证券交易所上市交易的股份有限公司。其章程受《公司法》和

《市场主体登记管理条例》规范、约束的同时，还受到中国证监会的管理和监督。《到香港上市公司章程必备条款》《到境外上市公司章程必备条款》《上市公司章程指引》对上市公司章程记载事项作出了进一步的规范。

（七）外商投资企业

外商投资企业是指全部或者部分由外国投资者投资，依照中国法律在中国境内经登记注册设立的企业。2020 年 1 月 1 日正式实施的《外商投资法》规定已经成立的外商投资企业可以有 5 年的过渡期保留原组织形式，新设立的外商企业将参照有限责任公司、股份有限公司、合伙企业中对公司章程、合伙协议绝对必要记载事项的规定，制定其公司章程/合伙协议。采取公司制的外商投资企业，分别按照有限责任公司或股份有限公司的形式制定公司章程。

（八）企业集团

根据原国家工商行政管理局发布的《企业集团登记管理暂行规定》，企业集团是指以资本为主要联结纽带的母子公司为主体，以集团章程为共同行为规范的母公司、子公司、参股公司及其他成员企业或机构共同组成的、具有一定规模的企业法人联合体。企业集团不具有企业法人资格，但企业集团母公司应当是依法登记注册，取得企业法人资格的控股企业。

但是，2020 年 12 月 1 日，国家市场监督管理总局《市场监管总局关于废止 86 件规范性文件的公告》废止了《企业集团登记管理暂行规定》。实际上，早在 2018 年 8 月 17 日，国家市场监督管理总局发布了《市场监管总局关于做好取消企业集团核准登记等 4 项行政许可等事项衔接工作的通知》，各地工商和市场监管部门不再单独登记企业集团，不再核发《企业集团登记证》，并放宽名称使用条件。根据该通知，企业法人可以在名称中组织形式之前使用“集团”或者“（集团）”字样，该企业为企业集团的母公司。企业集团名称应与母公司名称的行政区划、字号、行业或者经营特点保持一致。需要使用企业集团名称和简称的，母公司应当在申请企业名称登记时一并提出，并在章程中记载。母公司全资或者控股的子公司、经母公司授权的参股公司可以在名称中冠以企业集团名称或者简称。各级工商和市场监管部门对企业集团成员企业的注册资本和数量不做审查。

鉴于现已不再对企业集团进行单独登记，也就不存在企业集团章程，故本书不再讨论企业集团章程。

（九）集团公司

集团公司是指以资本为主要联结纽带，以母子公司为主体，以集团章程为共同行为规范的，由母公司、子公司、参股公司及其他成员共同组成的企业法人联合体。集团公司的本质特征是一种以母子公司关系为基础的垂直型组织体制，其本身具有独立的法人资格，是采取法人产权制度形式组成的有限责任公司或股份有限公司。集团成员共同制定的集团公司章程决定集团公司的组织机构和管理原则等重大问题，但在本质上，公司章程所依据的法律规范仍主要体现在《公司法》《市场主体登记管理条例》之中。

三、公司章程的功能主要体现在哪些方面?

公司章程是公司法人权的权力源泉，是公司治理的核心依据，是公司、股东、董监高行为的基本准则。章程从静态的角度体现其在公司内部固有的效能。概括而言，公司章程具有以下五个方面的功能。

（一）规范功能

在公司设立、运营、解散的全生命过程中，公司章程规定了股东、公司和公司董监高的行为规范及议事规则。在股东层面，章程可以规定股东的身份要求和资金要求等限制条件；可以规定出资额、表决权、分红权、增资扩股权、清算分配权等权利不同比例；可以规定股东加入及股东退出（含强制退出）的程序和机制；可以规定实际控制人在参与公司治理及公司运营等方面的内容。

在公司治理层面，在《公司法》规定的框架内，公司章程进一步规范股东会、董事会、监事会的议事规则及程序，细化股东会的召开程序及条件，以及小股东临时股东会提议权的行使方式，董事、监事的提名权和委派权，创始股东的权利保护、股东的一票否决权和董监高的竞业限制等治理层面的问题。

在公司经营层面，章程可以规范董事、监事、高级管理人员的限制条款以及授权条款。比如，针对上述人员的任职条件规定个人利益与公司整体利益的规范调整；规定公司的董事长、执行董事或者经理作为公司法定代表人；针对上述人员的任职待遇、离职程序、职业操守及职业要求等进行特别规定。在公司设立及解散层面，章程可以规定公司的解散事由及决定解散后的公司内部的自行清算程序，以及公司破产、公司被依法注销或被撤销终止等情况下，股东、董事、监事和高级管理人员的责任及损失承担等相关问题。

同时，公司章程也是国家对公司进行管理的重要手段，即通过对公司章程的法律规制，实现对公司规范经营的管理和约束。

（二）保护功能

公司章程还体现了对公司、股东、债权人的保护功能。章程可以在一定程度上保护公司、股东和债权人的合法权益，寻求利益主体权利冲突的平衡点，使公司与社会和谐共存，长远、可持续发展。

章程的制定者、修改者一般是股东或者发起人，较为特殊的是国有独资企业，它的章程由国有资产监督管理机构制定或者由董事会制定，报国有资产监督管理机构批准。国有资产监督管理机构作为最初的直接投资者和股东，通常会在章程中规定保护自身权益的条款。但在股权比较集中或者比较均衡的情况下，如何保护公司和不同股东的权益，则是公司章程应该关注的重要课题。同样，公司章程对投资并购、公司红利分配、公司股权回购、股东退出、重大投融资、担保等行为，也具有事先规划、防范风险的保护作用。对股东身份、股权转让、股东特殊意志安排等方面，比如对股东资格的取得方面的限制，对股权转让程序等方面的限制，对董事、监事、经理的提名委派权的安排，对创始股东的权利特殊保护等规定，有针对性地前瞻公司经营和发展过程中可能会发生的问题，也体现了章程的保护功能。

（三）公示功能

章程的公示功能指按照《公司法》等相关法律法规的规定和股东意思表示，在公司章程中载明，并经过公司登记机关、监督管理机关的登记、公示行为产生法律效力。章程的公示内容可分为法定公示内容和自主公示内容。

（1）法定公示内容。《公司法》第 25 条规定了有限责任公司章程应当载明的事项，第 81 条规定了股份有限公司章程应当载明的事项。

（2）自主公示内容。根据股东意思表示，章程还可以规定：股东认缴出资的规定；股东加入、退出的程序及退出时的股权定价原则及方式；股东表决权的行使规则；召开股东会的程序；股东会、董事会、监事会的议事方式和表决程序；公司分红的计算方式和发放方式；持有不同意见股东的异议程序；董事长、副董事长产生的办法；董事的任期；经理的职权；监事会组成人员的构成比例；对董监高的任职要求，与公司有利益冲突情况下的处理机制；对于创始股东的特殊保护；特定股东对于股东表决意见的特殊权利；公司借贷、担保、投融资限额等事项的股东决议程序；公司与股东之间合作的限制条款；对股权转让的特别规定；对章程修改的程序规定；对法人股东出现分立、合并、解散、破产等情形，以及自然人股东出现继承的情形，其股东资格的承继规定；对公司董事、监事、高级管理人员转让其所持有的本公司股份作出其他限制性规定；税后利润股东分配比例规定；公司聘用、解聘承办公司审计业务的会计师事务所的决定权归属等。

上述公示的内容涉及公司的方方面面，是公司信息的总披露。公司外部人员通过公示的章程，可以了解公司的财产状况、信用能力等重要信息，有利于改善营商环境，提高交易安全性，维护公司债权人利益。

（四）平衡功能

公司章程还起到调节公司参与主体的利益平衡功能。公司参与主体可分为创始股东、股权投资股东、实际控制人、高级管理人员、掌握公司核心技术等竞争力的人员等。上述人员的行为及利益不可避免地产生冲突，需要规范和调整。比如，创始股东对于公司的领导力和影响力如何不被削弱；股权投资股东是否可以对与公司有竞争关系的第三方进行投资；高级管理人员经营目标和报酬安排；高级管理人员和掌握公司核心技术等竞争力人员离职保护等。章程可以平衡上述公司参与主体的利益，实现公司内部和谐与外部和谐的统一。比如，设定公司创始人股东决策权保护条款；设定公司的新股东利益分配及对应的投票权。此外，章程还可以规定奖励对公司发展付出较多、作用较大的股东及高管，处罚不利于公司发展、怠于履行义务的股东及高管，平衡各方利益，保障公司健康持续发展。

（五）填补功能

章程通过股东意志和公司自治，起到填补法律不足的作用。作为《公司法》等法律法规的有效补充，章程可以起到实现公司自治与私权创新的作用，让公司更好地适应瞬息万变的市场，更好地发挥公司的经营职能。

《公司法》《公司法解释（三）》《公司法解释（五）》规定了8大类37处直接授权公司章程作出规定的条款，具体如下：

（1）登记类条款：《公司法》第12条、第13条；

（2）对外担保条款：《公司法》第16条、第104条；

（3）出资缴纳义务条款：《公司法》第28条、第83条、第93条；

（4）分红及优先认购权条款：《公司法》第34条、第166条、《公司法解释（三）》第16条、《公司法解释（五）》第4条；

（5）表决权条款：《公司法》第42条、第105条；

（6）人员、职权、会议类条款：《公司法》第37条、第39条、第41条、第43条、第44条、第45条、第46条、第48条、第49条、第50条、第51条、第53条、第55条、第70条、第100条、第119条、第216条、《公司法解释（五）》第3条；

（7）股权变动条款：《公司法》第71条、第75条、第141条；

（8）其他条款：《公司法》第165条、第169条、第180条。

上述由《公司法》及其司法解释授权公司章程作出规定的内容，鼓励通过股东意志和公司自治来填补法律规定的不足，实现商事自治的立法意图非常明显。

四、本书对公司章程的主要研究对象和范围是什么？

如前所述，企业集团不是公司法人，集团公司根据其公司类型可归入有限责任公司或股份有限公司，外商投资企业虽然可以选择公司制或者合伙制，《外商投资法》第31条明确规定外商投资企业的组织形式、组织机构及其活动准则，适用《公司法》《合伙企业法》等法律的规定，但实践中选择合伙制这一组织形式的数量最少。尽管由于投资主体、参与人、设立目的、监管主体、涉外因素等方面的原因，上述主体章程记载事项的侧重点有所不同，但在本质上仍属于有限责任公司或股份有限公司范畴，对其章程本书不单独进行研究和论述。

上市公司和非上市公众公司在公司类型上皆属于股份有限公司。作为公众公司，国家监管机构已经给予更多的关注，采取了更多维的规制措施和手段，相比较而言，其章程的自治空间亦相对较小。同时，考虑到该类公司的治理体系和治理能力已经相对规范，公司内控、风控及合规系统已经相对健全，故对该类公众公司的章程亦不列入本书研究和论述的重点。本书将《上市公司章程指引》《非上市公众公司监管指引第 3 号》列入附录，供读者参考。

本书的论述重点明确为有限责任公司，以及上市公司和非上市公众公司之外的股份有限公司，他们是公司中的大多数，相关主体对通过章程实现公司良好治理的愿望也更加强烈。

02

第二章

绝对必要记载事项

第一节

如何认识章程的绝对必要记载事项

公司章程是公司的核心文件，是股东/发起人共同一致的意思表示。章程必然规定股东的权利与义务、公司的组织规则、公司管理的行为规则等涉及公司根本问题的重大事项，这些事项即为公司章程的绝对必要记载事项。公司类型的不同决定了上述记载事项的内容亦会有所不同，但其中有些事项是各类公司都必然面对的共性问题。各国公司法均对章程的绝对必要记载事项作出明确规定。

导向问题 1

绝对必要记载事项的记载内容是绝对不变的吗？

实务解析

章程绝对必要记载事项，是指根据公司法等相关法律法规的规定，公司章程中必须记载的、不可缺少的法定事项，缺少其中任何一项都会导致章程内容不完备，公司登记机关不予登记。

需要说明的是，章程绝对必要记载事项，虽是法律规定不同类型的公司设立时，必须通过章程进行记载的事项，但记载的具体内容，仍然可以在法律允许的框架内自主规定。比如，公司的法定代表人是各类公司章程都必须记载的事项，属于强制性要求，但由谁担任法定代表人，公司可以选择确定。依据《民法典》第 81 条的列举性规定，执行机构为董事会或者执行董事的，董事长、执行董事或者经理按照法人章程的规定担任法定代表人；未设董事会或者执行董事的，法人章程规定的主要负责人为其执行机构和法定代表人。如是，在强制记载事项的前提下，其记载内容仍有自主选择空间，充分体现了商事自治的立法精神。《公司法》第 13 条也对公司的法定代表人作出了同样的规定。

导向问题 2

各类公司章程绝对必要记载事项主要有哪些?

实务解析

《公司法》第 25 条、第 81 条分别规定了有限责任公司和股份有限公司的章程绝对必要记载事项，现对两种类型的公司章程绝对必要记载事项进行归纳，主要包括：

（1）公司名称和住所；

（2）公司的类型；

（3）公司经营范围；

（4）公司的注册资本，股份有限公司还需记载股份总数、每股金额；

（5）股东/发起人的姓名或者名称；

（6）股东的出资方式、出资额和出资时间，股份有限公司还需记载发起人认购的股份数；

（7）公司治理的机构及其产生办法、职权、议事规则；

（8）公司法定代表人；

（9）股份有限公司设立的方式；

（10）股份有限公司利润分配办法；

（11）股份有限公司的解散事由与清算办法；

（12）股份有限公司的通知和公告办法；

（13）股东会、股东大会认为需要规定的其他事项。

通过上述列举可以看出，有限责任公司和股份有限公司的绝对必要记载事项在公司的名称和住所、公司的类型、经营范围、注册资本、股东的姓名或名称、出资情况（出资方式、出资额、出资时间）、法定代表人等七个方面是相同的。两类公司的不同绝对必要记载事项的规定主要是基于两类公司性质上的差异，包括有限责任公司组织机构设置上相对灵活，只规定了公司机构及其产生办法、职权、议事规则，至于董事会、监事会是否设置、如何设置则由公司自主决定。股份有限公司则必须设置上述机构，因此对董事会、监事会的组成、职权和议事规则逐一规定。由于股份有限公司的设立方式不同，资本构成较复杂且可能具有公众参与的特点，必须加大法律的规制力度，因此对公司设立方式、公司股份总数、每股金额要求必须在章程中予以记载。同时，为加大对社会公众投资人的保护力度，法律对公司的利润分配办法、解散事由及清算办法、通知和公告的办法也要求强制记载。

此外，一人有限公司作为特殊的有限责任公司，要求必须载明自然人独资或者法人独资，其实该绝对必要记载事项应当归属于“股东的姓名或者名称”一项。一人有限责任公司虽然不设股东会，但比照股东会决议的规定，由股东署名后置备于公司。这可以归属于“公司的机构及其产生办法、职权、议事规则”的绝对必要记载事项。

国有独资公司不设股东会，由国有资产监督管理机构行使股东会职权。《公司法》对国有独资公司董事会及监事会产生办法、职权、议事规则作出的规定，可以归属于“公司的机构及其产生办法、职权、议事规则”的绝对必要记载事项。

导向问题3

章程绝对必要记载事项的主要功能有哪些?

实务解析

绝对必要记载事项构成不同类型公司法律人格的骨架，是公司设立不可或缺的结构性内容。

《民法典》规定，公司作为营利法人，应当有自己的名称、组织机构、住所、财产或者经费。营利法人以取得利润并分配给股东等出资人为目的。营利法人应当设置权力机构和执行机构。执行机构行使召集权力机构会议，决定法人的经营计划和投资方案，决定法人内部管理机构的设置，以及法人章程规定的其他职权。营利法人设置监事会或者监事等监督机构的，监督机构依法行使检查法人财务，监督执行机构成员、高级管理人员执行法人职务的行为，以及法人章程规定的其他职权。对于营利法人的规定，《公司法》相对于《民法典》属于特别法，《公司法》规定的章程绝对必要记载事项与《民法典》的规定基本一致，构建起公司独立法律人格的骨架，是公司不可或缺的要素性内容，体现了国家对公司设立和运营进行法律规制的原则和强制规范。

绝对必要记载事项对规范和建立公司法人基本的信用、改善营商环境，具有非常重要的现实意义。

信用是现代市场经济的基石。社会信用体系由个人信用、企业信用和政府信用融合构成。企业信用是信用体系中最活跃的元素。企业信用体系建设的基础是企业信用信息征集，需要企业信用资料的开放和征信企业合法地市场化运作作为保障。公司章程绝对必要记载事项构成了企业征信系统最核心的基础资料信息，而且通过大数据技术的运用，该信息能够穿透关联公司、穿透个人信用，实现信用系统的融合，对建立公司法人基本的信用系统，改善营商环境具有深远意义。

绝对必要记载事项明确和规范公司、股东以及董事、监事、高级管理人员之间的权利义务关系。

《民法典》第 83 条规定，营利法人的出资人不得滥用出资人权利损害法人或者其他出资人的利益。不得滥用法人独立地位和出资人有限责任损害法人的债权人利益。第 84 条规定，营利法人的控股出资人、实际控制人、董事、监事、高级管理人员不得利用其关联关系损害法人的利益。第 85 条规定，营利法人的权力机构、执行机构作出决议的会议召集程序、表决方式违反法律、行政法规、法人章程，或者决议内容违反法人章程的，营利法人的出资人可以请求人民法院撤销该决议。由以上规定可以看出，公司章程绝对必要记载事项明确了公司与股东、股东与股东、公司与董监高、股东与董监高之间的权利义务关系，建立起相互制约的责任体系。

绝对必要记载事项明确和规范公司的组织原则和运营机制，构成公司治理的制度基础和前提。

良好的公司治理是实现公司、投资人目标的保证。公司治理受内、外部机制的双重制约，股东、董事会、监事会、经理是实现内部治理的核心，其中表决权是最关键的元素，这些事项均需要在公司章程中明确记载。章程绝对必要记载事项奠定了公司治理的基本架构，决定了公司治理的基础，对明确和规范公司董事、监事、高级管理人员的职责，降低代理成本都具有不可低估的现实意义。另外，需要注意的是，章程的相对必要记载事项和任意记载事项均不能与绝对必要记载事项相冲突。

第二节

章程绝对必要记载事项常见实务问题

一、公司名称

名称是一家公司区别于其他公司的重要标志，权利人依法享有其专用权，并依法受到保护。2021 年 3 月 1 日实施的新《企业名称登记管理规定》第 16 条规定："企业名称由申请人自主申报。申请人可以通过企业名称申报系统或者在企业登记机关服务窗口提交有关信息和材料，对拟定的企业名称进行查询、比对和筛选，选取符合本规定要求的企业名称。申请人提交的信息和材料应当真实、准确、完整，并承诺因其企业名称与他人企业名称近似侵犯他人合法权益的，依法承担法律责任。"因此，公司名称不再施行核准制，而是由企业自主申报并承担责任。

导向问题 4

哪些文字和内容不得用作公司名称？

实务解析

《企业名称登记管理规定》第11条规定："企业名称不得有下列情形：（一）损害国家尊严或者利益；（二）损害社会公共利益或者妨碍社会公共秩序；（三）使用或者变相使用政党、党政军机关、群团组织名称及其简称、特定称谓和部队番号；（四）使用外国国家（地区）、国际组织名称及其通用简称、特定称谓；（五）含有淫秽、色情、赌博、迷信、恐怖、暴力的内容；（六）含有民族、种族、宗教、性别歧视的内容；（七）违背公序良俗或者可能有其他不良影响；（八）可能使公众受骗或者产生误解；（九）法律、行政法规以及国家规定禁止的其他情形。"

导向问题5

哪些企业在名称中可以使用"中国""中华"等字词？

实务解析

企业名称冠以"中国""中华""中央""全国""国家"等字词，应当按照有关规定从严审核，并报国务院批准。国务院市场监督管理部门负责制定具体管理办法。企业名称中间含有"中国""中华""全国""国家"等字词的，该字词应当是行业限定语。使用外国投资者字号的外商独资或者控股的外商投资企业，企业名称中可以含有"（中国）"字样。

导向问题6

公司名称如何才能新颖而不违背法律规定？

实务解析

举例来说：在新冠肺炎疫情防控期间，几个创业者想在山东设立一个公司，想起一个与新冠病毒有关的名称以引人注意，倘若起名为“山东新冠科技有限公司”，有可能获得核准；若起名为“山东病毒科技有限公司”，则有悖于民法中的公序良俗原则，以此来申请注册登记必然不能通过。

二、公司住所

公司的住所是公司的主要办事机构所在地。《市场主体登记管理条例》第8条第1款第4项规定，市场主体的一般登记事项包括住所或者主要经营场所；第16条第1款第3项规定，申请办理市场主体登记，应当提交住所或者主要经营场所相关文件；第24条第1款规定，市场主体变更登记事项，应当自作出变更决议、决定或者法定变更事项发生之日起30日内向登记机关申请变更登记。并规定违反规定的给予相应的行政处罚。

导向问题7

公司住所地发生变更，可能会存在哪些法律风险？

实务解析

住所地是民事法律行为的重要因素，约定不清或者实际经营场所、主要办事机构与登记不一致，不仅可能面临行政处罚，还可能导致民事权利得不到保障。例如，公司在签订合同时，合同中通常会写明合同双方的住所地，并约定当双方发生纠纷时，将该地址作为双方的有效的书面通知送达地址。

如果公司住所地发生变更后未能及时通知对方，一旦对方提起诉讼，法院可按合同载明的原地址邮寄送达，送达不能后果由被送达人承担，此情形下极有可能导致法院缺席判决，对公司非常不利。因此，公司在实际经营过程中，一旦住所地发生变化，一方面要及时依法进行变更登记，避免行政处罚；另一方面要以书面方式及时通知所有合同相对方，并保留好变更通知的相关证据。①

三、公司经营范围

公司的经营范围由公司章程规定，并依法登记。公司可以通过修改公司章程来改变经营范围，但是应当办理变更登记。公司的经营范围中属于法律、行政法规规定须经批准的项目，应当依法经过审批。法律、行政法规禁止经营的，公司不得经营。法律对经营范围的规定体现了强制性和任意性相结合的原则。

导向问题 8

公司对其特许经营项目如何向社会公示?

实务解析

《企业经营范围登记管理规定》第 6 条明文规定了企业经营范围中包含许可经营项目的，企业应当自取得审批机关的批准文件、证件之日起 20 个工作日内，将批准文件、证件的名称、审批机关、批准内容、有效期限等事项通

① 参见河南鑫海交通运输有限公司擅自变更公司住所被处罚案，郑工商专处字（2016）第 34 号。

过企业信用信息公示系统向社会公示。其中，企业设立时申请的经营范围中包含前置许可经营项目的，企业应当自成立之日起20个工作日内向社会公示。审批机关的批准文件、证件发生变更的，企业应当自批准变更之日起20个工作日内，将有关变更事项通过企业信用信息公示系统向社会公示。

企业登记机关依照审批机关的批准文件、证件登记前置许可经营项目。批准文件、证件对前置许可经营项目没有表述的，依照有关法律、行政法规或者国务院决定的规定和《国民经济行业分类》登记。前置许可经营项目以外的经营项目，企业登记机关根据企业的章程、合伙协议或者申请，参照《国民经济行业分类》及有关政策文件、行业习惯或者专业文献登记。

导向问题9

经营范围与主营业务是不是一回事，经营范围中的经营项目有顺序要求吗?

实务解析

经营范围与主营业务并不是等同的。经营范围的内容要多于主营业务，两者是包含关系。经营范围是企业在设立登记时在营业执照上刊载的经营活动内容，有严格的变更程序；主营业务则是公司从事的主要经营活动，其只要不超经营范围，公司可自主调整。

企业经营范围涉及多个行业时，经营范围是有顺序要求的。经营范围中的第一项经营项目往往被认定为公司所属行业，若排错顺序，公司被税务机关核查的风险可能增加，税务稽查时通常会参考行业分类。①

---

① 参见鲁潍盐业（福州）进出口有限公司新乡分公司不服新乡市工商行政管理局凤泉分局变更经营范围案，(2011) 凤行初字第1号。

四、公司注册资本

依据公司类型和设立方式的不同，公司注册资本有认缴和实缴之分，例如，有限责任公司和发起设立的股份有限公司均实行注册资本认缴制，而募集设立的股份有限公司则实行注册资本实缴制，但法律、行政法规以及国务院决定对公司注册资本实缴、注册资本最低限额另有规定的除外。

导向问题 10

在认缴制的情形下，注册资本是否越多越好？

实务解析

虽然现在大多公司股东出资都采取认缴制，但发起人在公司注册资本登记时仍须量力而行，应当与自身当前资金能力以及公司资金需求相匹配。若盲目认缴远高于自己资金能力的出资，一旦公司无力偿还债务，又符合资本加速到期的情形，股东则须在认缴出资范围内实缴出资，认缴出资加速到期时出资人无力承担的，将导致一系列不利后果。

示范条款

公司注册资本 500 万元人民币，股东按期足额缴纳本章程中规定的各自所认缴的出资额。股东缴纳出资后，公司向股东签发出资证明书。出资证明书载明公司名称、公司成立时间、公司注册资本、股东姓名或者名称、认缴出资额和出资日期、出资证明书编号及核发日期并由公司盖章。出资证明书遗失的，股东应向公司提出遗失补发申请，经公司审核后予以补发。

公司应设置股东名册，记载股东的姓名、住所、出资额及出资证明书编号等内容。股东名册是证明股东持有公司出资额的充分证据。出资证明书内容与股东名册内容不一致的，在无其他相反证明情况下，以股东名册记载内容为准。

五、股东的姓名或者名称

导向问题 11

公司股东名册应当记载哪些事项？

实务解析

在有限责任公司中，公司的股东既可以是自然人，也可以是法人或者非法人组织，在章程的制定中，应该明确写明自然人股东的姓名或者法人、非法人组织股东的名称。有限责任公司应当置备股东名册，记载下列事项：（1）股东的姓名或者名称及住所；（2）股东的出资额；（3）出资证明书编号。记载于股东名册的股东，可以依股东名册主张行使股东权利。公司应当将股东的姓名或者名称向公司登记机关登记；登记事项发生变更的，应当办理变更登记。未经登记或者变更登记的，不得对抗善意相对人。

导向问题 12

未成年人可以成为公司股东吗？其认缴出资义务如何执行？

实务解析

《公司法》颁布后对未成年人能否作为公司股东这一问题一直存在争议，《关于未成年人能否成为公司股东问题的答复》中明确：《公司法》对未成年人能否成为公司股东没有作出限制性规定。因此，未成年人可以成为公司股东，其股东权利可以由法定代理人代为行使。

《民法典》规定，不满 18 周岁的自然人为未成年人。未成年人作为股东的认缴出资行为不属于其独立实施纯获收益的民事法律行为或者与其年龄、智力相适应的民事法律行为，因此，需要通过其法定代理人来实施或者同意、追认。

在公司章程规定的股东出资认缴期满时，如该未成年人股东名下无资产也无收入来源，则无法直接要求其法定代理人代为履行。①

示范条款

股东应向公司提供身份证明，外籍股东应同时提供中文翻译件。

公司未成年人股东的法定监护人应当出具出资承诺书，承诺代未成年人股东履行出资义务。

六、股东的出资方式、出资额和出资时间

股东的出资状况与股东的利益紧密相关，因此，在公司章程的制定过程中，对于股东的出资方式、出资额和出资时间必须明确记载。

---

① 参见马亮与西安黑马工程机械有限公司股东资格确认纠纷案，（2019）陕 01 民终 7555 号。

导向问题 13

股东如何用不同的出资方式履行出资义务?

实务解析

货币出资包括人民币出资和外币出资，人民币出资是日常登记中最常见的形式。股东也可以用实物、知识产权、土地使用权等可以用货币估价并可以依法转让的非货币财产作价出资。但是，法律、行政法规规定不得作为出资的财产除外。对作为出资的非货币财产应当评估作价，核实财产，不得高估作价。

股东还可以用股权或者债权出资。用股权出资应当注意以下四点：一是出资的股权为出资人合法持有且法律上允许转让；二是股权没有瑕疵或者其他负担；三是出资人履行了股权转让的法定手续；四是优先购买权人放弃对出资的股权的优先购买权。用作出资的股权的价值会处于一个动态变化状态，如价值明显降低，则公司、其他股东或者公司债权人可能会提出质疑，该股东因此会有可能承担补足出资义务、出资违约责任以及损害赔偿责任的风险。①

法律、行政法规规定不得作为出资的财产，例如劳务、信用、自然人姓名、商誉、特许经营权或者设定担保的财产等都不能出资。

示范条款

如表 2 -1 所示。

① 参见江西省煤炭集团云南矿业有限责任公司、福建双林农业开发有限责任公司股东出资纠纷案，(2019) 最高法民终 1391 号。

表2-1　股东的姓名（名称）、出资数额、出资方式、出资时间情况

股东姓名或名称	证件号码	认缴出资额（万元）	出资方式	出资比例	实缴出资时间
×××					
×××					

注：实缴出资时间分期时，可以增加实缴出资时间表格。

导向问题14

未按照章程规定出资，应当如何承担责任？

实务解析

按期缴纳章程规定的出资是股东的法定义务。股东不按照章程规定缴纳出资的，除应当向公司足额缴纳外，还应当对已按期足额缴纳出资的股东承担违约责任。货币出资的应当在章程规定出资期限届满前将货币足额存入公司在银行开设的账户；非货币出资除实际交付财产外，还应当办理相应的财产权转移手续。

示范条款

股东承诺：各股东以其认缴出资额为限对公司债务承担责任；如未按期实缴出资，除在欠缴出资的范围内，对公司债务承担补充清偿责任外，还应对公司和其他按期足额出资的股东分别承担违约责任。该违约责任计算方式如下。

未履行期限内，以应实缴金额为基数，按同期全国银行间同业拆借中心公布的贷款市场报价利率计算的利息损失的200%支付违约金，其他按期实缴出资的股东按照实缴比例分配上述违约金；公司如采取诉讼、仲裁方式追缴的，该股东还应承担因此发生的费用损失，包括但不限于律师费、诉讼费、调查取证费用、诉讼保全保函费用。

七、有限责任公司的机构及其产生办法、职权、议事规则

有限责任公司的组织机构包括股东会、董事会、监事会，其产生办法、职权、议事规则是公司章程的重要组成部分。

导向问题 15

如何根据公司实际情况设计股东会职权？

实务解析

除《公司法》明确列举的内容之外，公司可根据其实际经营管理情况以及股东意志设计股东会的其他职权。

示范条款

股东会由全体股东组成，是公司的权力机构，行使下列职权：

（一）决定公司的经营方针和投资计划；

（二）选举和更换董事、非由职工代表担任的监事，决定有关董事、监事的报酬事项；

（三）审议批准董事会的报告；

（四）审议批准监事会的报告；

（五）审议批准公司的年度财务预算方案、决算方案；

（六）审议批准公司的利润分配方案和弥补亏损方案；

（七）对公司增加或者减少注册资本作出决议；

（八）对发行公司债券作出决议；

（九）对公司合并、分立、解散、清算或者变更公司形式作出决议；

（十）修改公司章程；

（十一）审议批准第×××条规定的担保事项及债务加入事项和第×××条规定的关联交易事项；

（十二）审议公司在一年内购买、出售重大资产超过公司最近一期经审计总资产××%的事项；

（十三）审议股权激励计划；

（十四）审议持有表决权15%以上股东、董事会过半数董事或董事长提起的董事会新增职权；

（十五）审议持有表决权15%以上股东、监事会过半数监事或监事长提起的监事会新增职权；

（十六）公司章程其他条款和公司章程修正案规定的职权。

导向问题16

股东会可以以书面形式召开吗？

实务解析

股东会所议事项，股东以书面形式一致表示同意的，可以不召开股东会会议，直接作出决定，并由全体股东在决定文件上签名、盖章。

示范条款

股东会就选举董事、监事进行表决时，根据公司章程的规定或者股东会的决议，可以实行累积投票制。

前款所称累积投票制是指股东会选举董事或者监事时，每一股份拥有与应选董事或者监事人数相同的表决权，股东拥有的表决权可以集中使用。

导向问题 20

如何在章程中设计董事会的架构？

实务解析

有限责任公司设董事会，其成员为 3 人至 13 人。成员人数既可以是单数，也可以是双数，法律并未对此作出限制，为了表决时不出现赞成票和反对票相等的情形，董事会成员的人数通常为单数。两个以上的国有企业或者两个以上的其他国有投资主体投资设立的有限责任公司，其董事会成员中应当有公司职工代表；其他有限责任公司董事会成员中可以有公司职工代表。董事会中的职工代表由公司职工通过职工代表大会、职工大会或者其他形式民主选举产生。董事会设董事长一人，可以设副董事长。董事长、副董事长的产生办法由公司章程规定。

示范条款

公司设董事会，成员为 9 人，由股东会选举产生。董事任期 3 年，任期届满，可连选连任。董事在任期届满前，股东会不得无故解除其职务。

董事会设董事长 1 人，副董事长 2 人。

导向问题21

董事可以提前离职吗?

实务解析

一般情况下，董事任期届满或者辞职，其职责自动终止。但董事任期届满未及时改选，或者董事在任期内辞职导致董事会成员低于法定人数的，如果董事职责自动终止，则董事会将因董事缺额而无法履行职权，影响公司的正常运营，因此，法律规定在改选出的董事就任前，原董事仍应当依照法律、行政法规和公司章程的规定，履行董事职务。董事在任期内可以辞职，只要董事会成员不低于最低法定人数，其辞职可即时生效。

为避免公司长期不召开股东会议补选董事，致使任期届满或者辞职董事长期无法离职，可以规定任期届满或者董事辞职满一年后，可以离职。

示范条款

董事由股东会选举产生或者更换，并可在任期届满前由股东会解除其职务。

董事任期从就任之日起计算，至本届董事会任期届满时为止。董事任期届满未及时改选，在改选出的董事就任前，原董事仍应当依照法律、行政法规、部门规章和公司章程的规定，履行董事职务。

董事任期届满或者董事辞职满一年后，公司没有召开股东会补选的，任期届满或者辞职的董事可以离职。

董事可以由经理或者其他高级管理人员兼任，但兼任经理或者其他高级管理人员职务的董事以及由职工代表担任的董事，总计不得超过公司董事总数的1/2。

董事会中的职工代表由公司职工通过职工代表大会、职工大会或者其他形式民主选举产生后，直接进入董事会。

示范条款

董事可以在任期届满以前提出辞职。董事辞职应向董事会提交书面辞职报告。董事会应在30日内向股东报告有关情况。

导向问题22

如何在章程中规定董事会的职权？

实务解析

《公司法》规定了董事会召集股东会会议、执行股东会决议、决定公司经营方案、制订重大事项相关方案、决定公司管理机构、制定管理制度、决定重要人员任免等十项职权，并授权公司章程规定其他职权。在实践中，许多公司实现了所有权和经营权的分离，股东会负责公司经营的重大事项决策，而具体的业务经营管理则是由董事会或者执行董事负责。

示范条款

董事会行使下列职权：

（一）召集股东会，并向股东会报告工作；

（二）执行股东会的决议；

（三）决定公司的经营计划和投资方案；

（四）制订公司的年度财务预算方案、决算方案；

（五）制订公司的利润分配方案和弥补亏损方案；

（六）制订公司增加或者减少注册资本、发行债券或其他证券及上市方案；

（七）拟订公司重大收购、收购本公司股票或者合并、分立、解散及变更公司形式的方案；

（八）在股东会授权范围内，决定公司对外投资、收购出售资产、资产抵押、对外担保、委托理财、关联交易等事项；

（九）决定公司内部管理机构的设置；

（十）聘任或者解聘公司经理、董事会秘书；根据经理的提名，聘任或者解聘公司副经理、财务负责人等高级管理人员，并决定其报酬事项和奖惩事项；

（十一）制定公司的基本管理制度；

（十二）制订公司章程的修改方案；

（十三）管理公司信息披露事项；

（十四）向股东会提请聘请或更换为公司审计的会计师事务所；

（十五）听取公司经理的工作汇报并检查经理的工作；

（十六）法律、行政法规、部门规章或公司章程其他条款授予的职权。

导向问题23

如何在章程中设定董事会议事规则？

实务解析

董事会的议事方式和表决程序，除《公司法》规定外，由公司章程规定。董事会会议由董事长召集和主持；董事长不能履行职务或者不履行职务的，由副董事长召集和主持；副董事长不能履行职务或者不履行职务的，由半数以上董事共同推举一名董事召集和主持。为避免由过半数董事共同推举一名董事发生争议或无故拖延而无法推举出董事，可以在公司章程中，对董事召集和主持董事会作出排序，需要由董事召集和主持时，由排序在前的董事召集和主持，排序在前的董事不主持时，依次由排序在后的董事召集和主持。董事会应当对所议事项的决定作出会议记录，出席会议的董事应当在会议记录上签名。董事会决议的表决，实行一人一票。

示范条款

董事会会议应有过半数的董事出席方可举行。董事会作出决议，必须经全体董事的过半数通过。

董事会决议的表决，实行一人一票。

董事与董事会会议决议事项所涉及的企业有关联关系的，按照第××条的规定回避表决，不得对该项决议行使表决权，也不得代理其他董事行使表决权。该董事会会议由过半数的无关联关系董事出席即可举行，董事会会议所作决议须经无关联关系董事过半数通过。

出席董事会的无关联董事人数不足3人的，应将该事项提交股东会审议。

导向问题24

董事会决议能否与公司章程的规定相冲突？

实务解析

董事会决议应当在公司章程授权的范围内作出，如果决议违反了公司章程的规定可能导致该决议不成立、无效或者被撤销。[①]

导向问题25

如何在章程中规定经理的职权？

实务解析

有限责任公司设经理，由董事会、执行董事决定聘任或者解聘。除《公司法》规定的职权外，章程可以授予经理其他职权。对不设董事会的公司，建议适当增加经理职权。

示范条款

经理对董事会负责，行使下列职权：

（一）主持公司的生产经营管理工作，组织实施董事会决议；

（二）组织实施公司年度经营计划和投资方案；

（三）拟订公司内部管理机构设置方案；

（四）拟订公司的基本管理制度；

（五）制定公司的具体规章；

（六）提请聘任或者解聘公司副经理、财务负责人；

（七）决定聘任或者解聘除应由董事会决定聘任或者解聘以外的负责管理人员；

（八）董事会授予的其他职权；

---

① 参见河北太行机械工业有限公司与石家庄泰明顿摩擦材料有限公司、EXPERTCOST有限公司撤销董事会决议纠纷案，(2015) 冀民三终字第2号。

（九）公司章程对经理职权另有规定的，从其规定。

导向问题 26

是否可以在章程中授权经理提议召开董事会？

实务解析

目前《公司法》及公司章程鲜有规定经理可以提议召开董事会。但实践中，经理负责公司的生产运营，面临突发事件或者重大事项时，如果按照公司章程规定的程序召开董事会，很可能“贻误战机”。因此，可以考虑在章程中对经理进行特别授权。

示范条款

当公司发生以下情形时，经理可以要求召开临时董事会会议，董事长应当召集，由董事会对相关事项作出决定：

（一）按照本公司合同管理制度，需要决定重大合同事项的；

（二）发生重大诉讼、仲裁，或者面临重大诉讼、仲裁风险的；

（三）发生重大事件公共事件，需要进行危机公关的；

（四）面临行政处罚，需要申辩和听证的；

（五）出现其他超出经理权限，需要董事会决定的重大事项。

导向问题 27

如何在章程中设计监事会的结构？

实务解析

因公司所有权和经营权分离，为使对公司的经营管理形成有效的监督，监事会制度应运而生。根据我国《公司法》的相关规定，除股东人数较少的有限公司不设监事会，由 1 名至 2 名监事替代监事会外，其他有限公司和股份有限公司必须依法设置监事会。

示范条款

监事会由 5 名监事组成，监事会设主席 1 人，副主席 1 人。监事会主席和副主席由全体监事过半数选举产生。监事会主席召集和主持监事会会议；监事会主席不能履行职务或者不履行职务的，由监事会副主席召集和主持监事会会议；监事会副主席不能履行职务或者不履行职务的，由半数以上监事共同推举一名监事召集和主持监事会会议。

监事会应当包括股东代表和适当比例的公司职工代表，其中职工代表的比例不低于 1/3。监事会中的职工代表由公司职工通过职工代表大会、职工大会或者其他形式民主选举产生。

示范条款

监事的任期每届为 3 年。监事任期届满，连选可以连任。

监事任期届满未及时改选，或者监事在任期内辞职导致监事会成员低于法定人数的，在改选出的监事就任前，原监事仍应当依照法律、行政法规和公司章程的规定，履行监事职务。

导向问题28

如何在章程中设计监事会的具体职权？

实务解析

监事会具体职权如何设置，目前并没有完善的制度模板，但监事会必须依据章程规定的职权行使，公司可根据自己的诉求，设计适合的监事会职权条款。

示范条款

监事会行使下列职权：

（一）应当对董事会编制的公司定期报告进行审核并提出书面审核意见；

（二）检查公司财务；

（三）对董事、高级管理人员执行公司职务的行为进行监督，对违反法律、行政法规、公司章程或者股东会决议的董事、高级管理人员提出罢免的建议；

（四）当董事、高级管理人员的行为损害公司的利益时，要求董事、高级管理人员予以纠正；

（五）提议召开临时股东会会议，在董事会不履行《公司法》规定的召集和主持股东会会议职责时召集和主持股东会会议；

（六）向股东会会议提出提案；

（七）依照《公司法》第151条的规定，对董事、高级管理人员提起诉讼；

（八）发现公司经营情况异常，可以自行进行调查，公司相关部门有义务配合；必要时也可以聘请会计师事务所、律师事务所等专业机构协助其工作，费用由公司承担；

（九）本章程授予的其他职权。

导向问题 29

如何在章程中设计监事会的议事规则？

实务解析

《公司法》对监事会的议事规则鲜有具体规定，实务中监事会职能的良性发挥，对改善和提升公司治理水平具有很现实的积极意义。

监事会通过召开监事会会议来行使职责，章程中可以对会议召开时间、次数进行相应的约定。监事可以列席董事会会议，并对董事会决议事项提出质询或者建议。监事会、不设监事会的公司的监事发现公司经营情况异常，可以进行调查；必要时，可以聘请会计师事务所等协助其工作，费用由公司承担。监事会每年度至少召开一次会议，监事可以提议召开临时监事会会议。监事会的议事方式和表决程序，可以参考董事会议事规则。监事会决议应当经半数以上监事通过。监事会应当把所议事项的决定做成会议记录，出席会议的监事应当在会议记录上签名。①

八、公司法定代表人

公司法定代表人指依法律或公司章程规定代表公司行使职权的负责人。我国法律实行单一法定代表人制，一个公司只能有一个法定代表人职务。

① 参见广西洁宝纸业投资股份有限公司与卢某章、杨某乔公司决议撤销纠纷案，(2013) 桂民提字第 154 号。

导向问题 30

公司章程可以规定董事长、执行董事、经理之外的人担任公司法定代表人吗?

实务解析

《公司法》第 13 条规定:"公司法定代表人依照公司章程的规定,由董事长、执行董事或者经理担任,并依法登记。公司法定代表人变更,应当办理变更登记。"法定代表人可以由董事长、执行董事或者经理中的某一人担任,公司章程可以规定法定代表人具体由其中某一人担任,公司可以通过章程规定实现法定代表人选任的自主性。

还有观点认为,《公司法》规定董事长、执行董事、经理担任公司法定代表人为列举方式,不是只有这三类人可以担任公司的法定代表人,在这三类人之外,公司章程可以规定公司的其他职员担任公司的法定代表人。在深圳等地已经有董事长、执行董事、总经理之外的公司其他职员担任公司的法定代表人,并获得公司登记机关的登记。

导向问题 31

哪些人不能担任公司的法定代表人?

实务解析

《企业法人法定代表人登记管理规定》第 4 条规定,有下列情形之一的,不得担任法定代表人,企业登记机关不予核准登记:(1)无民事行为能力或者限制民事行为能力的;(2)正在被执行刑罚或者正在被执行刑事强制措施的；（3）正在被公安机关或者国家安全机关通缉的；（4）因犯有贪污贿赂罪、侵犯财产罪或者破坏社会主义市场经济秩序罪，被判处刑罚，执行期满未逾5年的，或者因犯有其他罪，被判处刑罚，执行期满未逾3年的，或者因犯罪被判处剥夺政治权利，执行期满未逾5年的；（5）担任因经营不善破产清算的企业的法定代表人或者董事、经理，并对该企业的破产负有个人责任，自该企业破产清算完结之日起未逾3年的；（6）担任因违法被吊销营业执照的企业的法定代表人，并对该企业违法行为负有个人责任，自该企业被吊销营业执照之日起未逾3年的；（7）个人负债数额较大，到期未清偿的；（8）有法律和国务院规定不得担任法定代表人的其他情形的。

导向问题32

在法定代表人不履行岗位职责的情况下，其是否可以以“未参与决策”或“未参与制定及执行”而不知情为由，不承担法律责任？

实务解析

在实践中，公司的实际控制人会安排其下属职工或者近亲属，甚至高龄老人作为公司的法定代表人。实践中甚至出现公司门卫作为工商登记中的法定代表人情形。一旦公司出现行政处罚、民事责任甚至刑事责任时，此类法定代表人就以“未参与决策”或“未参与制定及执行”从而不知情的理由来逃脱责任。

就上述情况，编者认为，法定代表人的责任是一种法定责任，不能以不知情的理由逃避其责任。

示范条款

公司法定代表人应严格履行法律和章程赋予的责任，如因客观原因无法继续履行职责，应立即向公司、股东会、董事会和委派股东书面申请辞去法定代表人职务，否则，就应对公司可能发生的行政责任、民事责任和刑事责任等承担法定代表人责任。

导向问题33

法定代表人无法继续履行职责，如何在股东会（董事会）无法通过决议的情况下，更换法定代表人?

实务解析

在公司章程无特别规定的情况下，法定代表人无法继续履行职责，公司又因某些原因拒绝或不能形成变更法定代表人的股东会决议，就无法在工商登记机关进行法定代表人变更登记。为了防止类似情况出现，可以提前在公司章程中，预设相应的条款。

示范条款

法定代表人因故不能继续履行职责时，应在该情形发生之日起15日内向产生法定代表人的股东会（董事会）提出书面更换法定代表人申请。

股东会（董事会）收到该申请后，应在15日内提起召开更换法定代表人的议案。

如股东会（董事会）拒不提起、逾期提起、无法通过该议案，则由副董事长接任法定代表人；不设副董事长的，由出资最多的股东接任或委派法定代表人。行业、协会等有特别规定的除外。

九、一人有限公司

一人有限公司是指只有一个自然人股东或者一个法人股东的有限责任公司。根据《公司法》第 58 条的规定，当一人有限公司的股东为一个自然人时，该一人有限公司不能投资设立新的一人有限公司。一个法人股东设立的一人有限公司可以投资设立新的一人有限责任公司。一人有限公司作为特殊形式的有限责任公司，其章程中的绝对必要记载事项也必须符合《公司法》第 25 条的法律规定。

导向问题 34

一人有限公司如何作出公司决议?

实务解析

一人有限公司股东的唯一性决定了其权力机构的特殊性。《公司法》第 61 条规定："一人有限责任公司不设股东会。股东作出本法第三十七条第一款所列决定时，应当采用书面形式，并由股东签名后置备于公司。"这是《公司法》为了防止一人有限公司股东滥用公司法人人格而为其设置的要式义务。因此，一人有限公司章程就没有必要像一般有限责任公司章程一样记载公司权力机构的议事规则，反而应当在一人有限公司章程中明确公司不设股东会，由股东行使职权。

在此需要提醒注意的是，一人有限公司未必是小公司，同样可以做大做强。对于一人有限公司的董事会（或执行董事）、监事会（或监事）和经理，

《公司法》并没有作出特别规定，仍可适用普通有限责任公司的相关规定，在章程中规定其相应的组成、议事规则和表决机制。

示范条款

公司不设股东会，由股东行使下列职权：

（一）决定公司的经营方针和投资计划；

（二）委派和更换执行董事、非由职工代表担任的监事，决定有关执行董事、监事的报酬事项；

（三）审查批准执行董事的报告；

（四）审查批准公司监事的报告；

（五）审查批准公司的年度财务预算方案、决算方案；

（六）审查批准公司的利润分配方案和弥补亏损方案；

（七）对公司增加或者减少注册资本作出决定；

（八）对发行公司债券作出决定；

（九）对公司合并、分立、解散、清算或者变更公司形式作出决定；

（十）修改公司章程；

（十一）为公司股东或者实际控制人提供担保作出决定。

对前款所列事项股东作出决定时，应当采用书面形式，并由股东签名后置备于公司。

导向问题35

对公司财务的特殊监督在一人有限公司章程中如何体现？

实务解析

《公司法》在第2章第3节中对一人有限公司财务的特殊监督单独作为第62条加以规定，即一人有限公司应当在每一会计年度终了时编制财务会计报告，并经会计师事务所审计。该款规定目前饱受争议，有的学者认为此规定与《公司法》第164条所规定的任何形式的公司应当在每一会计年度终了时编制财务会计报告并依法经会计师事务所审计，二者描述毫无差别，属于立法的重复，并没有突出对一人有限公司财务监管的特殊性。但编者对此持不同观点，编者认为《公司法》第62条的规定，恰恰是给一人有限公司财务监管的特殊性敲响了警钟，属于对一人有限公司财务管理的警示性条款，意义重大。因为我们永远不能忽略《公司法》在第62条之后紧跟的第63条规定，即公司法人人格否定制度："一人有限责任公司的股东不能证明公司财产独立于股东自己的财产的，应当对公司债务承担连带责任。"

导向问题36

为什么要将一人有限公司财务报告制度作为章程的绝对必要记载事项？

实务解析

与一般有限责任公司不同，一人有限公司的股东对公司财产的独立性是负有证明责任的。当股东不能证明公司财产独立于股东自己的财产时，将面临对公司债务承担连带责任的严重后果。因此，一人有限公司编制财务会计报告并依法经会计师事务所审计，就成为一人有限公司股东证明公司财产独立的有效证据之一。可以说，我国《公司法》对一人有限公司财务监管采用的是"自证清白"的模式，应当将一人有限公司财务会计报告审计制度作为一人有限公司章程的绝对必要记载事项。在实务中，已经出现了大量判决一人有限公司的股东对公司债务承担连带责任的案例。[①]

十、国有独资公司

国有独资公司是指国家单独出资、由国务院或者地方人民政府授权本级人民政府国有资产监督管理机构履行出资人职责的有限责任公司。国有独资公司作为有限责任公司的特殊形式，其章程绝对必要记载事项同样必须适用《公司法》第25条有限责任公司章程绝对必要记载的规定。

导向问题37

国有独资公司体现在公司章程上独特的治理结构是什么？

实务解析

国有独资公司不设股东会，由国有资产监督管理机构行使股东会职权。根据《公司法》第66条的规定，国有资产监督管理机构可以授权公司董事会行使股东会的部分职权，决定公司的重大事项，但公司的合并、分立、解散、增加或者减少注册资本和发行公司债券，必须由国有资产监督管理机构决定；其中，重要的国有独资公司合并、分立、解散、申请破产的，应当由国有资产监督管理机构审核后，报本级人民政府批准。[②]

---

① 参见辽宁天赢生物科技股份有限公司、井冈山建设集团有限公司建设工程施工合同纠纷案，(2018) 最高法民申586号。

② 参见曾耀明、田鑫诉惠州市人民政府国有资产监督管理委员会及第三人惠州市港口投资集团有限公司国有资产管理纠纷案，(2019) 粤13行终238号。

导向问题 38

国有独资公司董事会是如何产生的，为什么说它的职权更为广泛？

实务解析

国有独资公司董事会职权比一般有限责任公司要广泛，因为它还享有国有资产监督管理机构授予的股东会部分职权。另外，董事会成员中应当有公司职工代表，这是对董事会机构成员组成的强制性规定，而在整部《公司法》中，除在第 44 条规定了两个以上的国有企业或者两个以上的其他国有投资主体投资设立的有限责任公司其董事会成员中应当有公司职工代表外，对一般有限责任公司、股份有限公司均未作出限制。同时，《公司法》已经明确规定国有独资公司董事会成员中除职工代表由公司职工代表大会选举产生外，其他董事均采用委派制，董事长、副董事长采用的是指定的方式，即董事会产生办法无公司章程自主约定的空间。

导向问题 39

国有独资公司监事会有何特别要求？

实务解析

《公司法》第 70 条规定，“国有独资公司监事会成员不得少于五人，其中职工代表的比例不得低于三分之一，具体比例由公司章程规定。监事会成员由国有资产监督管理机构委派；但是，监事会成员中的职工代表由公司职工代表大会选举产生。监事会主席由国有资产监督管理机构从监事会成员中指定。监事会行使本法第五十三条第（一）项至第（三）项规定的职权和国务院规定的其他职权”，即《公司法》已经将监事会组成、产生方式及职权以法律的形式确定下来，排除了公司章程自主约定的空间，但监事会的议事规则可以通过章程予以明确。

十一、股份有限公司

股份有限公司，是指公司资本为股份所组成的公司，股东以其认购的股份为限对公司承担责任的企业法人。比较而言，《公司法》第25条规定了有限责任公司的7项绝对必要记载事项，第81条则规定了股份有限公司的11项绝对必要记载事项。仅从绝对必要记载事项的数量就可以看出，《公司法》对股份有限公司章程绝对必要记载事项规定的内容更全面，要求更严格，这是由股份有限公司资合性决定的。

导向问题40

股份有限公司章程在设立方式上必须作出何等记载?

实务解析

股份有限公司的设立，可以采取发起设立或者募集设立的方式。发起设立，是指由发起人认购公司应发行的全部股份而设立公司。募集设立，是指由发起人认购公司应发行股份的一部分，其余股份向社会公开募集或者向特定对象募集而设立公司。不同的公司设立方式，既会产生不同的公司股权结构，同时又使公司管理层产生方式、公司设立流程、注册资本计算等也存在巨大差异。因此，《公司法》将股份有限公司的设立方式作为公司章程的绝对必要记载事项，同时将公司股份总数、每股金额和注册资本一一列明。

实务中，根据《公司法》的规定，股份有限公司采取发起设立方式设立的，注册资本为在公司登记机关登记的全体发起人认购的股本总额。如果单独请求司法机关确认公司的股本总额，法院通常会不予受理，股本总额应当以工商部门登记确认的为准，而不是由法院认定。[①]

导向问题 41

股份有限公司章程对发起人的记载事项有何要求？

实务解析

股份有限公司发起人，是指依照法律规定订立发起人协议，提出设立公司申请，认购公司股份，并对公司设立承担责任者。我国《公司法》规定，设立股份有限公司，应当有 2 人以上 200 人以下为发起人，其中须有半数以上的发起人在中国境内有住所。

以发起设立方式设立股份有限公司的，发起人应当书面认足公司章程规定其认购的股份，并按照公司章程规定的时间、金额缴纳出资。以募集设立方式设立股份有限公司的，发起人认购的股份不得少于公司股份总数的 35%；但是，法律、行政法规另有规定的除外。

根据我国《公司法》的规定，股份有限公司发起人的出资与有限责任公司相同，既可以用货币，也可以用实物、知识产权、土地使用权等可以用货币估价并可以依法转让的非货币财产作价出资，但是，法律、行政法规规定不得作为出资的财产除外。对作为出资的实物、知识产权、土地使用权，必须评估作价，核实财产，不得高估或低估作价。法律、行政法规对评估作价有规定的，从其规定。以非货币财产出资的，应当依法办理其财产权的转移

① 参见干方霞与安徽省含山瓷业股份有限公司股东资格确认纠纷案，（2018）皖 05 民终 55 号。

手续。

因此，章程必须载明发起人的姓名或者名称、认购的股份数、出资方式和出资时间等要素。实务中司法机关通常会结合出资的事实、章程及股权证书的记载事实来认定股东资格，章程的记载对出资人权益的维护意义重大。①

导向问题 42

股份有限公司股东大会和有限责任公司股东会的职权有何区别？

实务解析

股份有限公司股东大会和有限责任公司股东会的职权区别在于章程授予的职权范围可能不同。《公司法》第 37 条第 1 款对有限责任公司股东会职权进行了详细规定。关于股份有限公司，《公司法》第 99 条规定："本法第三十七条第一款关于有限责任公司股东会职权的规定，适用于股份有限公司股东大会。"可见有限责任公司股东会与股份有限公司股东大会法定职权相同，区别产生于第 37 条第 1 款第 11 项"公司章程规定的其他职权"之中。股份公司为资合性公司，与有限公司的人合性不同，且由于各公司所处行业、经营模式的不同，导致除法律规定的十项法定职权外，不同类型公司可能会在各自的公司章程中赋予最高权力机关不同的职权。

导向问题 43

为何将股份有限公司董事会、监事会的组成、职权和议事规则明确列为绝对必要记载事项？

---

① 参见孟宪梅与北京银行股份有限公司股权确认纠纷案，(2008) 西民初字第 5772 号。

实务解析

有限责任公司根据其规模、投资人偏好可以选择是否设立董事会、监事会等治理机构，其绝对必要记载事项只能笼统地概括为“公司的机构及其产生办法、职权、议事规则”。股份有限公司特别是采取募集方式设立的公司，其资合性特征更加明显，所有权和经营权进一步分离，科学、健全的治理结构和治理规则对维护投资人权益变得十分必要，因此《公司法》将董事会、监事会的组成、职权和议事规则都列为章程绝对必要记载事项。

《公司法》第 108 条第 1 款规定，“股份有限公司设董事会，其成员为五人至十九人”。第 117 条第 1 款规定，“股份有限公司设监事会，其成员不得少于三人”。依据前述规定，董事会和监事会是股份有限公司的必设机构，法律没有赋予股份有限公司选择的权利。而且，《公司法》第 4 章第 3 节和第 4 节还对董事会和监事会的组成、职权、议事规则以及董事和监事的任职作出了规定，这些均属于法律的强制性规定，公司章程不得违反。

“三会”组成、职权、议事规则在实务中，常常被作为认定会议决议是否成立、有效或者可撤销的重要依据，如不召开会议而直接在决议文件上签名的效力问题就取决于章程对该事项的记载。再如，董事会决议和股东大会决议的关系问题，如果依据章程提请股东大会表决的董事会决议不成立，则相应的股东大会决议也可能不成立。①

十二、股份有限公司的利润分配办法

《公司法》规定：公司弥补亏损和提取公积金后所余税后利润，股份有限公司按照股东持有的股份比例分配，但股份有限公司章程规定不按持股比例

① 参见广东泰都钢铁实业股份有限公司、蔡列波公司决议纠纷案，(2019) 粤 52 民终 209 号。

分配的除外。公司的公积金分为法定公积金和任意公积金两部分，实践中公司也存在优先股东。因而，根据我国股份有限公司的特殊性和现行法律规定，股份有限公司税后利润在弥补亏损和提取法定公积金后的分配顺序为：（1）支付优先股股利；（2）提取任意公积金；（3）支付普通股股利。

导向问题 44

股份有限公司发放的股利一定是现金吗？

实务解析

股利的种类并非仅现金一种，还可以是股票股利、财产股利和负债股利。现金股利必须有未分配利润，且有足够的现金；股票股利是公司以额外增发自己的股票的形式作为股利发放；用其他企业的股票、债券作为股利支付方式的属于财产股利；用公司的应付票据或发行公司债券作为股利支付方式的属于负债股利。

十三、股份有限公司解散事由及清算办法

股份有限公司解散事由和清算办法是章程绝对必要记载事项之一。《公司法》规定了公司解散的几种情形，其中法律明确规定的解散事由包括：公司章程规定的营业期限届满；股东会（股东大会）决议解散；因公司合并或者分立需要解散；依法被吊销营业执照、责令关闭或者被撤销；公司经营管理发生严重困难，继续存续会使股东权益受到重大损失，通过其他途径不能解决时，持有公司全部股东表决权 10% 以上的股东请求人民法院解散公司。此外，《公司法》还授权公司可根据实际情况在章程中约定上述情形之外的其他

解散事由，一旦公司出现了章程中规定的应当解散的事由，公司就应当停止生产经营活动进入解散程序。

导向问题 45

若章程规定的营业期限届满或者出现了章程规定的解散事由，部分股东又不想解散公司怎么办？

实务解析

若章程规定的营业期限届满或者出现了章程规定的解散事由，部分股东又不想解散公司的，可以通过召开股东大会修改章程，延长公司的营业期限或者修改章程规定的解散事由的方式使公司继续存续，从而避免公司解散，但仅限于对营业期限和章程规定的非法定解散事由的修改，若公司出现被吊销营业执照、责令关闭或被撤销等法定解散事由，公司就必须进入解散程序而不能通过修改章程继续存续。修改章程时，必须经出席股东大会会议的股东所持表决权的2/3以上通过。此外，还应当注意，对于有限责任公司来说，对修改公司章程使公司存续的决议投反对票的股东可以请求公司按照合理的价格收购其股权；对于股份有限公司来说，对此项决议投反对票的股东并不具有请求公司收购其股份的权利。

导向问题 46

清算是不是股份有限公司解散后的必经程序？股份有限公司具体解散清算程序是怎样的？

实务解析

清算是不是股份有限公司解散后的必经程序须看具体的解散事由。若公司因合并、分立而解散，则无须进行清算；若公司解散是基于章程规定的营业期限届满或章程规定的其他解散事由出现，股东会或者股东大会决议解散，依法被吊销营业执照、责令关闭或者被撤销以及股东提起公司解散之诉等情形，则必须进行清算。

公司非因合并、分立而解散的，公司解散清算应当经过如下步骤：(1) 成立清算组。公司应当在解散事由出现之日起 15 日内成立清算组，开始清算。股份有限公司的清算组由董事或者股东大会确定的人员组成。逾期不成立清算组进行清算的，债权人可以申请人民法院指定有关人员组成清算组进行清算。(2) 通知债权人。清算组应当自成立之日起 10 日内书面通知全体已知债权人，并于 60 日内根据公司规模和营业地域范围在全国或者公司注册登记地省级有影响的报纸上公告。清算组未履行通知和公告义务，导致债权人未及时申报债权而未获清偿的，债权人有权主张清算组成员对因此造成的损失承担赔偿责任。(3) 申报债权。债权人应当自接到通知书之日起 30 日内，未接到通知书的自公告之日起 45 日内，向清算组申报其债权。债权人申报债权，应当说明债权的有关事项，并提供证明材料。清算组应当对债权进行登记。在申报债权期间，清算组不得对债权人进行清偿。(4) 进行清算。一是自行清算，清算组在清理公司财产、编制资产负债表和财产清单后，应当制订清算方案，并报股东会、股东大会或者人民法院确认。公司财产在分别支付清算费用、职工的工资、社会保险费用和法定补偿金，缴纳所欠税款，清偿公司债务后的剩余财产，股份有限公司按照股东持有的股份比例分配。清算期间，公司存续，但不得开展与清算无关的经营活动。公司财产在未依法清偿前，不得分配给股东。二是指定清算，若出现公司解散逾期不成立清算组进行清算、虽然成立清算组但故意拖延清算或者违法清算可能严重损害债权人或股东利益等情形之一的，债权人有权申请人民法院指定清算组进行清算，债权人未提起清算申请的，公司股东可以申请人民法院指定清算组。三是破产清算，清算组在清理公司财产、编制资产负债表和财产清单后，发现公司财产不足清偿债务的，应当依法向人民法院申请宣告破产。公司经人民法院裁定宣告破产后，清算组应当将清算事务移交给人民法院。（5）公司注销登记。公司清算结束后，清算组应当制作清算报告，报股东会、股东大会或者人民法院确认，并报送公司登记机关，申请注销公司登记，公告公司终止。

公司因合并、分立而解散的，不需要进行清算，具体程序为：（1）编制资产负债表及财产清单。公司合并，应当由合并各方签订合并协议，并编制资产负债表及财产清单。公司分立，其财产作相应的分割，并编制资产负债表及财产清单。（2）通知债权人。公司应当自作出合并决议或者分立决议之日起 10 日内通知债权人，并于 30 日内在报纸上公告。公司合并的，债权人自接到通知书之日起 30 日内，未接到通知书的自公告之日起 45 日内，可以要求公司清偿债务或者提供相应的担保。（3）申请注销登记。因合并、分立而解散公司的，应当申请注销登记，公司注销登记完成后，公司终止。

十四、股份有限公司通知和公告的办法

股份有限公司的通知与公告比有限责任公司更严谨。内部经营管理中，股份有限公司召开股东大会会议，应当将会议召开的时间、地点和审议的事项于会议召开 20 日前通知各股东；临时股东大会应当于会议召开 15 日前通知各股东；发行无记名股票的，应当于会议召开 30 日前公告会议召开的时间、地点和审议事项。股份有限公司股东大会不得对通知中未列明的事项作出决议，否则视为可撤销的决议。

对外，上市的股份有限公司、备案的基金公司，还需要遵守《证券法》《中国证券投资基金业协会会员管理办法》《上市公司信息披露管理办法》等

相关法律法规，实际控制人变更、法定代表人变更等重大事项都需要公告。上市的股份有限公司的收购、合并、分离、解散、清算也都需要按照《证券法》《上市公司信息披露管理办法》等相关法律进行通知、公告程序。

导向问题 47

股份有限公司股东众多，通知送达怎样能够做到简易、直达、合法？

实务解析

股份有限公司的股东众多，以专人、传真、邮件等方式通知送达都可以，只要能够提供送达给股东通知的证明就可以。也可以在章程规定采取多种并举的通知方式，规定以微信、网络、公告等方式送达均为有效。

导向问题 48

上市股份有限公司如何利用信息披露的方式，避免被恶意收购？

实务解析

上市股份公司可以在章程中规定重大收购超过 30%、一致行动人表决一致意见等制约恶意收购的条款，避免被恶意收购。

导向问题 49

在上市公司发生重大收购事项时，信息披露制度如何起到保护中小股东权益的效果？

实务解析

上市股份公司在资本市场中发生要约收购情形较为常见。投资人以要约方式收购上市公司股份的，收购人应当编制要约收购报告书，并聘请财务、法律顾问向中国证监会、证券交易所提交书面报告、法律意见书，并抄报派出机构，通知被收购公司，同时对要约收购报告书摘要作出提示性公告。中国证监会对要约收购报告书披露的内容表示无异议的，收购人可以 15 日后公告其要约收购报告书、财务顾问专业意见和律师出具的法律意见书。在 15 日内，中国证监会发现要约收购报告书不符合法律、行政法规及相关规定的，及时告知收购人，收购人不得公告其收购要约。

收购人拟收购上市公司股份超过 30%，须改以要约方式进行收购的，收购人应当在达成收购协议或者作出类似安排后的 3 日内对要约收购报告书摘要作出提示性公告，并按照《上市公司收购管理办法》有关规定履行报告和公告义务，同时免于编制、报告和公告上市公司收购报告书；依法应当取得批准的，应当在公告中特别提示本次要约须取得相关批准方可进行。未取得批准的，收购人应当在收到通知之日起两个工作日内，向中国证监会提交取消收购计划的报告，抄送证券交易所，通知被收购公司，并予公告。

收购人向中国证监会报送要约收购报告书后，在公告要约收购报告书之前，拟自行取消收购计划的，应当向中国证监会提出取消收购计划的申请及原因说明，并予公告；自公告之日起 12 个月内，该收购人不得再次对同一上市公司进行收购。

如果上市公司违反前述之规定的通知、公告要求，被侵犯权利的股东有权提出赔偿请求。要求上市公司严格按规定进行通知和公告，为的是防范恶意收购和侵犯中小股民的利益，同时加强监管，避免违法扰乱证券市场的行为。

导向问题 50

上市公司双重股权架构，可以被其他股份有限公司采用吗？

实务解析

虽然《公司法》尚未突破股份有限公司“同股同权”的限制，但是，《上市公司章程指引》第 15 条第 1 款规定：“存在特别表决权股份的上市公司，应当在公司章程中规定特别表决权股份的持有人资格、特别表决权股份拥有的表决权数量与普通股份拥有的表决权数量的比例安排、持有人所持特别表决权股份能够参与表决的股东大会事项范围、特别表决权股份锁定安排及转让限制、特别表决权股份与普通股份的转换情形等事项。公司章程有关上述事项的规定，应当符合交易所的有关规定。”该规定明确了上市公司可采用“同股不同权”的双重股权架构，这是股份有限公司治理机制的创新，为解决公司发展过程中的管理团队稳定及公司控制权稳定等问题，提供了思路。

对非上市的股份有限公司是否可以采取双重股权架构呢？编者认为答案是肯定的。同样，一些规模较大的有限责任公司也可以借鉴。

十五、证监会对股份有限公司章程的指引与监管

证监会对股份有限公司章程的指引与监管经历了多次改进，基本历程为：1993 年 6 月 10 日，原国家体改委发布《到香港上市公司章程必备条款》；1994 年 9 月 29 日，国务院证券委、原国家体改委联合发布《到境外上市公司章程必备条款》；2013 年 1 月 4 日，为引导非上市公众公司完善公司治理，中国证券监督管理委员会发布《非上市公众公司监管指引第 3 号》，列举了 15 项非上市公众公司章程必备条款；为促进上市公司规范运作，根据《公司法》《证券

法》，中国证券监督管理委员会制定了《上市公司章程指引》。

导向问题51

公司章程内容违反了证监会相关指引规定会有什么后果?

实务解析

指引文件对股份有限公司（上市/非上市）的章程内容从监管角度提出了要求，相关内容甚至被称为“必备条款”。然而，编者认为，此处虽名为“必备条款”，但并不等同于《公司法》规定的绝对必要记载事项。因为前述四份文件制定主体均为国家行政机关，非立法机关。该四份文件规定的“必备条款”的性质应定性为行政指导，而非行政强制。即使股份有限公司违反前述四份文件规定，相关行政机关也仅能从管理角度提出补充或修正要求，而无权以此认定章程无效。

03

第三章

相对必要记载事项

第一节

如何认识章程的相对必要记载事项

如前所述，章程的相对必要记载事项赋予了章程制定人较大的自主权，同样，章程的任意记载事项也赋予了章程制定人较大的自主权，两者之间具体应该如何区分呢？

导向问题 52

怎样区别相对必要记载事项和任意记载事项？

实务解析

相对必要记载事项和任意记载事项，两者的界限并不明显，也有的学者将其统称为任意记载事项。编者把《公司法》条文中含有“应当（可以）依照（按照）公司章程的规定”“公司章程另有规定的除外”“由公司章程规定”相关表述的条款，作为认定相对必要记载事项的依据；《公司法》未予规定，而由章程制定人任意选择记载的事项，为任意记载事项。两者最重要的区别是在法律上是否有列举性规定，共同点是未记载或记载违法，均不会影响整个章程的效力。

导向问题53

哪些事项为章程的相对必要记载事项?

实务解析

《公司法》对章程相对必要记载事项的规定散布于多个法条中，现对各种类型的公司章程相对必要记载事项进行归纳，列举如下：

（1）公司向其他企业投资或者为他人提供担保，股份有限公司还包括重大资产的转让；

（2）股权转让；

（3）股份有限公司的股份收购；

（4）股东会、董事会、监事会的议事方式和表决程序；

（5）有限责任公司董事长和副董事长的产生办法；

（6）董事任期；

（7）执行董事职权；

（8）监事会成员中的职工代表比例；

（9）有限责任公司的股东资格继承；

（10）公司利润分配；

（11）有限责任公司的公司财务会计制度；

（12）高级管理人员范围；

（13）经理的职权。

其中，上述第（1）项体现在《公司法》第16条和第104条中。股份有限公司重大资产的转让与受让和对外担保只能在章程中约定由股东大会决议，重大资产受让以外的其他投资和有限责任公司对外投资与担保，章程中既可将决策权赋予董事会，也可选择直接由股东会或股东大会行使，此外，还可对投资或担保的总额或单次数额进行约定。股份有限公司对外投资与担保的要求要严于有限责任公司。

上述第（2）（3）项体现在《公司法》第71条、第141条、第142条中。其中，有限责任公司章程可对股权转让事项作出不同于《公司法》的规定。股份有限公司章程可在法律规定的范围内对公司董监高持有的本公司股份的转让作出限制性规定。股份有限公司章程则可对特定回购事由（如股权激励、转换债券等）导致公司回购股权作出程序性规定，包括决议主体和表决规则等，而有限责任公司回购股权的情形《公司法》第74条已明确规定，无须章程另行约定。不过章程可自行约定公司的解散事由，当章程规定的营业期限届满或者约定的解散事由出现时，若股东会会议决议修改章程使公司存续的，则异议股东有权请求公司以合理价格收购其股份。

上述第（4）项体现在《公司法》第42条、第43条、第48条、第55条、第105条、第119条中。股东会、董事会、监事会的议事方式和表决程序，除本法另有规定的外，由公司章程规定。其中要重点关注有限责任公司章程中的出资比例与表决权比例事项、股东会议事方式与表决程序事项以及股份有限公司的累积投票制事项。

上述第（5）（6）（7）（8）（12）（13）项分别体现在《公司法》第44条、第45条、第49条、第108条、第50条、第51条、第70条、第117条、第216条中。其中，有限责任公司中董事长和副董事长的产生办法由公司章程规定，但在股份有限公司中则由董事会以全体董事的过半数选举产生，章程不能自行约定。有限责任公司和股份有限公司的董事任期均由公司章程规定，但每届任期不得超过3年；执行董事的职权由公司章程规定。有限责任公司（包括国有独资公司）以及股份有限公司的章程均可规定对监事会成员的职工代表比例，但不得少于1/3，同时也均可规定法律列举范围之外的人员为高级管理人员。

上述第（9）（10）（11）项体现在《公司法》第75条、第165条、第166条中。其中，有限责任公司可在章程中对自然人股东资格的继承问题进行约定。但《公司法》并未对股份有限公司作出的股东资格继承问题进行规定，这主要是考虑到股份有限公司更讲究资合性，对股权变动程序的要求并没有有限责任公司高。有限责任公司章程可对财务会计报告送交各股东的期限作出规定，但股份有限公司中的财务会计报告的相关期限则由法律明确规定，公司章程不能自由约定。有限责任公司和股份有限公司的公司章程均可规定公司弥补亏损和提取公积金后的税后利润不按持股比例分配，可对会计师事务所的聘用和解聘的决策主体进行选择性约定。

导向问题54

章程相对必要记载事项的主要功能有哪些?

实务解析

1. 章程相对必要记载事项是对绝对必要记载事项的补充和细化，为公司的组织和行为提供了可操作的规范

章程相对必要记载事项是法律允许股东自行约定的内容，是否约定法律上虽然不作强制性要求，但是，它的重要性不比绝对必要记载事项低。绝对必要记载事项属于原则性的基本内容，在实际使用过程中，离不开相对必要记载事项和任意记载事项的补充，可以说后两者是前者的细则和延伸。公司僵局的发生，绝大多数是因为公司章程对于相对必要记载事项和任意记载事项没有进行详细完备的规定，以至于出现纠纷时，仅靠绝对必要记载事项的原则性规定，无法进行具体操作，而相对必要记载事项则为公司提供了可操作的路径与规范。

2. 章程相对必要记载事项体现了国家强制与公司自治的协调统一

章程自由是实现公司自治的重要保障，但章程自由并不是无边界的，国家出于维护交易安全、保护公共利益的需要，对公司章程的自制范围划定合理的界限。相对必要记载事项在国家划定的范围内具有一定的灵活性，体现了国家强制与公司自治的协调统一。国家通过设定相对必要记载事项的范围，一方面给予公司根据实际情况进行自治的空间，另一方面使公司的运行处在国家期望的秩序范围内。例如，公司章程可以适当限制股权转让的程序，但不能禁止股权转让，也不能因为程序上的限制造成事实上的无法转让；公司章程对于应当由股东会作出决议的事项，可以对股东会的议事方式和表决程序另行安排，但不能直接取消股东会的召开或规定无须股东会决议表决通过等。

3. 章程相对必要记载事项体现了安全价值与效率价值的协调统一

安全与效率是公司间交易最为重要的两大价值。章程绝对必要记载事项体现了对安全价值的追求，对内有助于股东把握公司经营动态，对外有助于交易相对方了解公司基本情况。章程任意记载事项体现了对效率价值的追求，公司可根据自身情况作出最高效便捷的选择。章程相对必要记载事项则体现了安全价值与效率价值的协调统一。例如，《公司法》第 105 条第 1 款规定："股东大会选举董事、监事，可以依照公司章程的规定或者股东大会的决议，实行累积投票制。"从安全价值来说，累积投票制能够有效防范大股东滥用权利，有利于保护小股东的利益。但是，从效率价值来说，累积投票制则增加了表决成本和公司的管理成本，降低了效率。累积投票制作为一种相对必要记载事项，可由公司在两种价值之间自由取舍，法律并不作强制性规定，而是通过将选择权交予公司来实现安全价值和效率价值的协调统一。

第二节

相对必要记载事项常见实务问题

一、对公司向其他企业投资、重大资产转让或者为他人提供担保有何要求？

《公司法》第16条第1款规定："公司向其他企业投资或者为他人提供担保，依照公司章程的规定，由董事会或者股东会、股东大会决议；公司章程对投资或者担保的总额及单项投资或者担保的数额有限额规定的，不得超过规定的限额。"由上述条文可知，《公司法》对公司向其他企业投资及为他人提供担保，明确规定必须得通过董事会或者股东会、股东大会决议程序，具体程序的选择和设置则交由公司章程自行规定。此外，公司章程还可对公司对外投资、担保的总额或单次对外投资、担保的数额作出限制性规定。

导向问题55

谁有权决定公司的对外投资，重大资产转让、受让及担保事项？

实务解析

《公司法》之所以对公司向其他企业投资，重大资产转让、受让及担保等事项，在决策主体、程序方面作出较为严格的规定，原因在于对外投资、担保行为区别于日常发生的业务，往往带有高风险性。特别是重大的投资、资产交易及担保可能会给公司带来主营业务变更、产生重大潜在债务等问题，甚至影响公司存亡。对此，《公司法》作出强制性规定，要求相关事项必须由董事会或股东会、股东大会决议通过。

导向问题 56

公司章程如何规定公司的对外投资，重大资产转让、受让及担保等事项?

实务解析

公司股东在制定或者修改章程时，应当在法律许可的范围内，对于公司重大资产转让、受让及对外投资、担保等行为作出更为明确、具体的界定及程序要求，这有利于降低公司运营风险，减少甚至避免股东间的争议，让公司董事、监事以及高级管理人员有章可循，避免发生损害公司利益、引发公司僵局等后果。

公司应当根据自身规模及经营情况，公司董事、监事以及高级管理人员的素养、职业道德情况，综合考虑对控股股东的制衡等因素，作出适合自身实际情况的程序性规定，而不能盲目照抄法律法规的原则性规定、要求。比如，公司可以根据不同情形分别规定股东会、董事会决议的范围与权限，也可以根据不同情况，规定针对不同事项作出有关决议时所需要的不同表决权比例，或者为了提高效率，对股东会和董事会分别授予不同担保金额批准权。

以上记载事项当然不能突破《公司法》的强制性、禁止性规定，比如公司章程不能规定向其他企业投资或者为他人提供担保既不经由董事会决议也不经由股东会、股东大会决议，由公司经理作出决策即可。

导向问题 57

公司为他人提供担保的合同效力如何认定？

实务解析

关于公司为他人提供担保的合同效力问题，以前审判实践中裁判尺度不统一，严重影响了司法公信力，为此，《九民会议纪要》关于公司为他人提供担保专门作了规定，根据《九民会议纪要》第 17 条的规定，法定代表人未经授权擅自为他人提供担保的，构成越权代表，人民法院应当根据《合同法》第 50 条（现《民法典》第 504 条）关于法定代表人越权代表的规定，区分订立合同时债权人是否善意分别认定合同效力：债权人善意的，合同有效；反之，合同无效。在善意的判断标准上，《九民会议纪要》认为也应当有所区别。一种情形是，为公司股东或者实际控制人提供关联担保，作出决议的机关必须是股东会（股东大会），要求债权人对股东会（股东大会）决议和程序进行审查；另一种情形是，公司为公司股东或者实际控制人以外的人提供非关联担保，要求债权人能够证明其在订立担保合同时对董事会决议或者股东会（股东大会）决议进行了审查，同意决议的人数及签字人员符合公司章程的规定即可。当然，债权人明知公司章程另有规定的除外。①

---

① 参见黑龙江昆丰农业发展集团有限公司、瓮福集团农资有限责任公司企业借贷纠纷案，(2019) 最高法民终 1451 号。

二、公司章程中关于股权转让事项

《公司法》第71条第4款规定："公司章程对股权转让另有规定的，从其规定。"该规定从法律上为公司章程对有限责任公司股权转让事宜进行个性化设置提供了依据，但具体而言，公司章程究竟能够对股权的转让进行何种类型、程度的限制，实务中有一定争议。

导向问题58

公司章程可否作出禁止股权转让或者变相禁止股权转让的规定?

实务解析

部分投资者认为，既然《公司法》赋予了有限责任公司章程对股权转让事宜进行特别约定的权力，那么为了尽可能地保持有限责任公司的人合性，似乎在章程中直接禁止股权转让也是没有问题的。但是，股权具有财产权利属性，禁止或者变相禁止股权转让是从根本上对这种财产权本质属性的违反，在司法实践中不能得到支持。2018年7月25日，山东省高级人民法院民二庭发布《关于审理公司纠纷案件若干问题的解答》，其中对"公司章程中禁止或者严格限制股权（股份）转让条款的法律效力"问题进行了明确解答：公司章程是一种具有契约属性的公司自治规则。公司章程不得与公司法的强制性规范及公司法的基本精神、原则相冲突，如有冲突，所制定的条款无效。

股权兼具财产权与身份权的双重属性，股东通过股权转让退出或加入公司，是公司治理机制正常运转、避免陷入僵局的需要，同时股权或股份的流转也是股东财产权益实现的重要保障，是公司相较于合伙等非公司制企业组织形式的优势所在。[①]

导向问题 59

有限责任公司章程可否在一定程度上作出限制股权转让的规定?

实务解析

有限责任公司章程对股权转让作出一定的约束属公司内部自治的范畴，章程中对股东转让股权特别是对外转让的条件进行限制，这种限制只要没有达到禁止或变相禁止股权转让的程度，没有实质剥夺股东通过股权转让而退出公司的权利，在司法实践中是能够得到支持的。

但根据《九民会议纪要》关于股权转让的论述，一旦受让股东的姓名或者名称被记载于股东名册，除需要根据法律行政法规办理批准手续才能生效的以外，法院会支持受让股东已经取得股权的主张。因此，公司章程应当注意在作出限制股权转让规定的同时，对股东名册的修改也要作出严格的规定，编者建议在章程中对修改股东名册作出明确、严格的程序规定。

三、公司章程中关于出资比例与表决权比例的事项

表决权是公司控制权的必争之地。《公司法》第 42 条规定：股东会会议由股东按照出资比例行使表决权；但是，公司章程另有规定的除外。根据该条规定，有限责任公司股东会除公司章程另有规定外，由股东按照出资比例行使表决权。但需注意的是，因股东出资方式分为实缴与认缴，相应的出资

---

① 参见程毅等与余钦股权转让纠纷案，(2018) 京 01 民终 792 号。

比例也分为实缴出资比例与认缴出资比例，公司章程应当明确约定是按照实缴还是认缴出资比例行使表决权。

导向问题 60

有限责任公司章程可以规定股东一人一票的原则行使表决权吗?

实务解析

章程可以规定不按照出资比例来行使表决权，而是规定同股不同权，即股东的出资比例和股东的表决权适当分离，以及对于特别事项有特别的表决程序等。编者认为，公司章程可以规定按照每个股东一人一票的原则行使表决权，但实践中除非各股东出资比例比较相近，或者有其他特殊情形，一般不会出现此种情形。

导向问题 61

对于逾期缴纳出资的股东，公司章程可以限制其表决权吗?

实务解析

对于逾期缴纳出资的股东，公司章程可以规定该股东的表决权在出资实缴之前受到一定的限制。比如，可以规定股东只要有逾期出资情形，就暂时不享有表决权；也可以规定股东在逾期出资期间，仅享有实缴出资比例 50% 的表决权，具体的比例可以由公司章程自行设定。另外，还可以对逾期出资的股东的某一项或者某几项表决权进行限制，比如，管理人员的提名权，即遇有此情形，该股东对公司的管理人员提名权暂时中止，逾期出资情形消除后，该提名权才予以恢复。再如，暂时中止该股东和公司的关联交易权。

当然，有限责任公司是较为注重人合性的，人脉资源和个人魅力对公司经营的影响有时候比实缴出资更重要，因此，章程规定按照认缴出资行使表决权也有一定的合理性。

示范条款

股东按实缴出资比例行使表决权，对未实缴出资部分不享有表决权。

导向问题 62

有限责任公司可否赋予某股东一票否决权或者一票通过权?

实务解析

在公司引入风险投资等财务投资者时，财务投资者一般不参与公司经营，但大部分要求在章程中赋予其一票否决权，其表现形式是在某些事项表决时，需要财务投资者同意。公司章程可以在某些表决事项上赋予特殊股东一票否决权，但不建议在所有表决事项上赋予其该权利。一票通过权是为了保护某些股东的权利，为了保障其在某些重大事项上有决定权。由于该项权利较为特殊，建议严格限制在个别重大事项上。

示范条款

××股东对于××××事项享有特别同意权。但该股东行使该权利不得损害公司利益、公司债权人利益或者其他股东利益。

导向问题63

章程可否规定，股东违反出资义务即丧失全部股东权利？

实务解析

根据《公司法》的规定，股东出资不到位并不影响其股东资格的取得，但其享有股东权利的前提是承担股东义务，违反出资义务则不应享有股东的相应权利，这亦是民法中权利与义务统一、利益与风险一致原则的具体体现。但是，这种限制应根据具体的股东权利的性质确定，即与出资义务相对应的股东权利如表决权、利润分配请求权及新股认购权等，可以限制为按实缴出资比例来行使，且可规定股东不按照公司章程规定缴纳所认缴的出资，应当向公司以及已足额缴纳出资的股东承担违约责任。股东违反约定未履行出资义务，不必然导致丧失股东资格，章程如规定股东违反出资义务即丧失全部股东权利，该规定可能无效。①

示范条款

股东承诺：各股东以其认缴出资额为限对公司债务承担责任；如未按期实缴出资，在欠缴出资的范围内，对公司债务承担补充清偿责任，同时对其他股东承担出资违约责任，该违约责任计算方式如下：

未履行期限内，以应实缴金额为基数，按同期全国银行间同业拆借中心公布的贷款市场报价利率计算的利息的200%支付违约金，其他按期实缴出资的股东按照实缴比例分配上述违约金。同时公司如采取诉讼、仲裁方式追讨

---

① 参见安达新世纪·巨鹰投资发展有限公司与北京首都国际投资管理有限责任公司股权确认纠纷案，(2007) 民二终字第93号。

未缴出资的，该股东还应承担因此发生的费用损失，包括但不限于律师费、诉讼费、调查取证费用、诉讼保全保函费用。

四、公司章程中关于股东会议事方式、表决程序的事项

导向问题 64

对特别决议事项，公司章程可以规定比 2/3 以上表决权更高的通过比例吗？

实务解析

《公司法》规定，股东会的议事方式和表决程序，除本法有规定的外，由公司章程规定。股东会会议作出修改公司章程、增加或者减少注册资本的决议，以及公司合并、分立、解散或者变更公司形式的决议，必须经代表 2/3 以上表决权的股东通过。

公司章程如对这一比例有更高的要求，如 3/4、4/5 等也应该是合法有效的。但是不建议将该比例过度提高，甚至提高到 100%，那样发生公司僵局的可能性会增大。即使章程对个别事项规定需要 100% 的表决权比例通过，也要确定该事项即使表决不通过，也不会造成公司僵局，否则就不建议对这个事项作出一致同意的规定。

示范条款

股东会会议应对所议事项作出决议，决议应由代表超过 1/2 表决权的股东表决通过，但股东会对公司增加或减少注册资本，分立、合并、解散或变

更公司形式、修改公司章程，公司在一年内购买、出售重大资产或者担保金额超过公司最近一期经审计总资产 30% 的以及股权激励计划所作出的决议，应由 3/4 以上表决权的股东表决通过。股东会应当对所议事项的决定作出会议记录，出席会议的股东应当在会议记录上签名。

导向问题 65

章程规定过半数表决权通过，等同于 1/2 以上表决权通过吗？

实务解析

二者存在差别。《公司法》第 42 条对股东会普通决议的规定是按照出资比例行使表决权，以过半数表决权通过即可，此处的过半数不宜用 1/2 以上进行表述，因为根据《民法典》的规定，1/2 以上包括 1/2 本数，无论是两个股东各占 50% 的股权比例，还是三个股东分别占 50%、30%、20% 的股权比例，都可能出现仅 1/2 的表决权同意的情形：此情形下过半数的表决权通过的表述意味着股东会决议不能通过，而 1/2 以上表决权通过的表述则意味着股东会决议通过。

示范条款

本章程所称“以上”“以内”“以下”“至少”，都含本数；“超过”“以外”“低于”“多于”不含本数。

导向问题 66

出资人已经出资，但尚未在公司章程及股东名册中记载为股东，该出资

是否享有表决权？

实务解析

如股东之间已达成合意，同意吸收该出资人为股东，且出资人已实际缴付出资，仅仅尚未在公司章程及股东名册中记载为股东，该出资人可以在公司内部主张股东权利并要求按照出资比例享有表决权。对于公司股东的身份认定，应当遵循内外有别的标准，如果属于公司外部法律关系，应当贯彻公示与外观主义原则，以公司登记注册的内容为主要判断标准；如果属于公司内部法律关系，则应当坚持实质要件优先于形式要件。①

五、公司章程中关于董事任期的事项

导向问题 67

如在任期内的董事辞职，导致董事会人数少于 3 人时如何处理？

实务解析

董事任期由公司章程规定，但每届任期不得超过 3 年。董事任期届满，连选可以连任。在任期内的董事辞职，导致董事会人数少于 3 人的，公司应及时选任新的董事。董事任期届满未及时改选，或者董事在任期内辞职导致董事会成员低于法定人数的，在选出的董事就任前，原董事仍应依照法律、行政法规和公司章程的规定，履行董事职务。

---

① 参见齐国霞、张世界公司决议纠纷案，(2016) 最高法民再 182 号。

董事与公司之间不一定存在劳动合同关系。董事辞职不必然导致与公司之间的劳动合同关系解除，反之亦然。如果该董事是因为解除劳动合同关系而辞去董事职务，在董事会成员低于法定人数时，该董事应按照劳动合同约定办理离职手续，但应继续履行董事职责至新董事产生。

示范条款

如因董事的辞职导致公司董事会低于法定最低人数时，在改选出的董事就任前，原董事仍应当依照法律、行政法规、部门规章和公司章程规定，履行董事职务。

六、公司章程中关于董事长、副董事长产生办法的事项

导向问题 68

如何在有限责任公司章程中规定董事长、副董事长的产生办法?

实务解析

有限责任公司董事长、副董事长的产生办法，属于章程相对必要记载事项，可以采取由不同的股东提名或者委派 1 名或者几名董事，在其提名或者委派的董事中，再指定某一董事任董事长、副董事长的办法，还可以采取董事会以全体董事的过半数选举产生董事长、副董事长。

导向问题 69

股东协议中约定了执行董事和经理的人选，执行董事能否依据章程规定

免除经理的职务?

实务解析

甲和乙是公司的股东，在股东协议中约定了甲担任执行董事、乙担任经理。但公司章程则规定执行董事有权利聘任或者解聘经理。经营过程中双方发生矛盾，执行董事行使章程中规定的权利，解除了乙股东的经理职务，导致乙在股东协议中的合同权益受到侵害。依据《公司法》和章程规定，执行董事有权解除经理职务，但该行为违反双方股东协议，如果乙依据股东协议诉诸法院，法院有可能结合双方的真实意思表示，认定甲构成违约，判令其承担违约责任。为了避免此类冲突，建议可以直接在章程中规定甲股东有权利委派执行董事，乙股东有权利委派经理，与股东协议约定保持一致；也可以在股东协议中约定，股东协议与章程不一致的，在处理股东之间权利义务时，优先适用股东协议；还可以在公司章程中规定股东协议与公司章程规定发生冲突时的适用规则。

七、公司章程中关于执行董事职权事项

导向问题 70

章程中如何平衡执行董事的职权?

实务解析

《公司法》规定，股东人数较少或者规模较小的有限责任公司，可以设 1 名执行董事，不设董事会。执行董事可以兼任公司经理。

《公司法》授权执行董事的职权由公司章程规定。现实中设立执行董事的公司，一般都是股东较少或规模较小的公司，执行董事一般是由大股东或实际控制人担任，常常不大注重对执行董事的职权进行细致的规定。编者认为，此种情形下，对执行董事的职权作出细致规定，对公司的长远发展非常必要，也有利于防范公司僵局，维护其他股东的权益，另可以在章程中规定，公司发展到某具体阶段，应设立公司董事会，在条件成熟时，也要尽量避免执行董事兼任公司总经理。

八、公司章程中关于股东资格继承的事项

导向问题 71

如章程允许股东资格继承，如何避免继承人过多给公司和原股东的利益带来不利影响?

实务解析

根据《公司法》第 75 条的规定，除非章程另有规定，股东资格可以继承。若继承人不能继承股东资格，就剥夺了股东继承人分享公司发展红利的权利，对于股东的继承人不公平，很可能也是多数股东不愿意看到的。实务中，如果继承人继承股东资格后，没有能力参与公司经营或不愿继续做股东，可以转让其股权。

为避免出现多个继承人而发生争议，可以考虑在公司章程中规定继承顺序。可以由自然人股东的继承人共同协商确定股东资格的继承者，其他继承人的股权由该继承人代持；也可以由自然人股东通过遗嘱的方式预先确定谁作为股东资格继承人或者继承人继承股东资格的先后顺序、程序、条件等。

需要注意的是，章程的规定必须与《民法典》及相关法律法规的规定相衔接。

为保护其他继承人的股权不被代持人私自转让或者处分，某一位继承人继承股东资格，其他继承人的股权由该继承人代持后，在公司股东名册中可对此予以特别注明，现金分红时，公司按照继承人的持股比例向各个继承人直接分红。继承人之间转让股权时，公司的其他股东不得行使优先购买权，其他继承人均不愿意受让的除外。

示范条款

自然人股东因继承、离婚、赠与等原因，单位股东因分立、合并、解散等原因，导致股权发生承继变化的，应经过其他股东过半数同意，承继者方可成为公司股东。

导向问题 72

如果章程排除有限责任公司股东资格继承，对该股权继承人的权益应如何进行保护?

实务解析

《公司法》赋予了自然人股东的继承人继承股东资格的权利，但是同时亦允许公司章程对死亡股东的股权处理方式另行作出安排。如公司章程规定股东资格不能继承，则应当对死亡股东的股权的处置在章程中作出具体的安排。实务中，通常采取由公司回购或由其他股东受让的方式进行处理，死亡股东的继承人只能享有股权转让的收益。如何确定公司回购或者股权转让的价款，是实操过程中的难点，章程中最好予以明确规定。[①]

示范条款

公司股东资格不得以继承方式取得。

自然人股东死亡的，公司以退还该股东出资本金为对价收购该股东的股权，同时另行按照其出资数额的20%支付其持股期间股权收益。

九、公司章程中关于公司利润分配的事项

导向问题73

如何在公司章程中明确公司利润分配方案和弥补亏损方案？

实务解析

公司利润分配方案和弥补亏损方案，由董事会制定并报股东会或股东大会审议批准。《公司法》第166条规定了公司利润分配的法定顺序。《公司法解释（五）》则对利润分配时间的确定作出了规定，并赋予了股东撤销违反章程规定的股东会（股东大会）决议中关于错误分配时间规定的权利。应当说，《公司法解释（五）》中对于利润分配时间自公司决议作出之日起不超过一年的规定，大大方便了股东行使分红权。

一般情况下，公司分配利润的形式主要有两种：一是现金分配，这是最普遍的一种分红形式，指公司分红时向股东分配现金。它可以使股东获得直

---

① 参见启东市建都房地产开发有限公司、周艳股东资格确认纠纷案，（2018）最高法民终88号。

接的现金收益，简便直接。二是股份分配，是指公司以转增股本的方式向股东支付股利，即利润转增股本。无论采取何种方式分红，在公司章程中，都应当将分红制度规定完整和清楚，包括：分配时间、分配的比例、利润计算、分配形式、分配依据、红利派发期限等。

同时，对于有限责任公司，公司法赋予全体股东可以约定不按照出资比例分取红利的权利。公司决议当年不分配或者降低分配比例的，相关决议亦属有效。

导向问题 74

公司章程或股东会决议能否规定将公司全部利润给予某个股东?

实务解析

《公司法》虽然允许公司章程规定不按出资比例或不按持股比例分配红利，但不应当视为可以剥夺其他股东的分红权。非经全体股东一致同意，将公司全部利润分配给某个股东实际上是剥夺了其他股东的分红权，违反了股东平等原则。因此，修改的公司章程或股东会决议不能规定将公司全部利润给予某个股东，全体股东一致通过的章程修正案或股东会决议除外。

如果某个股东履行了全部的出资义务，但将部分股权赠与给其他股东，经全体股东协商一致，可以规定某一时间段内利润由该全部出资股东享有，之后，再按照其他的分红比例进行分配。如果，全体股东欲将公司所分配的利润全部赠与给某个股东，可在利润分配后将所得分红进行赠与，这属于权利人对其权利的自由处分，法律并不禁止。

导向问题 75

股东之间约定保底分红，对公司是否有效?

实务解析

在实践中存在某一股东负责公司的实际经营，其他股东不参与公司经营管理的情况，股东各方对公司利益分配签订协议，约定公司给予不参与公司经营管理的股东，按照不低于某种比例或某个金额分红。根据《公司法》第166条关于利润分配的规定，公司分配利润不仅要以存在公司利润为前提，而且要严格按照法定的分配顺序进行。显然，这种保底分红条款违反了《公司法》关于利润分配的基本原则，对公司没有约束力。实务中这种情况也可能被认定为“名为投资，实为借贷”。但如果是负责公司实际经营的股东给其他股东的承诺，以其个人财产对其他股东进行补偿，不涉及公司利益时，一般会认为有效。

导向问题 76

非股东的实际出资人能否请求公司直接向其分配利润?

实务解析

分红权是公司股东才能享有的固有权利，实际出资人在尚未取得公司股东身份的情况下，无权直接请求公司对其分配利润。根据《公司法解释(三)》第24条第3款的规定，实际出资人要获得股东身份，必须获得公司其他股东过半数同意。实际出资人未取得股东身份前，不能请求公司直接向其分配利润。

导向问题77

章程可否规定股东利用关联交易造成其他股东可分配利润减少时，由进行关联交易的股东向其他股东进行赔偿?

实务解析

股东通过对公司出资而持有公司股权，并根据公司章程及公司法的规定享有从公司获取经济利益并参与公司经营管理的权利。有限责任公司股东对公司享有的资产收益权依法通过行使包括股息红利分配、公司清算后取回剩余财产等股东权利实现。

虽然公司财产最终应归属于股东，关联交易行为也确实可能间接影响股东的利益，但在公司法人存续期间，股东权利与公司财产权相分离，股东对公司的财产并不享有所有权，其享有的是股东权利。股东对公司享有的财产权益体现为基于其出资而取得的公司股权，以及作为股东依法享有的利润分配等。公司的未分配利润和盈余公积，能否按照股东持股比例归属股东所有，尚需通过公司内部分配机制决定。在公司没有进行清算也没有通过利润分配将该部分属于公司的资产转化为股东财产的情形下，可分配利润的减少是否必然导致某一股东遭受损失，以及遭受损失的具体数额存在不确定性。因此，章程不宜直接规定从事关联交易的股东向其他股东赔偿，但可以规定从事关联交易的股东向公司赔偿。[①]

---

① 参见通化矿业（集团）有限责任公司、李健与公司有关的纠纷案，(2017) 最高法民再8号。

示范条款

股东不得滥用股东权利损害公司或者其他股东的利益，不得滥用公司法人独立地位和股东有限责任损害公司债权人的利益；公司股东滥用股东权利给公司或者其他股东造成损失的，应当依法承担赔偿责任。

十、公司章程中关于公司财务会计制度的事项

导向问题 78

公司章程对财务会计制度进行规范的依据和要求是什么？

实务解析

《公司法》第 163 条规定，公司应当依照法律、行政法规和国务院财政部门的规定建立本公司的财务、会计制度。其主要法律依据包括《会计法》《企业会计制度》《企业财务会计报告条例》等。

公司财务会计报告是指反映公司某一特定日期的财务状况和某一会计期间的经营成果、现金流量等会计信息的文件。财务会计报告应由会计报表、会计报表附注和财务情况说明书组成；财务会计报告的制作目的是向财务会计报告使用者提供与企业财务状况、经营成果和现金流量等有关的会计信息，反映企业管理层受托责任履行情况，有助于财务会计报告使用者作出决策。公司应当在每一会计年度终了时编制会计报告，并依法经会计师事务所审计。

有限责任公司应当依照公司章程规定的期限将财务会计报告送交各股东。股份有限公司的财务会计报告应当在召开股东大会年会的 20 日前置备于本公司，供股东查阅；公开发行股票的股份有限公司必须公告其财务会计报告。

示范条款

董事会是财务会计报告的责任人，董事会应对财务会计报告的真实性、准确性、全面性向公司负责。财务会计报告制作完毕后，应先由监事会进行审核。审核通过后，董事会应将财务会计报告和监事会审核报告一并交股东会审议。

会计报表中应当包括资产负债表、利润表、现金流量表、所有者权益变动表、附注等报表。

公司除法定的会计账簿外，不得另立会计账簿；对公司资产，不得以任何个人名义开立账户存储。

十一、公司章程中关于高级管理人员的事项

导向问题 79

在章程中根据公司需要确定高级管理人员的范围有何意义？

实务解析

高级管理人员的范围包括经理、副经理、财务负责人和公司章程规定的其他工作人员。高级管理人员有一定的资格禁入条件，要承担更多的法定和章程规定的义务，对公司负有忠实义务和勤勉义务，不得利用职权收受贿赂或者其他非法收入，不得侵占公司的财产。高级管理人员执行公司职务时违反法律、行政法规或者公司章程的规定，给公司造成损失的，应当承担赔偿责任。《公司法》第 148 条规定了高级管理人员八项履行忠实义务的禁止行为。

因此，公司根据实际情况，在公司章程中规定某些管理岗位的人员，如采购部负责人、市场部负责人、销售部负责人、研发部负责人、人事部负责人、法务部负责人、董事会秘书等为公司的高级管理人员，对其更好地履行岗位职责、实现公司更好治理具有积极意义。①

导向问题80

公司章程在规定高级管理人员的范围时，应当注意哪些事项？

实务解析

高级管理人员是公司运行的核心力量，其在公司运行中的作用不言而喻。《公司法》第113条、第141条、第147条、第148条、第149条、第152条等多个条款均对高级管理人员的行为作出限制性规定，给公司造成损失的还要承担赔偿责任，损害股东利益的，股东有权直接提起诉讼。因此确定高级管理人员的范围就格外重要。《公司法》第216条明确规定公司的经理、副经理、财务负责人以及上市公司董事会秘书属于高级管理人员，章程可根据需要扩大高级管理人员的范围，如将某些重要部门的负责人规定为公司高级管理人员。

确定高级管理人员范围建议注意如下几点：一是高级管理人员的范围要按照职务或者岗位确定，通常的原则是该岗位涉及公司的整体利益、重大利益，或者其管理工作涉及公司的大部分业务部门，对于公司重要部门的负责人，也可以根据情况将其列为公司的高级管理人员，除此之外，其他的工作人员不宜列为公司的高级管理人员。二是高级管理人员的范围确定（调整）后，要及时告知高级管理人员本人，并将公司章程的副本一并

① 参见翁兆雄、陈小云损害公司利益责任纠纷案，(2019) 最高法民申6486号。

送达，让其完全知悉公司章程对高级管理人员的责、权、利是怎样规定的，违反了公司章程的规定，应当承担哪些责任，这样高级管理人员才能更好地行使权利、履行义务，真正做到受公司章程约束。三是高级管理人员增加、变更后要及时通知利害关系人，如那些未在公司任职也未委派其他人员在公司任职的股东等，以使该股东能够对高级管理人员及时行使监督权。

示范条款

本公司总经理、副总经理、财务负责人、董事会秘书和生产总监、销售总监、法务总监为公司高级管理人员。

公司应在公司高级管理人员入职时告知公司高级管理人员行为准则。公司高级管理人员根据公司章程和公司高级管理人员行为准则承担忠实义务和勤勉义务。

导向问题 81

章程如何规定财务负责人任免事项，其职权如何规定？

实务解析

人事管理权是公司治理的重要内容。《公司法》第 46 条规定，董事会有权任免经理、副经理及财务负责人。公司章程也可结合公司实际，赋予董事会任免其他高级管理人员的职权。

财务负责人负责处理公司财务、税务工作，其职权可规定如下：（1）协助董事会决定公司的经营计划和投资方案。（2）协助董事会制订公司的年度财务预算方案、决算方案。（3）协助董事会制订公司的利润分配方案和弥补亏损方案。(4) 协助董事会制订公司增加或者减少注册资本的方案。(5) 根据相关法律规定，建立本公司的财务制度、会计制度。(6) 在每一会计年度终了后，编制财务会计报告，并依法经会计师事务所审计。(7) 依照公司章程规定的期限将财务会计报告提交董事会。(8) 计算、提取法定、任意公积金。

示范条款

董事会聘任或者解聘公司经理、董事会秘书；根据经理的提名，聘任或者解聘公司副经理、财务负责人等高级管理人员，并决定其报酬事项和奖惩事项。

十二、一人有限责任公司

导向问题 82

为何相对必要记载事项对一人有限责任公司同样重要?

实务解析

《公司法》对一人有限责任公司并没有规定超出前述列举的有限责任公司相对必要记载事项以外的其他规定。现实中，由于一人有限责任公司的股东对公司具有绝对的控制权，公司章程修改较为便利，反而更不重视公司章程的个性化设计。但是，对于规模较大的一人有限责任公司而言，如果想建立起规范的公司治理结构，同样需要对公司章程的相对必要记载事项给予充分重视，特别是股东不参与公司经营管理的情况下，董事会、监事会、经理等机构职能、权限设置等规定，在公司治理中就显得尤其重要，在公司章程中作出符合股东和公司利益的规定，也就成为必然之事。

十三、国有独资公司

导向问题 83

国有独资公司章程对董事会的职权是否应该个性化制定?

实务解析

《公司法》第 65 条规定："国有独资公司章程由国有资产监督管理机构制定，或者由董事会制订报国有资产监督管理机构批准。"实务中很多国有独资公司的出资人是财政局、国资委等政府机构，在履行出资人职责时，国有独资公司的公司章程多是由机构出资人制定的通用版本，对此公司登记机关多给予登记备案。

2019 年 4 月，国务院印发《改革国有资本授权经营体制方案》，提出今后要以管资本为主加强国有资产监管，切实转变出资人代表机构职能和履职方式，建成与中国特色现代国有企业制度相适应的国有资本授权经营体制。其主要举措包括：一是优化出资人代表机构履职方式；二是分类开展授权放权，对已完成公司制改制、董事会建设较规范的企业，要逐步落实董事会职权，公司章程也将做到实行一企一策，减少行政色彩。由此章程对国有独资公司董事会的职权进行创新和规范，成为国有企业发展的重要选择方向。

十四、股份公司章程中关于累积投票制的事项

导向问题 84

章程能否规定累积投票制适用任何股东大会决议?

实务解析

《公司法》第105条第1款规定:“股东大会选举董事、监事,可以依照公司章程的规定或者股东大会的决议,实行累积投票制。”由此可见,直接投票制与累积投票制在适用和实际操作中有着明显的差异。直接投票制适用于股东大会任何表决事项,而累积投票制仅适用于股东大会选举董事和监事时使用。公司可以通过股东大会决议的方式,决定适用累积投票制。

全国人大常委会法制工作委员会编著出版的《中华人民共和国公司法释义》中对第105条作出了自己的解释,认为规定累积投票制的目的是“防止股东大会中处于控制地位的股东凭其优势把持董事、监事的选举,致使持股分散的公众股东提名的董事、监事丧失当选机会”,“通过累积投票制,中小股东提名的人选有可能进入董事会、监事会,参与公司的经营决策和监督,虽不足以控制董事会、监事会,但至少能在其中反映中小股东的意见,使大股东提名的董事、监事在行事时有所顾忌,有所制约,而实现董事会、监事会内部一定程度上的监督”。累积投票制被认为是确保少数股东有可能选出董事会、监事会中的代言人的唯一制度设计,这一解释阐述了引入累积投票制的立法本意。

示范条款

累积投票制是指股东会选举董事或者监事时，每一股份拥有与应选董事或者监事人数相同的表决权，股东拥有的表决权可以集中使用。股东会就选举董事、监事进行表决时，根据公司章程的规定或者股东会的决议，可以实行累积投票制。

导向问题 85

累积投票制与直接投票制在投票权的设置上有何不同?

实务解析

累积投票制是与直接投票制相对应的制度。累积投票制是指股东在股东大会上选举 2 名以上的董事或者监事候选人时，依据累积投票的方法，各股东拥有的每一股份有与拟选出董事或者监事人数相等的投票权，其所持股份的投票权可以累积，既可以将全部投票权集中投给一位候选人，也可以分散投给数个候选人，按得票数决定当选者。有效投票权总数为参加股东大会股东所代表的表决权总数与董事、监事应选人数的乘积。公司章程可以规定，只选举一名董事或者监事时，不用累积投票制。

直接选举制的投票权总数与股东持有的投票权总数一致，而累积投票制的投票权总数，与需选出的董事数和监事数有倍数关系。举例说明：在股东大会选举 7 名董事时，如采用直接选举制，则某股东拥有 7000 个投票权，该股东可以将 7000 个投票权全部都给一个候选人，也可以每个候选人投 1000 个投票权。如采用累积投票制，则该股东拥有 49,000（7000 × 7）个投票权，他可以将 49,000 个投票权集中投给一个候选人，也可以分散投票。这种情况下，少数股东便有机会选出心仪的董事。

导向问题86

采用累积投票制选举董事、监事，是否需要考虑公司章程关于董事、监事选任需1/2以上表决权通过的比例要求？

实务解析

如股份公司按照《上市公司治理准则》等的规定，采用累积投票制选举董事、监事，一般来说仅按照得票数多少即可决定当选的董事、监事。但如果公司章程规定董事选任属于股东大会以普通决议通过的事项，应当由出席股东大会的股东（包括股东代理人）所持表决权多于1/2通过，在公司章程对选任董事、监事有明确的表决权比例约定时，候选董事、监事既要符合累积投票制票数的要求，还应当符合公司章程的有关选任董事、监事的表决权比例规定，才能当选。原因在于累积投票制是指股东大会采用该方法选举董事或监事时，每一股份拥有与应选董事或者监事人数相同的表决权，股东拥有的表决权可以集中使用，主要为投票技术方式的约定，不能因此改变章程对表决权比例的规定。①

① 参见致生联发信息技术股份有限公司与北京鼎驰融达投资管理有限公司公司决议纠纷案，(2019) 京03民终11637号。

十五、公司章程中关于股份公司转让、受让重大资产或者对外投资担保的事项

导向问题 87

公司章程如何规范股份公司转让、受让重大资产或者对外投资担保行为?

实务解析

《公司法》第104条规定:"本法和公司章程规定公司转让、受让重大资产或者对外提供担保等事项必须经股东大会作出决议的,董事会应当及时召集股东大会会议,由股东大会就上述事项进行表决。"

《上市公司重大资产重组管理办法》规定,公司日常经营活动之外购买、出售资产或者通过其他方式进行资产交易达到规定的比例,导致上市公司的主营业务、资产、收入发生重大变化的资产交易行为属于重大资产转让、受让及对外投资、担保。如果上市公司在一年内购买、出售重大资产或者担保金额超过公司资产总额30%的,应当由股东大会2/3以上表决权通过作出决议。

《公司法》之所以对股份公司的重大资产转让、受让及担保事项,在决策主体、程序方面作出更为严格的规定,原因在于股份公司的业务往往更庞大复杂,规模更大,股东人数更多,但股权结构又较复杂分散,控股股东容易通过控制董事会等方式实施侵犯公司利益的资产转让、对外担保等行为,甚至向控股股东输送利益,而股份公司要求有更完备的治理结构,有必要也有条件通过更为严格的程序来规范这些重大事项的决策。

实践中,上市公司之外的股份公司以及规模较大的有限责任公司均可以

参照对上市公司的要求，基于自身情况，对需要经股东会（股东大会）决议才可实施的对外投资、担保等事项的具体标准作出相应的规定。

示范条款

股东大会审议并决定公司在一年内购买、出售重大资产超过公司最近一期经审计总资产20%的事项。

示范条款

公司下列对外担保行为，须经股东大会审议通过：

（一）公司及公司控股子公司的对外担保总额，达到或超过最近一期经审计净资产的30%以后提供的任何担保；

（二）公司的对外担保总额，达到或超过最近一期经审计总资产的30%以后提供的任何担保；

（三）为资产负债率超过70%的被担保对象提供的担保；

（四）单笔担保额超过最近一期经审计净资产20%的担保；

（五）对股东、实际控制人及其关联方提供的担保。

十六、公司章程中关于收购股份的事项

导向问题88

可否在章程中规定由董事会决议公司回购本公司股份？

实务解析

通常情况下，公司不得收购本公司股份。《公司法》规定了允许公司回购股份的具体情形。其中，公司因减少公司注册资本、公司与持有本公司股份的其他公司合并收购本公司股份的，应当经股东大会决议；公司将股份用于员工持股计划或者股权激励，股东因对股东大会作出的公司合并、分立决议持异议，要求公司收购其股份，将股份用于转换上市公司发行的可转换为股票的公司债券，以及上市公司为维护公司价值及股东权益所必需的情形下收购本公司股份的，可以依照公司章程的规定或者股东大会的授权，经2/3以上董事出席的董事会会议决议通过即可。

公司章程可以规定除公司因减少公司注册资本、公司与持有本公司股份的其他公司合并收购本公司股份之外的回购情形中，哪些由股东大会作出决议，哪些由董事会作出决议。

导向问题 89

公司在亏损的情况下溢价回购股东股权的行为是否有效？

实务解析

收购行为是否有效根据具体情形而定，如公司通过溢价回购股东股权损害其他股东以及公司债权人利益的，行为无效。

《公司法解释（二）》第5条第2款规定，经人民法院调解公司收购原告股份的，公司应当自调解书生效之日起6个月内将收购的股份转让或者注销。股份转让或者注销之前，原告不得以公司收购其股份为由对抗公司债权人。股权回购协议的生效与股权回购的生效不同。股权回购协议生效后，尚需经过当事人的履行行为，即股份注销、办理工商变更登记手续，在完成上述行为前，依照法律的规定，不产生对抗公司债权人的效力。公司章程可以对公司回购股份的具体程序作出细化规定，增强其实际操作性。[①]

十七、公司章程中关于股份有限公司监事会的议事方式和表决程序的事项

导向问题 90

应如何规定监事会的议事程序和表决程序?

实务解析

《公司法》第 119 条第 2 款规定："监事会的议事方式和表决程序，除本法有规定的外，由公司章程规定。"

《公司法》对于股份有限公司（包括有限责任公司）监事会议事方式和表决程序的规定较为笼统，实践中操作性不强。各股份公司可结合自身特点对监事会议事方式和表决程序进行细化。

示范条款

监事会会议分为定期会议和临时会议。原则上每年应至少召开两次监事会会议。任一监事可以提议召开临时监事会会议并向会议提出提案。

当公司出现以下情况时，监事会主席应在 15 个工作日内召集监事会临时

① 参见丁云霞、成都泓奇实业股份有限公司请求公司收购股份纠纷案，(2019) 川 01 民终 3593 号。

会议：

（一）监事提议召开时；

（二）公司财务违规操作、财务会计信息失真时；

（三）董事、总经理和其他高级管理人员执行公司职务时出现违法、违规或者违反公司章程的行为时；

（四）股东会、董事会会议违反法律法规、公司章程或在先的公司股东会决议时；

（五）公司、董事、监事、高级管理人员被股东提起诉讼时。

示范条款

第三条 监事会会议召集人应该在定期会议举行前15日，临时会议举行前10日通知全体监事，必要时通知其他高级管理人员、内部审计人员及外部审计人。如情况紧急，需要尽快召开监事会临时会议的，会议可以不受前款通知时限的限制，但召集人应当在会议上作出说明。

监事会会议通知应当至少包括以下内容：

（一）会议的时间、地点；

（二）拟审议的事项（会议提案）；

（三）会议召集人、临时会议的提议人及其书面提案；

（四）监事表决所必需的会议材料；

（五）会议联系人和联系方式。

示范条款

公司的监事和其他有关人员可以向监事会提交提案，监事会提案应符合下列条件：

（一）内容与法律、法规、公司章程的规定不抵触并且属于公司经营活动范围和监事会的职责范围；

（二）提案必须符合公司和股东的利益；

（三）有明确的议题和具体事项；

（四）至少应在会议召开前3个工作日提交。

示范条款

监事会会议应当有1/2以上的监事出席方可举行。

监事会会议应当由监事本人出席。监事因故不能出席会议的，应当事先审阅会议材料，形成明确的意见，书面委托其他监事代为出席。监事不得在未说明其本人对提案的个人意见和表决意向的情况下全权委托其他监事代为出席，有关监事也不得接受全权委托和授权不明确的委托。在审议关联交易事项时，监事不得委托与会议提案有关联关系的监事代为出席；与会议提案所涉及的企业有关联关系的监事不得接受其他监事的委托。

监事会讨论的每项议题应由提案人或监事会主席指定的一名监事作主题中心发言，说明本提案的主要内容、前因后果、主导意见。对重要的提案还应事先组织有关人员进行调查核实，写出书面调查报告，以利于全体监事审议。

监事会会议在审议有关提案和报告时，可要求公司董事、高级管理人员、内部及外部审计人员列席会议，对有关事项作必要的说明，并回答监事会提出的问题。

示范条款

监事会决议以举手方式进行表决，每名监事有一票表决权。

监事与监事会会议决议事项有关联关系的，不得对该项决议行使表决权，也不得代理其他董事行使表决权。

监事会对提案都应以书面形式作出决议。监事会形成决议需经全体监事的过半数同意。

04

第四章

任意记载事项

第一节

如何认识章程任意记载事项

章程任意记载事项，是指法律上没有规定或要求，在不违反法律规定和公序良俗的前提下，由发起人或股东自主决定是否记载的事项。

任意记载事项与相对必要记载事项既类似又不同，类似之处是两者是否在公司章程中记载，均可以由当事人选择，法律不作强制性要求；不同之处在于，《公司法》中列举了相对必要记载事项，但没有列举任意记载事项，仅是以兜底条款的形式予以概括表述，把选择权完全交给公司发起人或股东。

导向问题 91

章程任意记载事项有什么特点?

实务解析

章程任意记载事项有以下特点：

一是源于法律授权。任意性法律规范虽然给予了公司章程极大的自治空间，允许股东通过自行创制行为规范来进行内部管理，以实现自身经营管理的有效运转，但任意性记载规范并非没有法律依据，其在《公司法》中亦有提示性规定，如《公司法》第25条中规定的“股东会会议认为需要规定的其他事项”，因此任意记载事项亦是由法律授权才得以产生。

二是法律未明确列举，由股东自行协商确定。相对必要记载事项虽然也属于授权性规范，但股东是在法律列举的范围内自由选择或作出与法律规定不同的规定。任意性法律规范虽依据法律授权，但法律并未进行具体列举，完全由股东根据公司实际情况协商产生。任意记载事项的这一特点让其与绝对必要记载事项和相对必要记载事项区别开来。

三是是否记载由股东自由选择。法律对任意记载事项并不作强制性要求，股东对某一事项既可以选择记载，也可以选择不予记载。如果公司章程中有记载，则这些事项与其他事项一样，对公司股东和其他人员具有同样的约束力；如果没有记载或记载有缺陷甚至违法，也不影响公司章程的整体法律效力。

导向问题92

如何正确把握章程任意记载事项的作用？

实务解析

必要记载事项解决的是公司基础性、根本性问题，不可能细致到所有事项能够直接照本操作的程度，公司登记机关也不可能根据每个公司的实际情况为其进行量体裁衣式的章程文本设计。只有公司股东自身最为了解设立公司的利益考量，及公司在具体运营过程中所出现的种种问题，从而可以通过章程的制定和修改，使公司的组织和活动越来越符合公司实际情况和股东的利益需求。除章程绝对必要记载事项和相对必要记载事项外，任意记载事项更能够填补法律规范的空白，规范公司治理结构，减少和防范股东之间的纠纷，提高公司决策和运行效率，最大限度地避免公司僵局的出现。

导向问题 93

公司法提及的主要任意记载事项有哪些?

实务解析

《公司法》对于有限责任公司和股份有限公司任意记载事项的规定主要体现在部分条文的兜底条款中，现对各种类型的公司章程主要任意记载事项进行归纳，列举如下：

（1）股东会或股东大会法定职权以外的其他职权；

（2）董事会法定职权以外的其他职权；

（3）经理法定职权以外的其他职权；

（4）监事会法定职权以外的其他职权；

（5）股东会或股东大会认为可以规定的其他事项。

在以上列举事项之外，公司法没有禁止且与公司治理有关的其他事项均可以在章程中作出任意记载。

上述第（1）项体现在《公司法》第37条和第99条中。《公司法》第37条规定了有限责任公司股东会的职权，该条第1款第11项“公司章程规定的其他职权”即属于有限责任公司章程任意记载事项；《公司法》第99条规定，“本法第三十七条第一款关于有限责任公司股东会职权的规定，适用于股份有限公司股东大会”，即公司章程规定的股东大会的其他职权属于股份有限公司任意记载事项。

上述第（2）项体现在《公司法》第46条和第108条中。《公司法》第

46 条规定了有限责任公司董事会的职权，该条第 11 项“公司章程规定的其他职权”即属于有限责任公司章程任意记载事项；《公司法》第 108 条第 4 款规定，“本法第四十六条关于有限责任公司董事会职权的规定，适用于股份有限公司董事会”，即公司章程规定的董事会的其他职权属于股份有限公司任意记载事项。

上述第（3）项体现在《公司法》第 49 条和第 113 条中。《公司法》第 49 条规定了有限责任公司经理的职权，该条第 1 款第 8 项“董事会授予的其他职权”即属于有限责任公司章程任意记载事项；《公司法》第 113 条第 2 款规定，“本法第四十九条关于有限责任公司经理职权的规定，适用于股份有限公司经理”，即董事会授予经理的其他职权属于股份有限公司任意记载事项。

上述第（4）项体现在《公司法》第 53 条和第 118 条中。《公司法》第 53 条规定了有限责任公司监事会的职权，该条第 7 项“公司章程规定的其他职权”即属于有限责任公司章程任意记载事项；《公司法》第 118 条第 1 款规定，“本法第五十三条、第五十四条关于有限责任公司监事会职权的规定，适用于股份有限公司监事会”，即公司章程规定的监事会的其他职权属于股份有限公司任意记载事项。

上述第（5）项体现在《公司法》第 25 条和第 81 条中。《公司法》第 25 条规定了有限责任公司章程应当载明的事项，该条第 1 款第 8 项“股东会会议认为需要规定的其他事项”即属于有限责任公司章程任意记载事项。《公司法》第 81 条规定了股份有限公司章程应当载明的事项，该条第 12 项“股东大会会议认为需要规定的其他事项”属于股份有限公司章程任意记载事项。

导向问题 94

任意记载事项在实践中运用的现状和水平如何？

实务解析

章程的任意记载事项与相对必要记载事项相比，区别主要体现在二者的功能上。相对必要记载事项体现出立法者对章程制定者的倡导性建议，提示章程制定者这些事项是重要的，倡导其结合自身的实际情况进行创设和规定；任意记载事项则是在绝对必要和相对必要记载事项以外，如果章程制定者认为还有自身所关注的问题及特殊的情况需要进行事先规制，按照自身的意愿在不违反法律法规强制性规定的前提下，对章程相关事项作出任意的记载，因此具有更强的量身打造的意味。

实践中，不少公司登记机关对申请备案的章程进行审查，审查人员通常推荐申请人使用章程格式文本，公司制定的个性化章程在备案时往往会遇到困难。为顺利办理公司登记，不少公司最终选择使用登记机关提供的格式文本。另外，也普遍存在股东对章程任意记载事项的重要性认识不足，图省事自愿选择使用章程格式文本的现象。虽然目前章程任意记载事项在实践中运用状况不理想，但相信随着社会法治水平和公司治理水平的不断提高，越来越多的公司会注重章程任意记载事项的运用。

第二节

章程任意记载事项常见实务问题

一、有限责任公司

导向问题 95

章程如何规定公司“三会”的议事规则?

实务解析

在公司治理方式确定后，公司治理机构的运转规则就必须要完善，股东会议事规则、董事会议事规则、监事会议事规则三个议事规则的完善便要首先解决。“三会”议事规则科学合理、运转良好，就可以有效预防公司僵局的发生。因此，应该在公司章程中对此作为任意记载事项进行规定。当然，公司章程中不宜作特别细致的规定，可以作出原则性规定后，要求公司制定三个议事规则的专门文件，并把三个议事规则专门文件作为章程的附录性文件。

导向问题 96

章程如何规范股东违反出资义务时的除名程序？

实务解析

股东可能因违反出资义务被除名。《公司法解释（三）》规定了对未出资或者抽逃全部出资股东的除名，但不包括部分出资或者仅部分抽逃出资的股东。股东除名权是公司为消除不履行义务的股东对公司和其他股东所产生不利影响而享有的一项法定权能，不以征求被除名股东的意志为前提和基础。在特定情形下，股东除名决议作出时，会涉及被除名股东可能干扰、操纵表决的情形。故当某一股东与股东会讨论的决议事项有特别利害关系时，该股东不得就该事项行使表决权。

实务中可能存在有的股东实缴出资占其应缴出资的比例很低且经过公司催缴仍不履行出资义务的情形，比如某股东应缴出资 100 万元，实缴出资仅 100 元，按照《公司法解释（三）》的规定，该股东的股东资格也不能解除，但实质上，该股东的出资 100 元和完全未缴纳出资没有很大区别。对于此类法律没有作出相应规定的情形，自然就是公司章程任意记载事项发挥用武之地的时候，公司章程可以利用公司自治的权利，对如何处理此种情形作出规定。编者建议公司章程中将对未全面履行出资义务的股东除名的权利交由股东会行使，并明确股东除名的程序和条件。[1]

---

① 参见宋余祥、上海万禹国际贸易有限公司与杭州豪旭贸易有限公司公司决议效力确认纠纷案，(2014) 沪二中民四（商）终字第 1261 号。

示范条款

股东逾期出资或者抽逃出资的，董事会应当要求股东在 3 个月内补缴或者归还全部出资。在董事会要求股东补缴或者归还出资期限届满后，股东逾期出资或者抽逃出资额占其应缴出资额 80% 以上的，其他全额出资的股东可以通过股东会决议的形式将该股东除名，就除名事项进行表决时，被除名股东不享有表决权，但在表决前可以进行申辩。

导向问题 97

章程如何预设激励股权的来源？

实务解析

随着人力资源资本重要性不断上升，股权激励被越来越多的公司采用和实施。对于股权激励的股权来源，同样应当在公司章程中事先明确，无论是大股东一人转让股权，还是各个股东平均转让股权，抑或通过预留股权池或者增资（增资时原股东都放弃优先认缴权）解决，均要作出明确规定，使之具有可操作性。建议这项权利交由股东会行使，但可以授权董事会制定提案。

示范条款

公司建立股权激励制度，公司可以以期股、期权等作为对董事、监事、高级管理人员和公司关键人员的股权激励方式。

股权激励的股权来源由公司通过增资的方式筹集，增资价格由股东会作出决议，但不得超过公司当时的净资产价值。公司全体股东放弃因股权激励而进行增资时的优先认缴权。

导向问题 98

公司通过增资扩股引进投资人时，如何避免发生部分股东行使优先认缴权？

实务解析

公司通过增资扩股引进投资人时，原有的股东对于增资要放弃优先认缴权，否则投资人无法进入。最高人民法院的有关案例认为，公司的股东对于其他股东放弃的增资权不享有优先权，但是对该案例的解读，无论是法官、学者、律师都有不同的观点。有观点认为，公司增资时，个别股东放弃优先认购权后，对于增资的部分，其他股东仍享有优先认缴权，因为这是《公司法》第 34 条明确规定的，只有在全体股东有约定的情况下除外。为避免发生此类纠纷，应当在公司章程规定全体股东均放弃对增资的优先认缴权。

示范条款

公司为上市或者其他原因需要融资，通过增资扩股方式引进投资人时，公司的全体股东均放弃对增资的优先认缴权。

导向问题 99

章程可否对股东的强制退出作出规定？

实务解析

有限责任公司的人合性特点，决定了股东之间的互相认可和合作非常重要，特别是在一些规模较小的公司中，全体股东都参与公司的经营管理，当个别股东违反了公司设立时的承诺时，可能导致公司人合性出现裂痕，形成公司内部严重冲突或公司僵局，使公司出现经营困难乃至经营不能，此时该股东能否被强制退出就成了一个问题。

最高人民法院发布的第96号指导案例——宋文军诉西安市大华餐饮有限公司股东资格确认纠纷案中，认可了公司章程中“人走股留”的规定。基于有限责任公司人合性和封闭性的特点，可以在公司章程中对股东转让股权、股东资格继承等作出某些限制性规定，对一些股权流动性较强的公司，也可以通过经一致同意的股东会决议，形成《股东持股管理办法》等管理文件，对股东的资格和评选条件、评选程序、股东退股及公司扩股、公司强制回购股权的情形及回购价格等作出具体的规定，为具备一定情形的股东强制退出公司提供依据。

编者查到其他现有判例，支持公司章程可以在不违反《公司法》禁止性规定的前提下，规定股东强制退出的条件和程序，保证公司股东之间紧密的合作，促进公司健康发展。①

导向问题 100

公司章程应否作出禁止关联交易的安排?

实务解析

编者认为不宜作出禁止关联交易。关联交易本身没有对错，在不损害公司或者股东利益的前提下，关联交易对公司、关联交易股东以及其他股东可能都是有利的，只有损害公司或者其他股东的利益的关联交易，才应禁止。

---

① 参见齐晓寰诉中科专利商标代理有限责任公司股东资格确认纠纷案，(2016) 京01民终2094号。

我国《公司法》第148条第1款第4项之规定，董事、高级管理人不得违反公司章程的规定或者未经股东会、股东大会同意，与本公司订立合同或者进行交易。

为保证关联交易的公平性，由股东会对关联交易进行审查是必要的。如果公司章程没有对关联交易的认定及审查进行规定，那么在现实中一旦出现了有争议的关联交易，即使股东对关联交易不满，也难以实施救济。①

示范条款

为了避免不正当的关联交易损害公司利益，对于下列情形的关联交易，需由股东会作出决议：

（一）公司与关联人发生的交易（公司获赠现金资产或获得担保除外）金额在300万元以上，且占公司最近一期经审计净资产绝对值5%以上的关联交易；

（二）与公司实际控制人、股东或董事、监事、高级管理人个人有直接、间接控制关系或者其他可导致公司利益不当转移关系的企业，与公司发生的交易；

（二）其他可能给公司带来不确定风险的关联交易。

导向问题101

章程如何规范股东的同业竞争行为？

① 参见王某伏与中国石油化工股份有限公司、绍兴县钱进加油站有限公司公司决议效力确认纠纷案，（2014）绍商初字第503号。

实务解析

股东与公司之间的同业竞争在现实中并不罕见，包括的情形主要有：（1）公司成立之前，股东即从事与公司相同或类似业务；（2）公司成立后，股东从事与公司相同或类似业务，但股东不在公司任职或不主要负责公司经营管理；（3）在公司任职或负责经营管理的自然人股东或法人股东的工作人员从公司离职，利用在公司工作期间掌握的资源与公司同业竞争。其中需要防范的是后两种情形，特别是第三种情形。公司可以采取在章程中规定股东的不竞争义务、严格商业秘密保护制度等措施应对。在章程规定股东的不竞争义务前提下，可以将股东是否构成与公司同业竞争的审查权赋予股东会，由股东会进行审查。

示范条款

股东同业竞争的限制：股东或其近亲属自己或者其投资、控制的公司（含合伙企业、合作企业、外资企业、个人独资企业等其他营利性组织，下同）从事与公司具有同业竞争业务时，应当向公司董事会作出书面报告。该股东自己不得在公司担任董事、监事、高级管理人员，也不具有前述人员的提名权，也不得被聘为公司的职员，不得查阅公司的会计账簿以及涉及公司商业秘密的任何材料，全体股东一致同意的除外。

对隐瞒同业竞争股东的除名：股东或其近亲属以股权代持等隐蔽方式，自己或者其投资、控制的公司从事与公司具有同业竞争业务而未向公司董事会书面报告的，其他股东有权通过股东会以普通程序决议的方式将该股东除名，股东会以普通程序表决时，被除名的股东不享有表决权，但在表决前可以进行申辩。

股东被除名后，其持有的股权可以通过转让给其他股东或者由公司回购后做减资处理。股东受让部分股权时，剩余部分由公司回购后做减资处理，其他股东受让或者公司减资处理时的股权价格不得高于股权对应的公司净资产。其他股东不同意受让或者公司也不同意回购的，被除名股东可以将股权转让给公司之外的其他人。

同业竞争的股东侵害公司商业秘密的，公司有权依法追偿。

导向问题 102

公司章程规定同业竞争股东不享有查阅公司账簿的知情权是否有效?

实务解析

股东知情权是股东了解公司经营信息的基本权利，在公司所有权和经营权相分离的情况下，法律赋予股东知悉公司必要信息的权利。但为了防止股东非因正当目的滥用知情权而对公司造成损害，法律亦要求股东在查阅公司特定文件时，必须履行法定的请求和说明程序，从而为公司或者他人判断股东是否具备正当目的提供必要的信息。《公司法》第 33 条第 2 款规定，股东要求查阅公司会计账簿的，应当向公司提出书面请求，说明目的。公司有合理根据认为股东查阅会计账簿有不正当目的，可能损害公司合法利益的，可以拒绝提供查阅，并应当自股东提出书面请求之日起 15 日内书面答复股东并说明理由。《公司法》的上述规定，从行使条件和证明责任两个层面对股东行使账簿查阅权进行规定。从行使条件看，股东可以要求查阅公司的会计账簿，在股东已向公司说明查阅目的的情况下，除非因其具有不正当目的，可能损害公司合法权益外，公司不得拒绝；从证明责任看，在股东已向公司说明查阅目的的情况下，若公司拒绝股东的查阅请求，公司必须举证证明其有根据认为股东查阅的目的不正当且该根据必须达到“合理”的程度。《公司法解释

(四)》第 8 条规定，有证据证明股东存在下列情形之一的，人民法院应当认定股东有《公司法》第 33 条第 2 款规定的“不正当目的”：(1) 股东自营或者为他人经营与公司主营业务有实质性竞争关系业务的，但公司章程另有规定或者全体股东另有约定的除外；……依据上述规定,公司是有理由拒绝与公司主营业务存在竞争关系的股东查阅公司账簿的。因此公司章程规定同业竞争的股东不享有公司账簿查阅权，通常情况下是有效的。

导向问题 103

公司章程可否对有限责任公司股权质押作出特别规定?

实务解析

法律没有对有限责任公司股东的股权质押作出限制性规定，但是，股东的股权质押后，可能发生股权被转让的可能，进而打破公司的人合性，更有可能发生某位股东通过股权质押来恶意转让股权的情况。因此授权股东会或者董事会对股东的股权质押进行审核，规定股东质押股权的报批审核制度，以保证有限责任公司的人合性是有必要的。

示范条款

持有公司股权超过 5% 以上的股东，在质押其股权以前，应当向董事会就其拟质押情况提交书面报告，董事会应当提交股东会表决是否同意质押；未向董事会书面报告或者未获股东会表决通过而质押的，股权质押股东应当向其他股东支付担保债权金额 30% 的违约金，其他股东按实际出资比例对违约金进行分配。

导向问题 104

对聘用、解聘承办公司审计业务的会计师事务所应如何规定?

实务解析

《公司法》第 169 条第 1 款规定：“公司聘用、解聘承办公司审计业务的会计师事务所，依照公司章程的规定，由股东会、股东大会或者董事会决定。”对于有限责任公司来说，把此项权利交由股东会行使，能够更好地保护全体股东的利益，因为不是每位股东都有自己提名、推举的董事，在实践中，即便是选举出的董事，也会受到大股东的影响，将该权利交由股东会行使更有利于对全体股东权益的保护；对于股份有限公司，交由董事会行使该项权利更为便利。

示范条款

公司聘用、解聘承办公司审计业务的会计师事务所，由公司董事会提出议案，由股东会决定。

导向问题 105

如何运用章程授权董事会管理公司信息披露事项?

实务解析

公司可以根据自身业务特点、管理需要等，通过章程授权董事会行使《公司法》第 46 条具体规定之外的其他职权。公司的股东能否顺利获知公司经营管理信息，取决于公司是否采取合理措施保障股东知情权，与其让股东通过申请等程序来获得公司的经营管理信息，不如公司通过正常的途径，将公司重大经营管理信息主动及时告知股东。根据董事会的职能，将此项权利授予董事会，实际上也是将此项告知义务交给董事会落实，这样有利于股东知情权的实现。

示范条款

董事会应于每季度第一个月20日之前，向全体股东书面告知公司上一季度发生的如下信息：

（一）业务信息。下列业务信息应当对股东公开：销售收入变动情况、金额超过100万元的销售合同、金额超过30万元的采购合同、对外抵押情况、对外担保情况等。

（二）财务信息。下列财务信息应当对股东公开：公司财务报表包括的全部财务信息、重大债权回收情况、重大债务清偿情况、经营成本变动情况以及任何价值超过公司总资产5%的资产变动情况。

（三）人事信息。下列人员的变动情况应当对股东公开：董事变动、监事变动、经理变动、副经理变动、财务主管人员变动、公司部门经理人员变动、公司顾问律师变动、公司顾问会计师变动等。

（四）其他信息。下列信息也应当予以公开：公司章程修改，公司作出的股东会会议决议、董事会会议决议、监事会会议决议。

信息公开的限制：如上述内容公开可能影响公司或者股东利益，经董事会表决后可以暂时不公开。股东应当对获得的公司信息保密，因股东未遵守保密义务给公司造成损失的，应当承担赔偿责任。

导向问题 106

章程应如何合理规定经理职权范围？

实务解析

《公司法》对经理职权的规定有别于股东会和董事会的职权，除董事会可以授予其他职权外，还赋予了公司章程更多的自由，即如果公司章程对经理职权另有规定的，可以从其规定。

公司经理是公司日常业务的执行机构，负责把董事会制订的经营计划、投资方案等落到实处。在具体的工作中，如涉及董事会制订的经营计划需要及时进行修改、完善、变更甚至放弃，就有必要召开临时董事会作出决议，为此赋予经理提议召开董事会临时会议的权利是必要的，在此类情形发生时，公司可以及时启动临时董事会的召开。

一般情况下，董事会承担着执行股东会决议和公司经营决策的职责，不负责公司经营事务的具体执行，经理则在职权范围内负责具体执行并对董事会负责。在董事会决策后，经理在决策框架内进行具体执行时拥有比较大的自由裁量权，这种执行权是一种非常重要的权利，直接决定着公司的各项决策能否落实。当然，有些公司可能会将一些执行的权利直接交给董事长行使，在这种情况下经理的自由裁量权就会比较小，弱化为纯粹的执行机构。大部分公司会在两者之间适当平衡，也就是既赋予经理在执行过程中一定的自由裁量权，同时在一些关键事项上又加以限制，比如，将公司重要职位人选的任免权交由董事会行使，只给经理保留一般职位人选的任免权。

公司的经营管理权在董事长、董事会、经理之间如何分配，章程在多大范围内对经理进行授权，这需要根据股东的结构、公司的需求、经理本人的品质和能力等众多因素确定。对经理放权、束权都被《公司法》所允许，无论向哪个方向操作，股东都应当通过公司章程以及相配套的其他管理制度予以细化、明确，避免授权不明而导致公司经营管理陷入混乱。

导向问题 107

公司章程可否规定监事会拥有同意保留权?

实务解析

《公司法》第53条规定了监事会、不设监事会的公司的监事行使的职权，同时规定公司章程可授予其他职权。实践中，对于规模较小或股东人数较少的有限责任公司，监事会的作用往往很难发挥，在这些公司中，往往存在一个比较强势的股东，其他股东往往比较弱势，不便、不能甚至不敢进行监督。当矛盾积累到一定程度后，往往导致公司僵局的发生。如果监事会的作用得到有效发挥，则可以提前预防和化解这些矛盾。

对此，可以借鉴德国公司监事的同意保留权，赋予监事会对董事会的监督权。同意保留权是指公司某些特定类型的重大事务必须得到监事会的同意才能开展。如果监事会否定了该项事务，那么，董事会就必须提请股东会表决，只有股东会表决通过后，才可以开展这项事务。监事会的这项权利可以有效约束不合理的关联交易等不当行为，让董事会在决策时更加慎重。

示范条款

公司董事会在审议通过金额在3000万元以上的关联交易事项、涉及股东代表诉讼的相关决议事项以及董事会认为应当事先征求监事会同意的其他决议事项，在进入执行以前应当书面征求监事会意见，监事会应当在3日内书面回复意见，不回复意见视为同意。监事会同意后，董事会决议才可以付诸实施。如监事会不予同意，董事会须在10日内作出召开股东会的决议，将相关事项提交股东会表决。

二、一人有限公司

导向问题108

一人有限公司章程任意记载事项的侧重点在哪里?

实务解析

《公司法》对一人有限公司并没有规定超出前述列举的有限责任公司任意记载事项以外的其他规定，且由于一人有限公司的特殊性，《公司法》及相关行政法规、规章对一人有限公司在股东资格等方面有较多的限制，制定公司章程时不应违反或突破这些规定和限制。

值得注意的是，一人有限公司不设股东会，由股东行使相应权利，因此，《公司法》关于有限责任公司股东会的一些规定，并不适用于一人有限公司。一人有限公司的公司章程由股东签名即生效，从这个意义上说，一人有限公司在公司章程中作出有关任意记载事项的规定更为便利。

股东设立一人有限公司最大的风险在于因财产混同导致的法人人格否定。因此章程的侧重点应在保证人格独立方面的相关规定，同时为公司的进一步发展、投资人的引进做好制度安排。

三、国有独资公司

导向问题 109

国有独资公司章程任意记载事项的主要风险点是什么?

实务解析

《公司法》对国有独资公司并没有规定超出前述列举的有限责任公司任意记载事项以外的其他规定，由于国有独资公司的特殊性，除《公司法》《市场主体登记管理条例》外，其他相关法律规定和行政法规对国有独资公司在投资、担保、资产处置、内部管理等方面有较多的限制，如《企业国有资产法》《国有资产评估管理办法》《国有企业清产核资办法》《国有企业领导人员廉洁从业若干规定》《国有企业法律顾问管理办法》等，制定公司章程时不应违反或突破这些规定和限制。对于国有独资公司来讲，在公司章程中作出有关任意记载事项的规定时，要符合国家对国有资产监督管理的规定，并符合章程制定、变更、批准的程序性规范。

四、股份有限公司

依照《公司法》相关规定，有限责任公司股东会职权、董事会职权、董事任期、经理职权的规定，适用于股份有限公司。有限责任公司中关于股东会、董事会、经理、监事会法定职权以外的职权，授权公司章程作出规定的规定，也可以适用于股份有限公司。

导向问题 110

股份有限公司章程任意记载事项有何特点?

实务解析

股份有限公司特别是上市公司章程的自治空间要小于有限责任公司。相对于股份有限公司，有限责任公司股东人数较少，其股东往往比较容易获取公司的各种信息，也有机会对公司事务进行面对面的磋商，公司事务大都按照提前商定的规则执行。事实上，充分知情的当事人是其自身利益的最佳判断者，履行这些商定的条款对他既有价值，也是其追求的目的。因此，在这种情况下，法律需要更多地尊重当事人在协商基础上达成的合意，减少不必要的限制。股份有限公司的股东较多，尤其是上市的股份有限公司股东是针对不特定的公众，公司有时不会将公司的所有信息向中小投资者披露（法律规定必须公开的信息除外），并且大多数中小投资者或由于获取信息成本太高而不去积极获取相关信息，或因为缺乏能力，或没有必要的手段去得到信息，从而存在信息不透明、不对称的问题。

正是由于中小投资者在信息获取和使用能力方面处于劣势，没有平等的协商能力，因此公司章程并非全体股东经过充分协商达成的合意。为更好地保护全体投资者的合法权益，法律需要对股份有限公司的公司章程自治进行更多的干预和限制。因此《公司法》关于股份有限公司的强制性规范要多于有限责任公司，给任意记载事项所留的空间比较少。

导向问题 111

需要召开临时股东大会的情形有哪些?

实务解析

《公司法》第100条规定："股东大会应当每年召开一次年会。有下列情形之一的，应当在两个月内召开临时股东大会：（一）董事人数不足本法规定人数或者公司章程所定人数的三分之二时；（二）公司未弥补的亏损达实收股本总额三分之一时；（三）单独或者合计持有公司百分之十以上股份的股东请求时；（四）董事会认为必要时；（五）监事会提议召开时；（六）公司章程规定的其他情形。"

在定期召开的两次股东大会期间，公司可能出现一些突发事项或重要事项，有必要召开临时股东大会进行审议。关于召开临时股东大会的情形，除《公司法》第100条规定的前五种情形外，《公司法》还给予了公司更大的自我管理空间，可由公司章程补充规定。公司可根据自身特点，结合公司在实际经营过程中涉及或可能涉及的问题，补充规定须由股东大会审议的事项并规定出现该情形时须召开临时股东大会进行审议，以随时根据实际情况调整公司的经营战略，应对各种突发风险。

导向问题112

股东如何利用章程规定确保利润分配请求权的实现？

实务解析

公司在经营中存在可分配的税后利润时，有的股东希望将盈余继续用于公司经营以获取更多收益，有的股东则希望及时分配利润实现投资利益。一般而言，即使股东会或股东大会未形成盈余分配的决议，对希望分配利润股东的利益也不会发生根本损害，因此原则上这种冲突的解决属于公司自治范畴，是否进行公司盈余分配及分配多少，应当由股东会作出公司盈余分配的具体方案。

但是，实务中会发生控股股东或公司控制人变相给自己分配利润，隐瞒或转移公司利润，损害其他股东利益的行为。但无论通过股权回购、公司解散、代位诉讼等何种法定救济路径解决，都是一个漫长复杂的过程。《公司法解释（四）》第15条规定："股东未提交载明具体分配方案的股东会或者股东大会决议，请求公司分配利润的，人民法院应当驳回其诉讼请求，但违反法律规定滥用股东权利导致公司不分配利润，给其他股东造成损失的除外。"股东可以将上述但书内容细化为章程条款，明确应进行强制盈余分配的实质要件，为通过诉讼进行强制盈余分配打下基础。①

导向问题113

为什么通过章程赋予董事会在公司投资、资产抵押、担保、股权激励等事项上的特别授权是必要的?

实务解析

公司在经营过程中，不可避免地要涉及投资、抵押、担保、股权激励等事项，这些事项如全部由股东大会进行决策有以下不足：一是不现实，因股份公司股东人数众多，把股东经常召集起来为此召开临时股东大会会议，事实上很难做得到；二是有可能会丧失很多交易机会。在公司章程中，把一定金额以下的投资、资产抵押、担保、股权激励等事项，授权董事会具体执行有必要性和可行性。

① 参见庆阳市太一热力有限公司、李昕军公司盈余分配纠纷案，(2016) 最高法民终528号。

示范条款

对外投资限额：本公司每年度对外投资总额不得超过 300 万元，单笔投资 50 万元以下的由董事会决定，超过 50 万元的由股东大会决议。

对外担保限额：本公司对外担保额余额不得超过 500 万元，单笔担保金额 30 万元以下的由董事会决定，超过 30 万元的由股东大会决议。

特别约定：公司为股东提供担保的，必须经股东大会决议，当进行此项决议时，被担保的股东不得参加前款规定事项的表决，该项表决由出席会议的其他股东所持表决权过半数通过。

导向问题 114

公司章程可否对公司董事、监事、高级管理人员转让其所持有的本公司股份作出更严格的限制性规定？

实务解析

《公司法》第 141 条规定："发起人持有的本公司股份，自公司成立之日起一年内不得转让。公司公开发行股份前已发行的股份，自公司股票在证券交易所上市交易之日起一年内不得转让。

公司董事、监事、高级管理人员应当向公司申报所持有的本公司的股份及其变动情况，在任职期间每年转让的股份不得超过其所持有本公司股份总数的百分之二十五；所持本公司股份自公司股票上市交易之日起一年内不得转让。上述人员离职后半年内，不得转让其所持有的本公司股份。公司章程可以对公司董事、监事、高级管理人员转让其所持有的本公司股份作出其他限制性规定。"

《公司法》第 141 条第 2 款对股份公司董监高转让股份作出限制的主要意图是防止内幕交易，保护公司及其他股东的利益。该条款允许公司章程对董事、监事、高级管理人员转让其所持有的本公司股份作出其他限制性规定。“其他限制性规定”含义比较模糊，是可以规定得相对宽松，还是更加严格？从立法本意来讲，似是要求更为严格。从最大限度保护公司及其他股东的利益角度出发，编者倾向于从严规定，如在公司章程中规定董事、监事、高级管理人员在任职的更长期间内不得转让股份等。

示范条款

公司董事、监事、高级管理人员应当向公司申报所持有的本公司的股份及其变动情况，在任职期间每年转让的股份不得超过其所持有本公司股份总数的百分之二十；所持本公司股份自公司股票上市交易之日起两年内不得转让。上述人员离职后一年内，不得转让其所持有的本公司股份。

导向问题 115

如何通过章程的制度设计促使监事会更好履职?

实务解析

为保护全体股东的利益，充分发挥监事会的作用，形成权力的监督与制衡就显得特别重要。然而，在不少公司，监事会的作用发挥得并不理想，主要有以下原因：一是授权不够细致，没有保障监事会履职的具体实施细则；二是监事的待遇和职位没有特别保障，地位不够超脱；三是没有追责办法，对于失职的监事缺乏制裁措施。

基于上述原因，在公司章程中细化监事会的职权和行权规则、程序就变得十分必要。比如，规定监事会有权就特别事项举行调查听证会，规定具体的程序和要求，有权要求相关董事、高级管理人员出席及接受质询，向股东大会提交董事、高级管理人员责任报告等，就能让监事会的监督落到实处。同时，章程中还应当对监事的待遇和职责给予特别保障，对于失职的监事，明确追责办法。[①]

示范条款

对董事、高级管理人员涉嫌违反公司章程、侵犯公司利益的行为，监事会有权召开听证会。

召开听证会的程序：

（一）监事会确定听证会时间、地点和主持人；

（二）向被听证的董事、高级管理人员发出听证通知书；

（三）举行听证会，选派监事代表作为被听证的董事、高级管理人员相对方出席听证会；

（四）由听证主持人告知被听证的董事、高级管理人员其被调查的事项和可能承担的责任，并出示有关证据和材料；

（五）由被听证董事、高级管理人员进行申辩；

（六）各方人员可以辩论；

（七）由主持人征询各方面最后意见；

（八）将听证记录交与听证参加人员审核后签字或盖章；

（九）由主持人向监事会汇报听证情况，提交听证记录，监事会按照监事

---

① 参见铁岭银行股份有限公司、人和投资控股股份有限公司公司决议纠纷案，（2019）辽12民终85号。

会议事规则作出处理的决定。

导向问题 116

职工代表在监事会中的比例如何确定?

实务解析

《公司法》第 117 条第 2 款规定:“监事会应当包括股东代表和适当比例的公司职工代表,其中职工代表的比例不得低于三分之一,具体比例由公司章程规定。监事会中的职工代表由公司职工通过职工代表大会、职工大会或者其他形式民主选举产生。”

根据《公司法》的规定,监事会应当包括适当比例的职工代表,职工代表的比例不得低于 1/3,并授权章程可以自行规定具体比例。适当提高职工代表在监事会的比例,有利于增强监事会的监督功能,员工人数较多的公司或者国有独资公司等可以在章程中规定更高的职工代表比例,如规定不低于监事成员总数的 50% 。

05

第五章

章程与公司治理

公司是法律拟制的人，拥有人、财、物等生产要素。公司对其拥有的生产要素进行有效的组合、利用，以实现公司经营目的和股东权益的最大化，在这个过程中，公司治理发挥着重要作用。公司治理是一个十分庞大、复杂和长期的问题，而公司章程是实现公司良性治理的“金钥匙”。《公司法》赋予公司通过制定个性化的章程，实现公司经营和管理的更大空间的自治。

第一节

章程在公司治理中的作用

一、公司治理的概念和特征

导向问题 117

如何理解公司治理的概念与特征?

实务解析

公司治理理论是基于西方国家的公司制度背景及公司实践产生和发展的。中国研究和关注公司治理的时间不是很长，却一直是一个热点和重要的学术领域。如何界定和认识公司治理，存在较大的争议。随着中国资本市场的建立和不断走向成熟，中国理论界、实务界对公司治理所关注的重点问题也发生了显著变化。从重点关注股东与其他股东之间的利益冲突问题，即大股东代理问题，到经理层利用职权操控公司侵害股东权益问题，即经理人代理问题，再到全面关注公司治理的内、外部机制问题，即公司治理既包括股东、董事会、监事会、经理层及负债和现金分红等内部机制，也包括法律适用、控制权市场竞争、经理人市场竞争、产品市场竞争等外部机制。

从法律意义上讲，公司治理是指公司股东对经营管理人员的一种监督、制约的机制，即通过合理的制度架构，配置所有者和经营者之间的权利和义务关系，以保证决策、执行的有效性和合理性，从而维护并实现各方面的利益。它是借助股东大会（股东会）、董事会、监事会、经理层所构成的公司治理结构来实现的内部治理。其目标是保证股东利益的最大化，防止经营者侵害所有者利益，同时关注到公司债权人等外部利益相关者的利益。

二、影响公司治理水平的要素分析

导向问题 118

影响公司治理水平的要素有哪些?

实务解析

影响公司治理的要素有很多，既有内部的因素，也有外部的因素，而且常常是多种因素综合作用，但核心的因素主要有以下五个方面。

1. 股权结构

股权即股东持有的与其拥有的持股（出资）份额比例相匹配的自益权和他益权。有限责任公司的股权结构主要指各股东持有公司股份的比例结构。股份有限公司的股权结构是指股份公司总股本中，不同性质的股份所占的比例及其相互关系的结构。公司资合的性质决定了股权是公司治理结构中最核心的要素。股权通常与表决权紧密相连，表决权是公司控制权的核心。公司控制权的拥有者为了保护其控制权，会在公司的表决机制上设置层层防护，进行制度创新，对股权的效力进行扩张或者限缩，如双重股权架构和金股的设置等。公司治理解决的主要问题就是以表决权为核心的公司权利分配和制约机制。因此，股权结构是公司治理的基础，不同的股权结构决定了不同的公司治理结构。

2. 治理架构

公司治理的首要功能是合理配置公司的控制权。公司治理的核心就是股东会（股东大会）、董事会、监事会以及经理之间的权利分配和相互监督与制衡，这些组织机构之间通过享有各自的法定权利和章程规定的权利，形成公司的决策、执行和监督系统。这个系统就是通过公司治理架构的设置和运行所形成的系统。公司治理结构有多种形式，其好坏优劣没有统一的判断标准。就国内而言，有限责任公司治理结构灵活，核心是结合所有者与经营者的联系程度关注效力，兼顾公平进行设置。股份有限公司则从传统的“三会一层”到上市公司的独立董事制度、董事会专门委员会制度等体现公司的治理结构。

3. 治理行为

公司治理的行为是通过公司治理系统的实施和运行，达到公司治理的目标。治理行为是执行层面的问题，关系公司的控制权人是否有意愿实现公司治理的权力平衡和利益平衡，从而实现各治理机构围绕共同目标各负其责，形成所有者与经营者、经营者与监督者、所有者与监督者之间的制约与平衡；也关系各治理机构、利益相关者能否克制私欲，按照章程规定的规则实施治理行为。治理行为的合规、高效、勤勉、尽责成为影响公司治理水平的重要因素。

4. 治理能力

公司的治理能力和治理体系密切相关，好的公司治理能力能正向促进公司治理体系的健全与完善，反过来公司治理体系的完善与健全，也会倒逼公司治理能力的提升与加强。公司的治理能力是公司不同的组织机构所反映出来的管理水平，包括股东大会（股东会）的召开水平和决议能力，董事会（执行董事）的执行能力和提案能力，监事会（监事）的监督能力，经理层的协调和运营能力等。

5. 治理环境

公司的治理水平受到公司内外部环境的制约。公司治理想要达到理想状态须通过治理机构的科学有效运行，实现权利与责任的制约与平衡，使投资者及利益相关者的权益得到保护，实现公司的经营目标。这种制约和平衡是公司内外部机制共同作用的结果。公司治理所要解决的核心问题主要有因代理问题造成的侵权、公司内部的治理文化影响公司的治理结构、负债规模、分红比例等内部因素，以及控制权市场、经理人市场、产品市场的竞争等外部因素。总之，内外部治理环境都是防范公司治理风险需要考虑的因素，都直接或者间接影响公司治理的水平。

三、章程在公司实现良性治理中的作用

导向问题 119

章程在公司实现良性治理中的作用有哪些?

实务解析

1. 公司章程决定公司治理的组织架构和管理系统

公司的治理结构既包括由股东会（股东大会）、董事会、监事会、经理层等公司组织机构组成的管理系统，也包括上述组织机构在公司运营过程中的激励、监督和制衡机制。其确立要遵循资本支配与资本平等、效率优先与兼顾公平、权力分立与权力制衡的原则。[①] 公司的治理结构是公司具有民事行为

① 参见陈波：《公司的治理结构与原则》，载道客巴巴网2015年3月26日，http：//www. doc88. com/p－8029236055047. html。

能力的基础，是公司实现经营目标的组织保障。公司作为一种私法上的商事主体，其治理结构必然体现商事主体的私法自治原则。尽管我国在不断加强公司治理领域内的立法，但是成文法律有滞后性，往往在问题普遍出现后才会出台相应的法律，所以在快速发展和越来越活跃的市场经济环境中，公司必须学会自治，而自治要靠公司章程来实现。然而，现阶段，绝大多数企业家并没有给予章程足够的重视，“人治”思想仍然主导着公司治理，遇事仍由大股东、实际控制人、法定代表人“拍板定案”，最多开个股东会或董事会进行集体决策。公司治理方式比较粗放，没有树立用章程这样的公司内部制定法来进行公司治理的法治思想。在粗放的“人治”治理方式下，公司对于经营中出现的问题没有预防和解决机制，抗风险能力差，一旦股东之间出现纠纷，公司经营可能立刻陷入困境和僵局。

实践中，普遍存在公司成立注册登记时直接拿公司登记部门提供的章程范本进行填空的现象。“填空式”章程仅仅是为了完成设立的程序性要求，经过公司登记部门的登记后，完成公司设立。这样的章程对于避免出现公司僵局、解决公司纠纷等基本上没有实用操作价值。公司登记部门模板的来源和依据多是照搬照抄《公司法》条文，公司在运营过程中即使没有这样的章程，完全依赖于公司法，也能达到同样的效果。

2. 公司章程规定了公司组织和活动的基本规则，提供了公司核心层的基本遵循内容

比如，《公司法》第 43 条、第 48 条规定了股东会和董事会的议事方式和表决程序，除《公司法》有规定的以外，由公司章程规定；第 44 条第 3 款规定，董事长、副董事长的产生办法由公司章程规定；第 50 条第 2 款规定，执行董事的职权由公司章程规定；第 39 条第 2 款规定，有限公司股东会定期会议应当按照公司章程的规定按时召开。对于这些《公司法》授权章程作出规定的事项，如果章程中没有具体的规定，公司相应的组织和活动就会因无章可循陷入混乱。章程正是在法律没有作出规定、规定不明确、司法实践中存在争议等情况下发挥作用，这更凸显了章程作为公司治理必要手段的重要地位。没有一部精心设计的章程，公司治理就无从谈起。

3. 公司章程对利益相关者的权利平衡与冲突解决作出前瞻性安排

章程是在公司成立之初制定的，虽然在公司经营过程中，章程不可避免地需要不时补充、修订，但是公司在成立之初制定章程时就应该尽可能做到全面、周密且具有相当的前瞻性。因为在发生争议或者面对困局需要求助章程的时候，往往出现股东不配合等原因导致无法再对章程进行增补和修订的情况，这时候再埋怨章程不好用早已于事无补。因此，制定章程应该多借鉴其他公司已有的章程和实践中的经验、教训，研读相关机构推荐的章程示范文本，对见诸报端的案例勤于关注、多作思索，同时借助律师在处理各种类型公司纠纷方面丰富的实务经验，尽量在公司成立之初就制定一部具有前瞻性、完备性和行之有效的章程，为公司经营保驾护航。

4. 公司通过章程的登记备案和公示，推动公司内外部治理机制的互动

在我国，公司之所以作有限责任公司和股份有限公司之分，其中一种立法考虑是想区分这两种公司中“人”的关键性。有限责任公司更强调人合性，股东和股东之间往往存在相互深入的了解，有着比较特殊的信任关系，因此有限责任公司的经营常常带有个人色彩，非常具有个性化，所以需要一部同样个性化的章程来彰显这个公司的特点。再看股份有限公司，股份有限公司资本实力雄厚，有着很强的独立性，支撑这种独立性正是靠它健全的制度，其中最主要的就是一部契合公司发展模式、经历了多次推敲修订的公司章程。所以，无论是有限责任公司还是股份有限公司，一部体现个性化的公司章程都是必不可少的。

5. 公司章程连接公司法、股东协议、公司决议、公司规章制度等治理文件成为公司治理的中枢系统

之所以说公司章程是公司的宪章，是因为公司章程在公司治理体系的规范性文件当中起着关键的主导和连接作用。公司章程的效力来源于《公司法》

的授权并具有优先适用的法律效力。同时公司章程将《发起人协议》等治理成果上升到公司总纲的地位，延展了其内容的调整适用范围。按照章程的规定形成的公司决议，可以上升到章程规范中，也解决了变更章程所带来的效率影响，使决议一经作出，便可得以实施；除非该决议违法、违章，相关权利主体请求人民法院确认无效或者撤销。公司章程可以授权公司机关制定相应的规章制度，弥补公司章程的不足，使公司治理体系得以更好的完善。总之，在公司章程的统领之下，公司的各项治理规范得以体系化、系统化的建立和实施，公司各层面的管理得以有章可循，各方面的关系得以规范和调和。

6. 公司章程贯穿公司“生死”全过程，可以通过不断地修订完善，为公司治理问题提供解决路径

公司从设立到注销的全过程，都离不开章程的陪伴。如同法律的修订和完善一样，公司章程与公司的发展现状相适应，是公司实现良好治理和稳健快速发展的基础。实践中，很多公司的“死亡”不是因为企业亏损缺乏盈利能力，而是章程规定的治理机制无法化解公司出现的僵局，好端端的公司无奈解散。因此，公司章程所预设的化解僵局的机制和对章程进行修改完善的机制尤为重要，具备了这种机制的公司遇到治理僵局和困难时，便有了一种自我治愈的功能，增强了“抗病毒”的能力，能够适时产生出解决问题的新机制、新路径、新办法。

以上主要针对公司治理的概念和特征，立足国内公司法的理论和实践，对影响公司治理水平的要素进行了初步分析，并在此基础上，对章程在公司实现良好治理过程中应当发挥的作用进行概括。本章以下各节将从章程相关实务的角度，实证公司章程对公司治理的重要意义。

第二节

利用章程解决公司治理中的难点问题

一、公司僵局

公司僵局是指因公司股东或董事之间的矛盾冲突导致股东会（股东大会）、董事会无法召开或者无法形成任何有效的决策或决议，公司运行机制失灵，处于“瘫痪”的一种状态。《公司法》第182条赋予持有公司全部股东表决权10%以上的股东，在出现公司僵局，通过其他途径不能解决的情况下，请求法院解散公司的权利。《公司法解释（二）》第1条对公司僵局的情形进行了明确规定：（1）公司持续两年以上无法召开股东会或者股东大会，公司经营管理发生严重困难的；（2）股东表决时无法达到法定或者公司章程规定的比例，持续两年以上不能作出有效的股东会或者股东大会决议，公司经营管理发生严重困难的；（3）公司董事长期冲突，且无法通过股东会或者股东大会解决，公司经营管理发生严重困难的；（4）经营管理发生其他严重困难，公司继续存续会使股东利益受到重大损失的情形。为了避免在公司僵局的情况下动用解散公司的终极手段，利用章程尽量预防出现公司僵局尤为重要。

导向问题 120

如何利用章程防范公司僵局?

实务解析

有限责任公司因其人合性和封闭性，发生公司僵局的概率要明显高于股份有限公司。但有限责任公司可从股权结构、表决权、利益分配和股权退出等方面作出预见性的安排，事先在章程中进行规定，尽量避免出现公司僵局。

1. 确定合理的股权结构

“风险共担、利益共享”是公司股东之间最基本的合作原则，但是不应该搞简单化的平均主义，股东均分股权，本身就容易诱发公司僵局。公司设立之时应该考虑股东出资多寡、公司经营参与度、对公司将来的作用和贡献等因素，以及在公司治理中的权利和责任分担，综合、合理确定股权结构。

2. 灵活约定表决权

《公司法》赋予了有限责任公司章程对股东表决权另作规定的权利，在股权比例均等的情况下，股东之间可以在公司章程中约定不按照出资比例享有表决权或者在表决某些特定事项时放弃表决权（如技术型股东对经营事项放弃表决权，经营型股东对技术研发事项放弃表决权等）。在表决与股东利益相关事项时，适用回避制度，排除利益相关股东的表决权也是防止表决失灵的重要方式。公司章程还可规定，在董事会发生同意票和否决票比例为1∶1，无法就决议事项达成一致意见的情况下，由公司章程提前选定的人选（比如独立董事等）在此时投出决定性的一票。

3. 运用差异化分红平衡利益分配

“不患寡而患不均”是引发矛盾冲突的主要原因之一。公司设立初期，股东对利益分配的关注度较低，但随着公司的发展和利润增长，因分配不均导致的矛盾将逐渐加剧。《公司法》第 34 条规定："股东按照实缴的出资比例分取红利；公司新增资本时，股东有权优先按照实缴的出资比例认缴出资。但是，全体股东约定不按照出资比例分取红利或者不按照出资比例优先认缴出资的除外。"公司设立时，不拘泥于出资比例，在章程中对利益分配机制作出适合公司实际情况的约定，可在一定程度上防止因利益分配矛盾引发的公司僵局。公司在发展过程中，根据股东贡献的多寡，也可适时对利益分配机制作出调整。

4. 设置异议股东的股权退出机制

当公司因股东利用否决权陷入僵局时，允许异议股东通过合理的途径退出公司是解决僵局的最优选择。《公司法》第 74 条和第 142 条规定，当股东会就公司合并、分立、营业期限届满继续存续、连续 5 年盈利但不分红等重大或直接影响股东权益的事项作出决议时，投反对票的异议股东可以要求公司以合理价格回购其股权。除公司法规定对重大事项股东会决议投反对票的异议股东之外，对于其他可能导致公司僵局的情形，公司章程可引入和扩大异议股东的股权退出机制适用范围，设置除公司回购股权之外更多样化地退出股东股权处置方式，包括其他股东按各自持股比例受让异议股东股权，经其他股东过半数同意由现有股东以外的人受让异议股东的股权等方式。此外，还应当以在章程中预设股权定价机制的方式确定股权退出等变动时的价格。

5. 规定出现僵局后的处理条款

除为预防公司僵局在章程中设计相应的条款外，章程对发生僵局后的处理条款预先作出规定也是必要的。比如，可在章程中规定发生僵局时，自动引入第三方调解机制，或者由相持不下导致僵局的两方股东竞价收购对方股权，还可以在法定解散事由之外列举可认定为公司僵局的具体情形，一旦出现列举的公司僵局情形即解散公司，便于公司更快进入解散清算程序，避免公司处于僵局状态而又无法解散，导致公司和股东利益受到损害。

示范条款

公司不按出资比例向股东分配利润，各股东按以下比例从公司分得利润：

（一）股东甲出资比例为40%，分红比例为60%；

（二）股东乙出资比例为15%，分红比例为20%；

（三）股东丙出资比例为35%，分红比例为20%。

公司因无法召开股东会（股东大会）或股东会（股东大会）无法作出有效决议等情形出现公司僵局的，股东可要求通过竞价方式收购对方股权，通过竞价方式仍无法达成股权收购协议的，持有公司全部股东表决权10%以上的股东可以请求人民法院解散公司。

相关规定

《公司法》

第七十四条第一款　有下列情形之一的，对股东会该项决议投反对票的股东可以请求公司按照合理的价格收购其股权：

（一）公司连续五年不向股东分配利润，而公司该五年连续盈利，并且符合本法规定的分配利润条件的；

（二）公司合并、分立、转让主要财产的；

（三）公司章程规定的营业期限届满或者章程规定的其他解散事由出现，股东会会议通过决议修改章程使公司存续的。

第一百四十二条第一款　公司不得收购本公司股份。但是，有下列情形之一的除外：

（一）减少公司注册资本；

（二）与持有本公司股份的其他公司合并；

（三）将股份用于员工持股计划或者股权激励；

（四）股东因对股东大会作出的公司合并、分立决议持异议，要求公司收购其股份；

（五）将股份用于转换上市公司发行的可转换为股票的公司债券；

（六）上市公司为维护公司价值及股东权益所必需。

第一百八十二条 公司经营管理发生严重困难，继续存续会使股东利益受到重大损失，通过其他途径不能解决的，持有公司全部股东表决权百分之十以上的股东，可以请求人民法院解散公司。

二、关联交易

关联交易通常是指公司与关联方之间的交易。《企业会计准则36 号》第7条规定："关联方交易，是指关联方之间转移资源、劳务或义务的行为，而不论是否收取价款。"从上述规定可以看出：关联交易是符合商业规范的商事行为。关联交易发生于商事主体间，即公司与关联方之间，关联方与关联关系人具有关联关系。关联交易是经营性主体作出的具有经营性的商事行为。《公司法》第216 条第4 项对关联关系进行了定义：公司控股股东、实际控制人、董事、监事、高级管理人员与其直接或者间接控制的企业之间的关系，以及可能导致公司利益转移的其他关系。其中，关联关系人是指公司控股股东、实际控制人、董事、监事、高级管理人员；关联方是指与关联关系人有直接、间接控制关系或者其他可导致公司利益转移关系的企业；关联关系的认定关键在于判断该关系是否具有导致公司利益发生移转的可能性。

导向问题 121

关联交易一定会损害公司利益吗?

实务解析

实务中关联交易导致公司利益发生转移，交易形式包括但不限于购买或销售商品、提供或接受劳务、代理、租赁、提供担保、研究与开发项目的转移、赠与、关联双方共同投资等。符合公司利益的关联交易具有一定的优越性，关联交易过程中公司与关联方的沟通成本、交易费用、管理费用以及监督费用等成本支出显著降低，较非关联交易而言，关联交易具有效率高、成本低的特点。所以正当的关联交易不仅不会损害公司利益，反而有利于促进企业间合作共赢，加速资源整合，提升经济效益。

不正当关联交易是指关联关系人、关联方利用关联关系谋取不当利益，侵害公司利益的行为。该行为的性质具有不正当性、隐蔽性和交易结果实质上的不公平性。关联方利用形式上对交易权益的自由处分，掩盖了实质上对公司权益的强行掠夺。

示范条款

第三十条　以下担保事项和关联交易需通过股东会决议，有关联关系的股东应就该事项回避表决，以非关联股东过半数表决权通过为有效：

（一）为控股股东、实际控制人、董事、监事或者高级管理人员等个人或者任职的其他企业在1年期限内提供额度超过200万元或者期限超过6个月担保、借款；

（二）公司与关联人发生的交易（公司获赠现金资产或获得担保除外）金额在200万元以上，且占公司最近一期经审计净资产绝对值5%以上的关联交易；

（三）其他可能给公司带来不确定风险的关联交易。

第三十一条　为了提高效率，较小额度或者影响小的关联交易由董事会通过决议决定。

第三十二条　控股股东、实际控制人、董事、监事或者高级管理人员等有向公司董事会或者股东会披露关联交易的义务。

第三十三条　关联关系的范围如下：

（一）曾在交易方任职，离职未超过 2 年的；

（二）自己或者近亲属持有交易方股份 2% 以上，或者在交易方及关联公司任职；

（三）可以控制交易方的购买或销售活动；

（四）可以控制交易方接受或提供劳务；

（五）对交易方的生产经营、交易具有实质控制，或者在利益上具有相关联的其他关系。

第三十四条　若发生关联交易损害公司利益的，关联股东除对此进行赔偿外，关联股东按照该赔偿金额对其他非关联股东进行赔偿。

第三十五条　上述关联交易决议需在表决前向公众披露。（适用于股份有限公司或者上市公司章程）

导向问题 122

如何甄别不正当关联交易？

实务解析

不正当关联交易往往导致企业间竞争不充分、破坏市场交易公平，可能产生侵害公司利益、损害中小股东权益、不利于债权人利益保护等消极影响。《公司法》第 21 条规定了禁止不正当关联交易条款，禁止公司控股股东、实际控制人、董事、监事、高级管理人员利用关联关系损害公司利益，违反该条规定的关联关系人应当承担相应的赔偿责任。

区分正常关联交易与不正当关联交易具有相当难度。二者均基于关联关系产生，公司资源均通过交易进行移转，均符合商事经营性以及商业风险性特征。损害公司利益的不正当关联交易具有隐蔽性，可凭正常商业风险为借口将损失正当化，以合法形式掩盖不当目的，进而损害公司和股东利益。区别二者的关键在于判断关联交易是否不正当地损害了公司利益。司法实践中不正当关联交易的认定步骤通常分为以下三步：第一，确认是否存在关联关系；第二，确认关联交易是否符合营业常规；第三，确认关联交易是否对公司利益造成损害。编者认为，关联交易是否符合营业常规应按照上述三个条件进行考察。依《公司法解释（五）》第1条的规定，关联交易仅满足形式正当性的，不能确认其具有实质正当性；司法实践中实质审查的重点在于确定关联交易是否对公司利益产生了实质损害。

典型案例

广州真功夫快餐连锁管理有限公司与蔡某标、李某义公司关联交易损害责任纠纷案[①]

法院认为，合法有效的关联交易应当同时满足交易信息披露充分、交易程序合法、交易对价公允三个要件。法院围绕上述三个条件审查分析如下：首先，没有证据显示蔡某标、蔡某媚隐瞒或未充分披露案涉交易信息。其次，逸晋公司仅为真功夫餐饮管理有限公司以及其下属子公司的工程承包商之一，逸晋公司应与其他承包商进行公平竞争，通过提供优质的服务和合理的价格争取更多的业务合作机会。事实上，同时期真功夫餐饮管理有限公司的承包

---

① 案号：（2015）东中法民二终字第1922号。

商有很多。现无证据显示蔡某标、蔡某媚影响案涉交易中的工程承包商的选定，故未能反映出案涉交易程序不合法。最后，从案涉合同的相关约定来看，真功夫餐饮管理有限公司以及其下属子公司已经制定了措施确保交易对价公允，现无证据显示案涉交易的价格存在不公允的情况。综合以上三个交易条件分析，原审法院认定现有证据显示案涉交易均为合法有效的关联交易并无不当。

导向问题 123

如何运用股东代表诉讼制度制止不正当关联交易?

当公司利益、股东利益由于不正当关联交易直接或间接遭受损失，公司管理层未察觉或是被关联关系人控制、公司无法实施自救时，股东可否通过提起代表诉讼来制止不正当关联交易行为，要求相关责任人承担责任?

实务解析

实务中股东通常会援引《公司法》第 21 条、第 149 条以及第 151 条作为以董事、监事、高级管理人员为被告就不正当关联交易提起股东代表诉讼的法律依据。《公司法解释（五）》生效之后，股东可援引该规定第 1 条第 2 款“公司没有提起诉讼的，符合公司法第一百五十一条第一款规定条件的股东，可以依据公司法第一百五十一条第二款、第三款规定向人民法院提起诉讼”，衔接《公司法》第 21 条、第 151 条提起股东代表诉讼。由此责任承担主体自第 149 条“董事、监事、高级管理人员”扩大至“控股股东、实际控制人、董事、监事、高级管理人员”，使法条之间的衔接更加顺畅。在公司没有提起诉讼的情况下，符合法律规定条件的股东有权直接以第 21 条实体性规定为基础，按照第 151 条的程序性规定，提起请求控股股东、实际控制人、董事、高级管理人员就利用关联关系损害公司利益承担赔偿责任的股东代表诉讼，保护公司利益。《公司法解释（五）》为关联交易受损方维权提供了切实可行的途径和理论依据，股东代表诉讼制度正渐趋完善。

关联交易损害赔偿股东代表诉讼中，需证明以下事项：原告具有股东资格；公司权益受到侵害；已履行诉讼前置程序或属于紧急情况。要求股东履行诉讼前置程序的立法意旨在于秉持有限介入原则，将司法作为公司自治机制的补充和救济；在审判权介入公司纠纷前首先穷尽公司内部救济措施，减少司法对公司自治的干预；鼓励通过公司内部机关相互制衡，实现利害关系人的回避，避免利害冲突。

典型案例

匹凸匹金融信息服务（上海）股份有限公司诉鲜言公司关联交易损害责任纠纷案①

法院认为，原告在提起股东代表诉讼前未履行法定的前置程序，且原告不能证明涉案公司监事丧失独立性与监督性、涉案公司内部治理结构失效，故履行前置程序不会致使涉案公司权益不能得到及时保护，同时，本案不属于特殊情况下应予免除原告履行前置程序义务的情形，也不属于情况紧急的情形。故裁定驳回原告起诉。

导向问题 124

如何利用章程规范关联交易？

① 案号：（2016）沪01民初155号。

实务解析

实践中，公司的控股股东、实际控制人、董事、监事、高级管理人员，利用关联交易将公司的利益转移到自己的控制之下，从而损害公司、公司中小股东以及公司债权人的利益的现象时有发生。《公司法解释（五）》第1条和第2条是关于关联交易的，赋予股东通过提起股东代表诉讼，对损害公司利益的关联交易行为进行事后救济的权利。但是，通过诉讼就关联交易给公司造成的损失进行索赔毕竟具有滞后性，公司和中小股东想要避免关联交易损害自身利益，就要未雨绸缪，从公司章程入手，在章程中详细规定关联交易管理机制，从源头上避免关联交易损害公司利益的情况发生。

1. 在章程中明确规定构成关联交易的情形

《公司法》第216条对关联关系的定义较为笼统，不够具体明确。虽然现行法律法规中，还有多个文件涉及关联方和关联交易，比如《企业国有资产法》、《企业会计准则36号》、《上市公司信息披露管理办法》、《上海证券交易所股票上市规则》、《深圳证券交易所股票上市规则》、《上海证券交易所上市公司关联交易实施指引》、《深圳证券交易所上市公司规范运作指引》、《信息披露指引》、新三板相关规则（股转公司）、关联交易申报等，都对关联方和关联交易作出了规定，但是要么规定不够具体明确，要么法律位阶不高，不具有普遍适用的效力，有些甚至还存在互相矛盾之处。比如，根据《企业会计准则第36号》，母子公司之间构成当然的关联方，因此母子公司之间的交易属于关联交易，而按照交易所的规则，如《上市公司信息披露管理办法》和《上海证券交易所上市公司关联交易实施指引》规定上市公司的控股子公司并不属于其关联法人。证监会和交易所明确了以持有上市公司5%股份、实质重于形式、前后12个月内存在协议安排作为标准，而国税总局则规定了持股比例25%、借款金额比例50%或担保比例10%的不同标准。由于认定关联交易须识别的“关联方”“关联关系”等的定义在实践中极具争议，公司章程在设置关联交易的管理制度时应首先对“关联方”、“关联交易”和“关联关系”进行明确界定。

2. 明确规定关联交易的审议机构和表决规则

实践中，很多公司章程将关联交易列入应由股东会、股东大会或者董事会决议的事项，包括多大金额的关联交易由股东会或股东大会审议，多大金额的关联交易由董事会审议，并对表决比例和表决程序作出规定。虽然《公司法解释（五）》否认了单纯的程序合法在关联交易损害公司利益纠纷中的抗辩效力，但是在章程中明确关联交易的审议机构、表决比例和表决程序仍然是预防关联交易损害公司利益的有效手段，而且有利于保护中小股东对关联交易的知情权，可以在必要的情况下，及时搜集证据，通过诉讼维护自身利益。

3. 设置关联交易回避表决和信息披露机制

《公司法》第 16 条规定了公司为公司股东或者实际控制人提供担保时关联股东的回避表决制度。《上市公司章程指引》第 79 条规定了上市公司股东大会审议关联交易事项时，关联股东的回避制度及对非关联股东的表决情况进行披露的义务。实践中，很多公司尤其是上市公司在公司章程中规定有关联交易的回避表决和披露机制。

通过公司章程对关联交易的概念、审议和表决机制、信息披露和回避机制作出明确的规定，在保证正当关联交易、促进公司发展的前提下，有助于预防关联交易损害公司利益，也有助于中小股东维护自身权益。但是，关联交易的管理制度也是一柄“双刃剑”，有可能限制公司的灵活性，阻碍公司发展，故应根据公司的实际情况科学合理地制定有关条款。

示范条款

股东大会是公司的权力机构，依法行使下列职权：

……（十七）审议公司与关联人发生的交易（公司获赠现金资产或提供

担保除外）金额在1000万元以上，且占公司最近一期经审计净资产绝对值5%以上的关联交易……①

董事个人或者其所任职的其他企业直接或者间接与公司已有的或者计划中的合同、交易、安排有关联关系时（聘任合同除外），不论有关事项在一般情况下是否需要董事会批准同意，均应当尽快向董事会披露其关联关系的性质和程度。除非有关联关系的董事按照本条前款的要求向董事会作了披露，并且董事会在不将其计入法定人数，该董事亦未参加表决的会议上批准了该事项，公司有权撤销该合同、交易或者安排，但在对方是善意第三人的情况下除外。②

相关规定

《公司法》

第十六条 公司向其他企业投资或者为他人提供担保，依照公司章程的规定，由董事会或者股东会、股东大会决议；公司章程对投资或者担保的总额及单项投资或者担保的数额有限额规定的，不得超过规定的限额。

公司为公司股东或者实际控制人提供担保的，必须经股东会或者股东大会决议。

前款规定的股东或者受前款规定的实际控制人支配的股东，不得参加前款规定事项的表决。该项表决由出席会议的其他股东所持表决权的过半数通过。

第二十一条 公司的控股股东、实际控制人、董事、监事、高级管理人员不得利用其关联关系损害公司利益。

---

① 源于华仁药业（300110）公司章程第40条。

② 源于万科集团（000002）公司章程第126条。

违反前款规定，给公司造成损失的，应当承担赔偿责任。

第一百五十一条　董事、高级管理人员有本法第一百四十九条规定的情形的，有限责任公司的股东、股份有限公司连续一百八十日以上单独或者合计持有公司百分之一以上股份的股东，可以书面请求监事会或者不设监事会的有限责任公司的监事向人民法院提起诉讼；监事有本法第一百四十九条规定的情形的，前述股东可以书面请求董事会或者不设董事会的有限责任公司的执行董事向人民法院提起诉讼。

监事会、不设监事会的有限责任公司的监事，或者董事会、执行董事收到前款规定的股东书面请求后拒绝提起诉讼，或者自收到请求之日起三十日内未提起诉讼，或者情况紧急、不立即提起诉讼将会使公司利益受到难以弥补的损害的，前款规定的股东有权为了公司的利益以自己的名义直接向人民法院提起诉讼。

他人侵犯公司合法权益，给公司造成损失的，本条第一款规定的股东可以依照前两款的规定向人民法院提起诉讼。

《公司法解释（五）》

第一条　关联交易损害公司利益，原告公司依据民法典第八十四条、公司法第二十一条规定请求控股股东、实际控制人、董事、监事、高级管理人员赔偿所造成的损失，被告仅以该交易已经履行了信息披露、经股东会或者股东大会同意等法律、行政法规或者公司章程规定的程序为由抗辩的，人民法院不予支持。

公司没有提起诉讼的，符合公司法第一百五十一条第一款规定条件的股东，可以依据公司法第一百五十一条第二款、第三款规定向人民法院提起诉讼。

第二条　关联交易合同存在无效、可撤销或者对公司不发生效力的情形，公司没有起诉合同相对方的，符合公司法第一百五十一条第一款规定条件的股东，可以依据公司法第一百五十一条第二款、第三款规定向人民法院提起诉讼。

《上市公司章程指引》

第七十九条 股东大会审议有关关联交易事项时，关联股东不应当参与投票表决，其所代表的有表决权的股份数不计入有效表决总数；股东大会决议的公告应当充分披露非关联股东的表决情况。

三、表决权回避

股东回避表决制度指股东在股东会（股东大会）决议事项上与公司存在利益冲突时，该股东应当回避表决的制度。股东回避表决制度的确立，旨在维护股东会（股东大会）决议的公正性，避免表决事项所涉及的股东，特别是控股股东滥用资本多数决的原则，为自身谋求利益，导致公司和其他股东利益受损。《公司法》第16条确立了股东回避表决制度。该制度确保公司更加客观、公正地决定是否为其股东或者实际控制人提供担保，而并非禁止或限制该类特殊担保。除《公司法》规定的股东应回避表决的情形之外，公司章程可根据公司的实际需要扩大股东表决权回避制度的适用范围。

导向问题125

有限责任公司股东会针对瑕疵出资股东的除名、限制股东权利等作出决议，该股东是否应回避表决？

实务解析

《公司法解释（三）》规定，股东在出资方面存在瑕疵，即未履行或者未全面履行出资义务或者抽逃出资，公司可根据章程或者股东会决议对该股东的股东权利，如利润分配请求权、新股优先认购权、剩余财产分配请求权等股东权利，作出相应的合理限制。有限责任公司的股东未履行出资义务或者抽逃全部出资，经公司催告缴纳或者返还，其在合理期间内仍未缴纳或者返还出资，公司以股东会决议解除该股东的股东资格的，法院应予支持。对于出资存在瑕疵的股东，除非章程已有明确规定，不管是要限制其股东权利还是解除股东资格，公司都需要作出相应的股东会决议，而《公司法》及司法解释均未明确规定作出该等股东会决议时，瑕疵出资股东是否应回避表决。基于目的解释的法律解释方法，瑕疵出资股东与该表决事项存在直接利益冲突，可以通过公司章程规定表决权回避制度排除其表决权。

导向问题 126

除公司为股东或实际控制人提供担保、对瑕疵出资股东予以除名或限制股东权利外，股东回避表决制度还应适用于哪些表决事项和主体，有限责任公司如何利用章程完善股东回避表决制度？

实务解析

对于回避表决的主体和回避表决的决议范围，应准确把握，不能扩大更不能缩小。《公司法》第 16 条规定，对于公司为股东或实际控制人提供担保的表决事项，应回避的主体包括股东和受实际控制人支配的股东。《上市公司股东大会规则》第 31 条、《上市公司股权激励管理办法》第 34 条和第 41 条、《上市公司非公开发行股票实施细则》第 16 条分别规定了股东大会或者董事会回避表决的事项，将存在直接关系的股权激励的激励对象和有关联关系的股东或者董事列入应回避表决的主体范围。对于有限责任公司，考虑到仅《公司法》第 16 条对公司为股东或实际控制人提供担保规定了股东或受实际控制人支配的股东应回避表决，可以通过章程对回避表决的适用范围和程序作出规定。

如股东对于是否应回避表决存在争议，股东会应根据法律和公司章程规定先就是否存在回避表决事项进行决议，不能在此决议作出之前要求回避股东对所有事项回避表决。若股东在行使表决权时应当回避而未回避，且该表决事项属于公司章程规定的应回避表决的范畴，其他股东可以依据《公司法》第22条和《公司法解释（四）》的有关规定主张撤销该股东会决议或确认该股东会决议无效、不成立。若负有回避表决义务的股东以股东会决议未获其同意为由要求确认决议未生效，进而阻却决议内容付诸实施的，其他股东可以依据公司章程规定的回避表决制度予以抗辩。

典型案例

上海宝银创赢投资管理有限公司（以下简称上海宝银公司）、上海兆赢股权投资基金管理有限公司（以下简称上海兆赢公司）公司决议撤销纠纷案①

关于上海宝银公司、上海兆赢公司与非公开发行股票的议案是否存在关联关系，是否应回避相关议案表决的问题，二审法院认为：首先，《上市公司非公开发行股票实施细则》第16条第2款规定“《上市公司证券发行管理办法》所称应当回避表决的‘特定的股东及其关联人’，是指董事会决议已确定为本次发行对象的股东及其关联人”。银川新华百货2016年第一次临时股东大会议案1中，将银川新华百货董事会第十三次会议审议通过的《关于公司2015年非公开发行A股股票方案的议案》的发行对象由物美控股集团有限公

① 案号：（2016）最高法民终582号。

司以及上海宝银公司、上海兆赢公司调整为物美控股集团有限公司，所以上海宝银公司、上海兆赢公司并非银川新华百货董事会决议已确定为本次发行对象的股东及其关联人，与议案 1－4、7 不存在关联关系，不属于应当回避表决的"特定的股东及其关联人"。《上市公司股东大会规则》第 31 条系针对股东大会回避规则的一般规定，而《上市公司证券发行管理办法》《上市公司非公开发行股票实施细则》针对证券发行事项表决中关联关系的认定作出了特别规定。根据特别规定优先于一般规定的原则，应当优先适用《上市公司证券发行管理办法》《上市公司非公开发行股票实施细则》。故银川新华百货依据《上市公司股东大会规则》第 31 条认为上海宝银公司、上海兆赢公司与待审议事项存在规定的应当回避的关联关系的主张不能成立。其次，在上海宝银公司、上海兆赢公司对银川新华百货 2016 年第一次临时股东大会议案 1－4、6、7 均提出异议时，应根据《章程》第 79 条第 2 款"是否回避发生争议时，应当由出席股东大会的股东（包括）股东代理人所持表决权的二分之一以上通过"的规定，就上海宝银公司、上海兆赢公司是否构成关联关系、是否应回避表决进行决议，并根据《章程》第 83 条"除累积投票制外，股东大会将对所有提案进行逐项表决，对同一事项有不同提案的，将按提案提出的时间顺序进行表决"的规定，对上海宝银公司、上海兆赢公司是否构成关联关系的议案 6 进行表决。但在议案 6 表决通过前，银川新华百货即要求上海宝银公司、上海兆赢公司对所有议案回避表决，违反了《章程》的规定，损害了上海宝银公司、上海兆赢公司作为银川新华百货股东固有的表决权利。

示范条款

股东有下列情形之一的，适用股东表决权回避制度：

（一）公司为股东提供担保的；

（二）瑕疵出资股东权利限制及除名；

（三）关联交易；

（四）股权激励；

（五）减免股东责任；

（六）公司要求股东履行义务；

（七）对公司（决议）提起诉讼或仲裁；

（八）与股东具有利益冲突的其他决议事项。

相关规定

《公司法解释（三）》

第十六条 股东未履行或者未全面履行出资义务或者抽逃出资，公司根据公司章程或者股东会决议对其利润分配请求权、新股优先认购权、剩余财产分配请求权等股东权利作出相应的合理限制，该股东请求认定该限制无效的，人民法院不予支持。

第十七条第一款 有限责任公司的股东未履行出资义务或者抽逃全部出资，经公司催告缴纳或者返还，其在合理期间内仍未缴纳或者返还出资，公司以股东会决议解除该股东的股东资格，该股东请求确认该解除行为无效的，人民法院不予支持。

《上市公司股东大会规则》

第三十一条第一款 股东与股东大会拟审议事项有关联关系时，应当回避表决，其所持有表决权的股份不计入出席股东大会有表决权的股份总数。

《上市公司股权激励管理办法》

第三十四条第一款 上市公司实行股权激励，董事会应当依法对股权激励计划草案作出决议，拟作为激励对象的董事或与其存在关联关系的董事应当回避表决。

第四十一条第二款 上市公司股东大会审议股权激励计划时，拟为激励对象的股东或者与激励对象存在关联关系的股东，应当回避表决。

四、表决权代理

表决权代理是代理人接受股东的委托，代理行使表决权的法律行为。表决权代理制度是股份有限公司股东委托代理人行使表决权的制度，该制度涉及股东之外的人可否作为代理人、代理期限、代理权限、代理权撤销、行使方式（书面、口头录音、微信、微博、电子邮件）等诸多事项。在《公司法》仅作出原则规定的情况下，需要股东在公司章程中对其作出相应的程序规定和权利限制规定。

导向问题 127

有限责任公司表决权代理行为是否有效?

实务解析

表决权代理出现在《公司法》第 4 章股份有限公司的设立和组织机构的章节内，属于对股份有限公司的规定，在《公司法》有限责任公司部分没有涉及类似规定，《公司法》也未规定有限责任公司可以适用或者参照股份有限公司章节规定条款的相关规定。

有限责任公司的股东人数为 1 人到 50 人。一人有限公司和国有独资公司只有一个股东，不存在发生表决权代理的情形。众多的普通的有限责任公司的股东人数都在 2 人以上，当出现因疾病、出差或者其他原因无法出席股东会行使表决权的情况，委托他人代理行使表决权符合《公司法》的规定和股东的实际需要。虽然《公司法》未直接规定有限责任公司表决权可以委托他人代理行使，但从股东实际情况、利益导向和有利于公司经营的角度来看，应当允许有限责任公司实行表决权代理制度。

导向问题 128

章程可否限制股东之外的人作为其表决权代理人？

实务解析

设想一个公司有两个股东甲和乙，双方有矛盾，在一次开股东会的时候，甲生病住院无法按照通知的时间参加股东会会议，而公司章程中又有约定除股东之外的人不得做代理人行使表决权，则甲只能委托与自己意见不合的乙参加股东会。因此，章程不宜作出此等限制性的规定。

示范条款

股东可以委托其他股东或者股东之外的完全民事行为能力人担任其表决权代理人。表决权代理人应与公司无利害关系，且须签订保密协议。如表决权代理人存在以下情形，则应认定为其与公司之间存在利害关系：

（一）曾在与公司经营范围、核心技术或者主要产品相同或者类似的公司任职，离职未超过 2 年的；

（二）自己或者近亲属持有与公司经营范围、核心技术或者主要产品相同或者类似的公司 2% 以上股份，或者在该公司任职；

（三）可以控制与公司经营范围、核心技术或者主要产品相同或者类似的公司的购买或销售活动；

（四）可以控制与公司经营范围、核心技术或者主要产品相同或者类似的公司接受或提供劳务；

（五）对与公司经营范围、核心技术或者主要产品相同或者类似的公司的生产经营、交易具有实质控制，或者在利益上具有相关联的其他关系。

导向问题 129

如何利用章程完善表决权代理中的代理期限、代理权限、代理权撤销和行使方式等？

实务解析

表决权是股东权的重要组成部分，表决权代理应有期限，考虑到有限责任公司一年至少召开一次股东会，可在章程中规定表决权代理期限最长为一年。

在行使表决权的股东会会议上，可能有竞争性表决和通常事务的表决。《上市公司章程指引》第 62 条规定："委托书应当注明如果股东不作具体指示，股东代理人是否可以按自己的意思表决。"因此，代理授权书上应有代理权限。

有的股东委托代理人出席股东会，但自己又来参加；有的股东委托了甲作为代理人，后又委托了乙作为代理人。对此，公司章程可规定上述情况下均视为股东撤销了先前的委托代理。

表决权代理的授权方式不限于书面，随着网络技术的发展和使用的普及，章程也可将电话、视频、语音、电子邮件、图片、微信记录等能够完整表达授权内容的载体规定为有效的授权方式。

示范条款

表决权代理期限最长为1年。股东委托他人代理其行使表决权的，应出具代理授权书，代理授权书上应当载明代理权限，即代理人应当按照股东对各项表决的意见进行表决，或者代理人可以按照自己的意思表示表决。如果代理人违反代理权限，股东在代理授权书中有明确意见的，公司按照股东意见计算表决意见；如果代理授权书中没有明确意见，公司应按照代理人表决意见处理，给股东造成损失的，由股东按照委托代理法律关系进行追偿。

相关规定

《公司法》

第一百零六条 股东可以委托代理人出席股东大会会议，代理人应当向公司提交股东授权委托书，并在授权范围内行使表决权。

《上市公司股东大会规则》

第二十三条第一款 股权登记日登记在册的所有普通股股东（含表决权恢复的优先股股东）或其代理人，均有权出席股东大会，公司和召集人不得以任何理由拒绝。

五、送达

公司治理中，召集股东会、董事会及监事会会议须按《公司法》及公司章程规定的时间提前送达会议通知，行使股东知情权等权利须向公司送达通知说明查询目的。有效送达是保证相关决议及行为效力的前提。在公司正常运转的情况下，送达不是难题，一旦公司与股东之间、股东与股东之间或者公司高管之间出现矛盾，尤其在发生争夺公司控制权甚至出现公司僵局的情况下，送达往往成为第一“战场”。公司发生动荡，多数情况下需要紧急召开股东会、董事会、监事会会议，需要送达会议通知，发生矛盾的股东往往从通知送达环节就开始给对方制造障碍，以拖延或者阻挠对方实现其目的。因此，需要未雨绸缪，通过细化章程中有关送达的规定，避免公司治理中出现“送达难”。

导向问题 130

如何利用公司章程化解公司治理中的“送达难”？

实务解析

现行法律法规中有关送达的规定比较笼统，且多适用于法院等公权力机关的送达，参照这些规定进行公司治理中的送达并不足以保证送达效力。从事前防范角度而言，可在章程中从以下几个方面对送达作出规定：

（1）明确送达地址。由股东、董监高等相关人员对其送达地址进行确认和声明，没有声明的则以户籍所在地址或者法人住所地作为送达地址。2020年，上海市和广东省法院和市场监督管理局联合先后实施企业登记阶段送达地址告知承诺制。市场监督管理局在企业办理登记时，要求其填报诉讼文书送达地址并确认是否接受电子送达方式。公司章程还可规定以法人股东在市场监督管理部门填报的诉讼文书送达地址和送达方式向其送达。

（2）规定多样化的送达方式。章程可规定的送达方式包括：直接送达、邮寄送达、手机短信送达、电子邮件送达、微信等即时通讯工具送达、电话送达等。同时明确规定通过上述方式仍无法将相关通知或文件送达有关人员的，公司可采用公告送达方式进行送达，刊登公告之日起满特定期间即视为送达。

（3）规定拒收视为送达。由于司法实践中尚无拒收视为送达的判例，因此，有必要在章程中写入拒收效力的条款，明确规定拒收视为送达，这样能对相关人员起到一定的震慑与提醒作用，减少拒收情况的发生。

（4）设置送达加速机制。依照《公司法》相关规定，代表一定表决权的股东有权提议召开临时股东会会议。如果股东之间、股东与公司之间出现纠纷，相关股东要求召开临时股东会会议的提议往往得不到公司相关机构或人员的响应。如果董事会或监事会不能履行或者不履行召集股东会会议职责，代表一定表决权的股东可以自行召集和主持股东会会议。为提高股东提议召集股东会会议的效率，避免依次分步送达时间太长，提高送达和会议决策效率，可在章程中设置送达加速机制。

示范条款

代表十分之一以上表决权的股东可以同时向董事会、监事会送达召集股东会会议的提议，若 15 日内董事会、监事会不召集和主持会议的，提议召集股东会会议的股东可于 15 日内自行召集和主持。

代表十分之一以上表决权的股东在提出召集股东会会议请求时，可同时将附条件的召集股东会会议的通知送达全体股东。附条件的通知指在通知中写明在特定日期前既未收到董事会召集股东会会议的通知，也未收到监事会召集股东会会议的通知的，股东应按时出席提议召集临时股东会会议股东自行召集的股东会会议，收到董事会或监事会召集股东会会议通知则忽略本通知。

六、外部董事召集人制度

外部董事召集人，在英美国家也被称为首席外部董事（lead director）、总裁董事（presiding director）、非执行董事主席（non－executive chairman）或资深独立董事（senior independent director），是指在外部董事或独立董事中任命一位德高望重的董事担当外部董事召集人和领袖。外部董事召集人制度是一种增强董事会独立性、完善董事会构成、加强外部董事领导的制度安排。

首席外部董事通常是由外部（独立）董事推举出来的，而且，通常由外部（独立）董事轮流担任。调查表明，首席外部董事是外部（独立）董事选举出来的与大家能够和谐相处同时又愿意奉献更多精力和时间的独立董事。从首先采用外部董事召集人制度的美国来看，有研究表明，外部董事制召集人度呈现出如下发展趋势：一是越来越多的公司采用了外部董事召集人制度，二是外部董事召集人在董事会中的领导作用和职能日益突出和越发重要。

导向问题 131

如何在公司章程中引入外部董事召集人制度？

实务解析

公司章程可以明确规定外部董事召集人与董事会主席关系及在法人治理结构中扮演的角色。以下是英美两个国家的一些范例，可供参考。

在英国，外部董事召集人在董事会运行中主要扮演以下几个重要角色：一是平常支持董事会主席工作。二是主持对董事会主席的考核。三是确保董事会主席替换交接。四是董事会关系紧张时，与董事会主席和其他董事或股东解决重大问题，保持董事会和公司稳定。如主席与首席执行官（Chief Executive Officer，CEO）发生争执；股东或非执行董事表达关注没有得到董事会主席或 CEO 处理；董事会主席或 CEO 采取的战略得不到整个董事会支持；主席与 CEO 关系过于密切，作出决定没有经过整个董事会表决；接班计划被忽视等。

美国外部董事召集人在公司治理结构中扮演的角色与英国类似，可参考以下有关外部董事召集人职位（职责）的描述：一是确保外部或独立董事独立于公司管理团队和其他非独立董事；二是领导提升董事会的效能；三是与董事会主席一道确保建立健全董事会专业委员会，帮助公司治理和提名委员会做好各委员会成员提名推荐任命工作；四是向董事会主席就董事会会议的议题提供建议；五是向董事会主席就管理团队向独立董事提供信息的质量、数量和时间提出意见；六是必要时，召集董事会、外部董事或独立董事会特别会议，与外部董事或独立董事协商确定会议议程，发出会议通知；七是在董事会主席不能履职的情况下，主持召集董事会会议，包括为会议议题讨论提供充分时间，促成形成一致意见，鼓励每个董事充分参与和讨论，确保能够作出清晰的决定，并准确作出记录，同时包括召集主持只有外部董事或独立董事出席的董事会会议；八是经任何一方请求，在董事会主席没有参与情况下，会晤和征求独立董事的意见，必要时代表该董事与管理团队就公司治理事项和其他事项进行讨论；九是为董事会履职提供所需要的资源，包括董事会的外部顾问、咨询师，适当时让其履行其职责，提醒董事会主席和 CEO 关注和解决那些妨碍董事会履职的问题。

七、公司控制权

公司控制权是从股东所有权中派生出来的经营管理性权利，掌握公司控制权的主体可能是自然人，也可能是董事会等机关组织，统称为公司控制人。随着公司经营持续发展，公司控制人可能发生变化，但某一时间段是唯一的，且具有排他性。公司控制权的正当行使，对公司的发展发挥着关键的推动作用，有利于建立股东之间的信任基础，有利于提高公司运行的效率。它是一种表征公司运行状态的评价体系，其真正价值就是平衡地维护各方相关主体的现实利益和合理的期待利益。

导向问题 132

如何通过在公司章程中融入公司控制权的前瞻性设计，使控制权更好地服务于公司、股东等各方面的利益?

实务解析

1. “毒丸计划”

“毒丸计划”，又称“股权摊薄反收购措施”，是指公司一旦遇到恶意收购，尤其是当收购方占有的股份已经达到一定比例的时候，公司控制人利用对公司的控制权，通过法定程序低价、定向增发大量新股，目的是让收购方持有的股份比例下降，增大其收购成本，从而让收购方无法达到控制公司的目的。“毒丸计划”的实施可能损害公司利益，目前各国均从立法上作出规制。我国《上市公司证券发行管理办法》第38条规定：“上市公司非公开发行股票，应当符合下列规定：（一）发行价格不低于定价基准日前二十个交易日公司股票均价的百分之八十……”《上市公司非公开发行股票实施细则》第7条规定：“《管理办法》所称‘定价基准日’是指计算发行底价的基准日。定价基准日为本次非公开发行股票的发行期首日。上市公司应当以不低于发行底价的价格发行股票。上市公司董事会决议提前确定全部发行对象，且属于下列情形之一的，定价基准日可以为关于本次非公开发行股票的董事会决议公告日、股东大会决议公告日或者发行期首日，认购的股份自发行结束之日起十八个月内不得转让：（一）上市公司的控股股东、实际控制人或其控制的关联人；（二）通过认购本次发行的股份取得上市公司实际控制权的投资者；（三）董事会拟引入的境内外战略投资者。定价基准日前二十个交易日股票交易均价的计算公式为：定价基准日前二十个交易日股票交易均价 = 定价基准日前二十个交易日股票交易总额/定价基准日前二十个交易日股票交易总量。”

“毒丸计划”的实施需要公司章程设置相应的条款，还要符合新股定价方面的法律规定。

2. 同股不同权——AB 股制度和事业合伙人制度

股份有限公司以通过发行 A 股（普通股票）+B 股（特种股票）的方式，在章程中规定 B 股的表决权是 A 股的多倍，以保护管理团队对公司的控制权。有限责任公司的股东也可以在公司章程设置“同股不同权”条款。

AB 股制度实际上是为了防止恶意收购而发明的，历史可以追溯到 20 世纪 20 年代，但直到 1988 年，美国证券交易委员会才准许不同投票权架构公司股票交易上市。新一波高科技企业的 IPO 浪潮中，又一次推动了 AB 股的风行。比如，Google、Facebook、LinkedIn、GroupOn、Zynga 等都是双层/多层股权结构。如今，越来越多的科技型企业采用 AB 股制度。AB 股模式有利于保证创始人的公司控制权，防范恶意收购，但由于涉及对其他投资人的权利限制，如果不是处于卖方市场的明星企业能得到追捧，采用 AB 股对引进外部投资可能不利。

同股不同权制度，除了 AB 股制度的时间外，常见的还有事业合伙人制度。具有代表意义的事业合伙人制度有阿里巴巴采用的合伙人制度、万科的事业合伙人制度和永辉采用的超市合伙人制度等。其制度设计各有千秋，但核心就是维护现管理团队对公司的控制权。

3. “金色降落伞”条款

“金色降落伞”（Golden Parachute）指的是雇佣合同中约定公司控制权发生变动后，公司控制人及其团队核心成员被迫离职时可得到高额补偿，它能够增加收购方的收购成本，并促使公司控制人及其团队核心成员去留与公司控制权变动相关联，从而减少因公司控制权更替产生的利益冲突。“金色降落伞”条款的实施，需要公司董事会与公司控制人达成一致意见，或者在公司控制人管理团队与董事会成员基本重合的情况才可能实施。同时还应注意不违反公司章程对董事会、股东会审议公司交易合同时数额方面的限制性规定，以及章程规定签订雇佣合同需要履行的程序，否则可能影响合同的效力。

4. “焦土战术”

“焦土战术”是指公司在遇到收购“袭击”而无力反击时，对公司中最有价值的资产、业务和财务，进行调整、组合和处分，以使公司原有价值和吸引力不复存在，进而打消并购者的兴趣。“焦土战术”可能产生两败俱伤的后果，是公司在面临特别挑战者时才不得已而为之的战术。《公司法》对这种可能危害到公司、股东利益的行为有特别规制。《公司法》第 104 条规定，“本法和公司章程规定公司转让、受让重大资产或者对外提供担保等事项必须经股东大会作出决议的，董事会应当及时召集股东大会会议，由股东大会就上述事项进行表决”；第 121 条规定，“上市公司在一年内购买、出售重大资产或者担保金额超过公司资产总额百分之三十的，应当由股东大会作出决议，并经出席会议的股东所持表决权的三分之二以上通过”；《上市公司收购管理办法》第 33 条规定，“收购人作出提示性公告后至要约收购完成前，被收购公司除继续从事正常的经营活动或者执行股东大会已经作出的决议外，未经股东大会批准，被收购公司董事会不得通过处置公司资产、对外投资、调整公司主要业务、担保、贷款等方式，对公司的资产、负债、权益或者经营成果造成重大影响”。实施上述战术，要特别注意在章程中列明实施“焦土战术”的触发条件及实施内容以及是否违反公司章程及公司法的相关规定。

5. “白衣骑士”策略

当公司成为其他企业的并购目标后，公司的管理层为阻止公司控制权的旁落，转而主动寻找能达成一致行动协议等相关默契的并购方，主动进行股权并购，这家化解控制权危机的公司被形象地称为“白衣骑士”。此种情形下，“白衣骑士”因可以得到管理层支持，收购成功的可能性加大。有时公司的管理者在取得机构投资者的支持下，甚至可以自己成为“白衣骑士”，通过实行管理层收购，保护自己对公司的控制权。在万科公司的第二次公司控制权“争夺战”中，王某等管理层邀请深圳市地铁集团有限公司作为“白衣骑士”，保护了以郁某为代表的公司新控制人，阻挡住了宝能系的冲击。

6. “组合拳”方式

上述任何一种方案都难以做到一劳永逸的发挥作用，并且每一种方案都有各种限制，随着公司的发展以及规模和潜在对手等的变化，应通过公司章程设置一种或者几种防止公司控制权旁落的方案，以“组合拳”方式守护公司控制权。

示范条款

当公司股东中有股东单独持有或者通过关联方式持有的股份 15%，或者持股数已超过 15% 的股东增持 5% 的股份时，公司现有的每一位股东将有权以 50% 价格购买公司的股票，购买量是其已持有股份的一倍；该权益有效期为 2025 年 12 月 31 日前。

示范条款

公司股票分为普通（流通）A 股和特种（限制）B 股两种。A 股表决权为一股一票，可以转让方式流通；B 股表决权为一股五票，不能自由流通。

B 股的数量、单价、持股、转让等由公司股东会另行制定管理办法。

示范条款

公司高级管理人员因公司控制人变动被解除职务的，须按照其在职前三年薪酬总额的年平均数值以及不低于 200 万元的标准支付补偿金；公司骨干人员离职，公司须按照其在职前三年薪酬总额的年平均数值以及不低于 100 万元的标准支付补偿金。

示范条款

控股股东、公司实际控制人、董事会、监事会和高级管理人员，如遇以下情形，可以提议召开临时股东会，授权董事会采取第二款规定的措施：

（一）有收购者发起对公司股份的收购要约，且可能改变公司前5名股东排名及持股比例的；

（二）其他可能引发公司控制权人发生变更的重大风险情形。

当上款所列条件具备时，董事会可以决定实施以下措施维护公司的利益：

（一）为全体员工每月增加不少于2000元的工资；

（二）公司以收购者要约收购价格的1.5倍回购公司股份。

导向问题133

如何运用章程对公司控制权进行必要限制?

实务解析

公司章程在对原有的控制权进行保护性设计的同时，为防止控制人“代理”问题损害公司利益，章程中也有必要作出有针对性的设置。

1. 赋予非控制人股东、董事在股东会、董事会中对特定事项的一票否决权

在公司章程中设定一票否决权条款，赋予财务投资者等特定股东对公司重大资产变动等特定决议事项一票否决的权利。在特定条件下，尽到善良管理人义务的非控制人股东可以行使一票否决权，促使公司控制人、董事会、股东会谨慎决策。

示范条款

股东会对以下事项作出决议，无论同意的表决权比例是否达到公司章程要求，若股东×××反对的，该决议不予通过：

（一）公司增加股本；

（二）出资转让导致控股股东发生变化；

（三）公司有盈利但决定一定期限不分配利润；

（四）增加财务投资人；

（五）其他经股东会决议认可情形。

2. 发挥监事的监督功能

实践中不少公司的监事存在感低，职位虚化，监督功能不到位。要解决这一问题，可以在章程中设定监事履职流程、权利保障、职务隔离条款，来保障监事独立地位，发挥监事监督功能。

示范条款

监事依法行使监督权的活动受法律保护，任何单位或个人不得干涉。公司应对监事履行职责的行为提供必要的办公条件及业务经费。监事履行职责时，有权要求公司任何部门提供相关资料，公司各机构、各部门须按照要求给予必要协助。

监事以书面形式提出的质询案，公司有关机构必须最迟在5个工作日内书面答复处理意见。

3. 通过优化议事规则、表决权制度设计合理限制控制权

不管是公司控制权保护措施还是限制公司控制人滥用公司控制权的措施，

都不可能一劳永逸地解决所要解决的问题，且每一条款的适用常常是“双刃剑”。公司章程通过优化股东会、董事会的议事规则、流程以及董事、监事的委派、选举程序，综合运用股东大会召集权和提案权、累积投票制、股东投票表决代理权等方式，同样是限制公司控制权的重要手段。

八、公司代表权与代理权

导向问题 134

以公司名义实施民事法律行为包括哪几种形式？如何利用章程防范和规避行为人利用代表权或代理权损害公司、股东利益的行为？

实务解析

根据我国民商法律法规，以公司名义实施民事法律行为的制度主要有三个：一是法定代表人制度，二是职务代理人制度，三是委托代理制度。公司法上的法定代表人是指依法律或公司章程规定享有的对外代表公司的资格或地位。对于职务代理人，《民法典》将其归类为一种特殊的委托代理，公司中除法定代表人以外的任何职员，因执行职务以公司名义实施法律行为时，其法律地位均为公司的代理人。这种代理主要是因为职务而与公司产生代理关系，如公司董事、高级管理人员或其他雇员因执行职务而与公司产生代理关系。委托代理主要是公司以外的人受公司委托，为完成特定事务而以公司名义实施法律行为，主要涉及某些技术性较强的需要专业人员完成的工作等。这三个制度中，委托代理一般是临时性的委托，一事一授权，委托权限较为具体明确，在此不作讨论。实务中，经常存在法定代表人、职务代理人联合第三人损害公司、股东利益的行为，为防范和规避该种情形发生，公司股东应当充分利用公司章程进行制度设计，以维护自身的合法权益。

示范条款

除公司出具明确书面授权及商务合同中明确约定外，公司职员无权代表公司对外行使以下行为，但单纯使公司受益或者获利的行为除外：

（一）增加公司义务，或者减少公司权利；

（二）免除交易等公司相对方的义务和责任；

（三）在公司经营范围外达成交易、形成担保或者债务加入；

（四）签订商务合同的补充协议；

（五）其他会对公司的利益造成较大影响的行为。

导向问题 135

如何在公司章程中对法定代表人对外代表公司行为进行规制?

实务解析

法定代表人行使公司的对外代表权，法定代表人以法人名义从事的民事活动，其法律后果由法人承受。如果法定代表人不恪守忠实和勤勉义务，往往会给股东或公司造成严重的后果。编者认为，公司章程可以从以下几个方面对法定代表人的权限进行规范：

1. 法定代表人人选

根据《公司法》第 13 条的规定，公司的法定代表人一般由董事长或执行董事担任，也可由经理担任。目前实践中，各地市场监管局已经出现允许将在公司中担任董事长、执行董事和经理职务之外其他职务的人登记为法定代表人的做法。如何在董事长（执行董事）、经理甚至其他职务的人员身上分配公司经营管理权，股东应当在确定法定代表人时根据自身公司的情况综合考量。但要注意，经理为职业经理人时，法定代表人一般不宜由经理担任。章程规定法定代表人落实到职位层面即可，不必落实到特定个人。

2. 法定代表人推选程序

《公司法》把董事长、执行董事、经理的产生办法的决定权交给了公司章程，可以由股东自主决定。对于董事长、执行董事的产生方式，无论是股东会直接选举还是董事会投票选举抑或根据出资比例决定由某个股东任命董事长、执行董事，股东在制定章程之初，都应有明确规定。另外，章程还应规定法定代表人不能履行职责时的替补程序，防止公司代表权出现真空。

3. 法定代表人代表权限

公司章程可以对法定代表人有权作出的决策权限作出具体化的规定。如果法定代表人越权，公司或股东可依法要求其赔偿损失。

示范条款

公司执行董事不能履行法定代表人职务时，由经理代为履行，存在争议时，由股东会决定。代为履行超过3个月的，股东会应及时召开临时股东会，确定执行董事人选。

导向问题136

如何在公司章程中对职务代理人的对外行为进行规制?

实务解析

职务代理人在代理权限内所为行为代表公司。法人或者非法人组织对执行其工作任务的人员职权范围的限制，不得对抗善意相对人。对于代理人的越权代理或无权代理，虽然公司仍应承担代理行为的后果，但对代理人可以行使追偿权。因此，充分利用公司章程健全职务代理相关制度，防范越权代理和无权代理的法律风险是非常必要的。股东在制定章程之时，可以考虑从以下几个方面进行制度设计：

（1）代理权授予规范化。在授予代理权时，公司应当对代理人的权限、代理事项、期间进行明确的表述。对代理权限有所限制的，应当尽可能进行公示或通知相对人。

（2）代理权终止或撤销后相关材料应当及时回收。代理权终止或撤销代理权后，公司应当及时收回代理权证书、介绍信、空白合同书等印信、资料。

（3）关注高级别人员代理权的授予。对公司董监高等人员的授权，可以考虑由董事会或执行董事授予，对其代理权限给予明确限定，特别关注其利用职权与第三人串通损害公司或股东利益的风险点。

示范条款

对于《公司法》或公司章程规定应经股东会或董事会决议的事项，法定代表人或其他高级管理人员在未经股东会或董事会作出决议的情况下以公司名义所为行为，给公司造成损失的，应对公司承担赔偿责任。

相关规定

《民法典》

第一百七十条　执行法人或者非法人组织工作任务的人员，就其职权范围内的事项，以法人或者非法人组织的名义实施的民事法律行为，对法人或者非法人组织发生效力。

法人或者非法人组织对执行其工作任务的人员职权范围的限制，不得对抗善意相对人。

九、对股东和高管的约束

公司存在和经营的最终目的是为股东创造收益，要实现这个目标，需要高管忠实和勤勉尽责地执行公司的决策与具体事务。公司章程在保护股东和高管的权利的同时，也要对其进行适度约束。

导向问题 137

如何利用公司章程对股东进行约束？

实务解析

利用公司章程对股东进行约束，可以从以下几个方面入手。

1. 合理界定股东知情权的范围

合理界定股东知情权的范围，便于非管理股东通过行使知情权来约束管理股东。知情权是股东行使一系列权利的前提和基础。股东知情权是行使财产权利的手段性权利。股东的表决权、公司剩余财产分配请求权等权利的行使均需以充分了解公司真实的财务信息为基础。《公司法》第 33 条对股东知情权的范围和行使权利的程序作出了规定。

股东知情权的范围包括查阅公司会计账簿，但是对于股东是否有权查阅公司的会计凭证，《公司法》未作明确规定。编者认为，股东有权查阅公司的会计凭证。《会计法》第 9 条第 1 款规定："各单位必须根据实际发生的经济业务事项进行会计核算，填制会计凭证，登记会计账簿，编制财务会计报告。"第 14 条规定："会计凭证包括原始凭证和记账凭证。办理本法第十条所列的经济业务事项，必须填制或者取得原始凭证并及时送交会计机构……记账凭证应当根据经过审核的原始凭证及有关资料编制。”第 15 条第 1 款规定：“会计账簿登记，必须以经过审核的会计凭证为依据，并符合有关法律、行政法规和国家统一的会计制度的规定……”可见，根据会计准则，业务合同等是编制记账凭证的依据，应当作为原始凭证的附件入账备查。公司的具体经营活动只有通过查阅业务合同等原始凭证才能知晓，不查阅原始凭证，股东可能无法了解公司真正的经营状况。因此，为了保护股东知情权，便于非管理股东通过行使知情权约束管理股东，公司章程可明确规定股东有权查阅公司会计账簿及会计凭证。同时为避免股东知情权的滥用，保护公司的商业秘密，章程还可以在《公司法》规定的基础上对股东查阅会计账簿不正当目的的判定标准和具体情形进一步作出规定。

2. 赋予小股东股权跟售权

为尽量维护公司股东的人合性，对于公司股东向股东以外的其他人转让出资的，可以通过章程进行一定的限制。比如，当管理股东或者控股股东对外转让股权时，其他的股东享有同比例的跟售权（也称共同出售权），其他股东是否跟售由其自行选择。非管理股东和小股东可以通过行使跟售权维护自身的合法权益。

3. 控制公司与股东之间的关联交易

本章第二节已有专题论述，不再赘述。

4. 建立对高管的约束机制

高管执行公司事务，掌控着公司的核心资源，如果缺乏对其行之有效的制约机制，可能损害公司、股东、债权人等的利益。为了避免高管滥用职权，《公司法》设置了对高管的约束机制，包括：高管的忠实和勤勉义务；高管的任职资格（《公司法》第 146 条列举了高管的禁职情形）；高管的禁止行为（《公司法》第 148 条）等。

示范条款

股东有权查阅公司章程、股东会会议决议、董事会会议决议、监事会会议决议、财务会计报告、会计账簿（含总账、明细账、日记账和其他辅助性账簿）和会计凭证（含记账凭证、相关原始凭证及作为原始凭证附件入账备查的有关资料），并可复制公司章程、股东会会议决议、董事会会议决议、监事会会议决议和财务会计报告。

要求查阅公司会计账簿或会计凭证的股东存在以下情形之一的，公司可以该股东有不正当目的为由拒绝提供查阅：

（一）该股东自营或者为他人经营与公司主营业务有竞争关系的业务；

（二）股东在向公司提出查阅请求之日的前三年内，曾通过查阅公司会计账簿或会计凭证，向他人提供查阅所获公司信息损害公司利益的。

示范条款

公司的控股股东向公司以外的第三人转让股权的，公司其他股东有权行使共同出售权，在收到转让股权的股东所发股权转让通知之日起 30 日内回复书面通知，要求按照相同的转让价格和条件，与转让股权的股东一同向受让人转让股权。转让股权的股东无法促成受让人一并收购共同出售的股权的，不得单独向受让人转让其股权。

导向问题 138

如何运用章程对高管进行约束？

实务解析

除《公司法》的上述规定外，章程可以根据公司的实际情况，明确高管人员的范围，如将重要业务部门的负责人等作为高管；在公司章程中设置个性化的高管约束机制，明确高管工作职责范围、绩效考核、解聘免职等具体规定实现对公司高管的有效约束。

示范条款

高管未通过公司管理绩效考核的，选举或聘任机构可在任期届满前解除其职务。

相关规定

《公司法》

第一百四十六条 有下列情形之一的，不得担任公司的董事、监事、高级管理人员：

（一）无民事行为能力或者限制民事行为能力；

（二）因贪污、贿赂、侵占财产、挪用财产或者破坏社会主义市场经济秩序，被判处刑罚，执行期满未逾五年，或者因犯罪被剥夺政治权利，执行期满未逾五年；

（三）担任破产清算的公司、企业的董事或者厂长、经理，对该公司、企业的破产负有个人责任的，自该公司、企业破产清算完结之日起未逾三年；

（四）担任因违法被吊销营业执照、责令关闭的公司、企业的法定代表人，并负有个人责任的，自该公司、企业被吊销营业执照之日起未逾三年；

（五）个人所负数额较大的债务到期未清偿。

公司违反前款规定选举、委派董事、监事或者聘任高级管理人员的，该选举、委派或者聘任无效。

董事、监事、高级管理人员在任职期间出现本条第一款所列情形的，公司应当解除其职务。

第一百四十八条　董事、高级管理人员不得有下列行为：

（一）挪用公司资金；

（二）将公司资金以其个人名义或者以其他个人名义开立账户存储；

（三）违反公司章程的规定，未经股东会、股东大会或者董事会同意，将公司资金借贷给他人或者以公司财产为他人提供担保；

（四）违反公司章程的规定或者未经股东会、股东大会同意，与本公司订立合同或者进行交易；

（五）未经股东会或者股东大会同意，利用职务便利为自己或者他人谋取属于公司的商业机会，自营或者为他人经营与所任职公司同类的业务；

（六）接受他人与公司交易的佣金归为己有；

（七）擅自披露公司秘密；

（八）违反对公司忠实义务的其他行为。

董事、高级管理人员违反前款规定所得的收入应当归公司所有。

十、股权激励制度

目前，很多年轻创业者工作的原动力已经不再是获取工资报酬，而是作为合伙人共享事业发展。股权激励成为很多公司创业时采取的一种业绩激励方式。

股权激励制度，是指企业通过在一定条件下、以特定的方式使高管及关键核心人员等经营者拥有一定数量的企业股权，从而对经营者进行激励的一种制度。通过股权激励，能够使激励对象将企业的短期利益和长远利益有效结合起来，达到企业所有者和经营者共同发展的双赢目的。

导向问题 139

如何利用公司章程设计股权激励制度?

实务解析

作为公司治理的重要工具，公司章程可对股权激励对象、激励方式、行权条件以及退出机制等作出规定，给予激励对象明确的预期，以更好地发挥股权激励的作用。

1. 明确激励对象范围

激励对象一般为公司高级管理人员、重要营销人员和具有一定资历的员工队伍。股权激励可以分阶段、区分不同人员实施。

2. 规定适当的激励方式

对于关键核心员工，可以采取完成一定业绩直接授予股权的方式。股票期权和限制性股票也是很多公司采取的激励方式。其中股票期权是指员工不能立即获得股权，即通过为员工设立一定的行权条件，如完成一定任务或者公司达到一定收入标准，员工可以按照一定价格购买公司股权。只有当这些行权条件达成时，员工才可以获得股权，并且员工有选择行权或不行权的自由，若员工放弃行权，股票期权便可作废。这种股权激励方式可充分保证公司的利益，只有公司获得利益增长时，员工才能获得股权。限制性股票是指公司预先设置股权激励条件，包括公司业绩达到一定标准后，员工可以通过低价或者无偿受与的方式获得公司股权。公司可对这些股权设立限制：一是禁售限制，员工通过股权激励获得股权之初，便约定获得该股权后一段时间内禁止转售，避免股权过度流失风险；二是禁售解锁条件，股权不能无限期禁售，但对于解锁禁售可以进行制度设计，包括业绩指标解锁等。

3. 明确用于激励的股份来源

用于激励的股份来源包括：（1）大股东转让或者赠与，即由公司大股东稀释自己持有的或者代持的用于股权激励的股份。根据是否支付对价分为股份赠与和股份转让，转让价格一般根据企业注册资本或企业净资产的账面价值确定。（2）公司回购。公司回购股份，再将回购的股份无偿或低价转让给股权激励对象。（3）定向增发。公司授予股权激励对象以相对优惠的价格参与公司增资的权利。

4. 设定退出机制

股权激励是对那些对公司发展有较大实际或者潜在价值的员工的激励方式，前提是“员工与公司”的关系。因此，约定人退股退、股随岗变等条件还是非常必要的，而且要约定明白怎么退。在对员工持有股权进行回购定价时，一般可以按照公司当时的净资产、净利润、估值来确定。建议提前约定在员工离职后公司有权按照一个约定的价格对员工持有的股权进行回购，提前设定好股权退出机制，明确退出条件、形式以及股权作价甚至如何办理变更登记都是非常有必要的。

示范条款

激励对象的重点范围限于对公司未来发展有突出贡献和持续影响力的核心营销人员及骨干人才，在签订《期股激励协议书》后，激励对象必须履行协议约定内容。

第一期激励对象确定为：公司总经理、财务总监、营销总监。

第二期激励对象确定为：对公司战略支持价值高的核心业务骨干员工，根据本管理办法和公司岗位设置的具体情况，公司依据员工的岗位价值及工作业绩每年度对员工进行综合评定并提名，报股东会审批。

十一、中小股东权益保护

导向问题 140

如何保护中小股东的权益？

实务解析

“资本多数决”形成的大股东代理问题，使中小股东的权益保护成为各国公司法共同关注的问题。通过构建中小股东保护的相关法律制度，保障公司控制权的正当行使，平衡相关主体的现实利益和合理的期望利益，最大限度地实现股东之间的公平与实质平等，是公司实现良性治理的重要任务。

1. 确立控股股东的诚信义务，预防“资本多数决”滥用

我国现行法律对于公司的普遍决策基本采取的是“资本多数决”，在公司中资本多数的股东具有实际控制权，实际控制人若不诚信，可能在经营或者分红中利用自己的决策控制权损害中小股东的利益。公司股东应当相互诚信，这也正是有限责任公司人合的基础，其中控股股东的诚信尤为重要。美国最高法院在 1919 年 Southern Pacific Co. v. Bogert 案中认为，控股股东实质上是中小股东利益的受托人，根据公司法和衡平法的原则，控股股东进行控制时，不论其利用方法如何，必须对中小股东履行诚信义务。公司成立的本意就是股东对公司和其他股东保证善意和忠实义务，控股股东更不能利用自己在公司中具有资本优势，违背善意和忠实的义务。

2. 建立控股股东约束机制

按照公司法一般理论，股东大会实行“资本多数决”的原则。同时，为防止控股股东操纵股东大会，滥用公司控制权，《公司法》创设了保护中小投资者权利的一些规范。

（1）中小股东表决权优先制度，即章程中可以制定在某些重大事项中，如股权出让中、公司解散等，限制实际控制人的部分表决权，增加中小股东表决权的份额，或者决策比例提高到包括中小股东的决策。该制度能够适度平衡大股东与中小股东之间较为悬殊的资本表决权。

（2）股东表决权征集代理制度。表决权征集代理制度是基于民事代理，给予中小股东能力扩张意思表示。多个中小股东征集汇聚为相同的表决意向，在股东会中形成统一的表决行为，维护中小股东的权益。其可将已经被格式化的委托书向被征集的股东发送，经股东盖章或签名后返回发送人，然后由该发送人作为受托代理人，持委托书代表其行使表决权。

（3）控股股东表决权回避制度。章程中可以规定当股东大会表决的议案与控股股东存在利害关系时，该股东或其代理人不能以其所持表决权参与表决，以此保护公司中小股东的权益。

3. 建立中小股东救济机制

中小股东权益不仅需要章程自治的救济机制，还需要法律、法规的赋能得以进一步的体现。

（1）赋予中小股东临时股东会（股东大会）的召集请求权。因股东会（股东大会）的召集权通常属于公司董事会。董事会被实际控制可能形同虚设，当大股东侵害中小股东利益时，董事会也可能不召集股东会（股东大会）。应当在章程中确定中小股东请求召开股东大会在法定时间内不能满足时，依法行使召集和主持临时股东会（股东大会）的权利。

（2）中小股东的提案权。中小股东不仅有权参与股东大会，还希望就关系公司发展和自身利益的问题提出议案。我国《公司法》第 102 条规定，单独或者合计持有公司股份达到 3% 以上的股东，可以在股东大会召开前 10 日提出临时提案并书面提交董事会。董事会应当在收到提案后 2 日内通知其他股东，并将该临时提案提交股东大会审议。章程中可规定以书面形式向董事会提出议案的，董事会应提交股东大会审议。

（3）股东的知情权。本书其他章节已有论述，在此不赘述。

（4）股东的质询权。这是一项辅助股东行使其他权利的权利，股东在股东会（股东大会）上经过对董事监事的质询，能够有效、合理地行使表决权，有力地维护中小股东的利益。

（5）中小股东股份收购请求权。中小股东对公司收购合并、出售公司资产或者修改公司章程等特别事项作出股东会决议持反对意见时，则可要求公司或者大股东以合理的价格购买其持有的股份。这是基于公平之考虑，法律不能强迫中小异议股东继续留在结构及权利较其加入时均已发生重大改变的公司中。在我国《公司法》第 74 条、第 142 条规定了股东享有的该项权利内容，这是对中小股东权益保护制度的极大完善和发展。

（6）赋予中小股东诉权。公司中可能会发生控股股东为了实现个人的私利，利用控制权地位，违反法律、法规，作出损害中小股东利益的决议。我国《公司法》第 22 条规定，“公司股东会或者股东大会、董事会的决议内容违反法律、行政法规的无效。股东会或者股东大会、董事会的会议召集程序、表决方式违反法律、行政法规或者公司章程，或者决议内容违反公司章程的，股东可以自决议作出之日起六十日内，请求人民法院撤销”，赋予了中小股东享有股东会（股东大会）决议无效或撤销的诉权。

除中小股东享有股东会（股东大会）决议无效或者撤销的诉权之外，当公司董事、监事、高级管理人员或公司大股东的行为损害了公司利益或中小股东利益时，中小股东还应当享有对侵权人的民事索赔权。中小股东可以代表公司提起衍生诉讼。

示范条款

为更好地保护中小股东的知情权，符合下列条件的股东享有直接的会计账簿查阅权：

（一）不参与公司的实际经营，对于公司董事会作出年度公司经营说明、财务报告等主要经营报告存在疑问；

（二）对于股东提出的经营问题，董事会无法答疑，股东可以查询相关的会计账簿；

（三）公司连续两年不分红，或者股东对分红依据、方案等存在重大疑问；

（四）股东要求公司按照公司章程的规定回购出资；

（五）控股股东转让出资，导致控股股东发生变化；

（六）股东会决议认可的其他情形。

十二、恶意增资稀释小股东股权比例和价值

《公司法》第 43 条规定，股东会会议作出增加注册资本的决议，必须经代表 2/3 以上表决权的股东通过。恶意增资是指有限责任公司控股股东、实际控制人或控制公司的董事等，借助其在股东会、董事会上的表决权优势，在其他股东因缺乏资金等原因无法行使增资优先认缴权的情况下，通过降低公司资产价格和增资溢价率等手段，向己方或其关联方定向增资，致使其他股东持股比例和股权价值被不当稀释的行为。

导向问题 141

有限责任公司如何通过章程防范恶意增资？

实务解析

为避免控股股东等滥用股东权利导致恶意增资情况的发生，有限责任公

司在制定章程时可规定，除非全体股东一致同意，认缴公司增资的价格应以净资产数额为基准，不得低于公司增资时的净资产数额。从事后救济的角度而言，如果发生恶意增资给其他股东造成损失的，遭受损失的股东可通过提起滥用股东权利侵权赔偿之诉要求侵权股东承担赔偿责任。

典型案例

董力诉上海致达建设发展公司等滥用股东权利侵权赔偿纠纷案①

此案为公司小股东诉公司、公司控股股东及第三人之诉，第三人是公司新增资本认购者。公司通过股东会决议，以大大低于当时公司净资产数额的注册资本原值进行增资，增资后原告的股权比例由15%降至6.3%。原告认为公司控股股东增资的目的就是稀释小股东股权，为恶意增资，诉请法院判决被告赔偿其由此所遭受的经济损失。法院认为，在公司盈利较好的情况下，以公司注册资本原值而非增资时净资产为数额确定认购增资的价格，降低了原告的股权价值，稀释了原告的持股比例，属于大股东滥用股东权利，不公平地损害了小股东的利益，故判令被告增资应以净资产为基准，赔偿原告增资扩股前后的股权差价。

示范条款

除非公司全体股东一致同意，认缴公司增资的价格应以增资时公司的净资产值为基准，不得低于公司增资时的净资产值计算的价格。

---

① 案号：(2008) 沪二中民三（商）字第238号。

相关规定

《公司法》

第二十条第二款　公司股东滥用股东权利给公司或者其他股东造成损失的，应当依法承担赔偿责任。

第四十三条第二款　股东会会议作出修改公司章程、增加或者减少注册资本的决议，以及公司合并、分立、解散或者变更公司形式的决议，必须经代表三分之二以上表决权的股东通过。

十三、公司盈余分配权

股东创立公司的目标是获得利润，股东对于公司盈余的分配权应当受到重视和保护。公司创立之初，股东通过章程设置公司盈余分配权的保障机制非常重要。

导向问题 142

公司具有可分配的税后盈余应当分配而未分配，股东是否有权请求分配?

实务解析

股东请求盈余分配必须同时具备两个要件：一是实质要件，即公司必须具有可分配的税后盈余；二是程序要件，即公司权力机关或授权机构作出分配盈余的决议。公司如果盈余分配的实体要件和程序要件均已具备，应当及时对公司利润进行分配。如果公司董事会制订了利润分配方案，股东会也作出了分配利润的决议，公司却迟迟未将分配的利润款支付给股东，股东有权向公司主张支付利润分配。如果公司应当及时支付分配利润而未支付，后又经营亏损，股东有权请求法院判令公司支付分配经营亏损之前的分配利润。

导向问题 143

股东会已作出分配利润决议，公司未向股东支付利润款的，股东是否可将公司应付而未付的利润款作为债权进行转让？

实务解析

如果股东会已经就存在的税后盈余依法作出了分配决议，股东与公司之间就形成了债权债务关系，股东可以据此向公司主张支付，甚至依法将未受领的利润款按照债权转让的程序进行转让。

典型案例

南辉实业公司诉尼康电子有限公司
（以下简称尼康公司）盈余分配权案①

此案为股东起诉公司请求分配利润之诉。被告尼康公司的《章程》中明确规定，董事会决定合营公司的一切重大事宜，其职权之一是批准年度利润分配方案，合营公司每年分配利润一次，因此尼康公司的年度利润分配方案最终应由董事会批准决定。公司审计报告中载明有分红决议，根据公司审计报告，可以认定关于股利分配的董事会决议确实存在，且存放于被告处，因被告无正当理由未向法庭提供，应推定其内容是按实际出资比例每年分配一

① 案号：（2003）合高新民二初字第035号，载于《中国审判案例要览》（2005年商事审判案例卷）。

次。南辉实业公司应按其出资比例获得公司利润分配。1997 年后尼康公司经营亏损，不应影响亏损前公司 1990 年至 1993 年的利润分配，南辉实业公司因未获得应分配的利润而诉至法院。

法院认为，公司章程赋予了董事会对公司年终税后利润的分配权及分配原则，且公司已经具备了分红的实质要件和形式要件，依法应当进行分红。公司决定进行利润分配时，股东抽象的公司盈余分配权即转化为确定的债权。故判决尼康公司应按公司董事会作出的分红决议进行盈余分配。

示范条款

公司每一财务年度有税后盈余的，股东会应作出分配盈余的决议。公司应在次年 6 月 30 日之前与股东结清盈余分配款。若股东会已作出盈余分配决议，公司未支付盈余分配款的，股东除可向公司主张付款外，还可对外转让未受领的盈余分配款债权。

示范条款

在每一会计年度结束之日起 2 个月内，公司股东会应就公司上一年度税后盈余（如有）作出有具体分配方案的有效决议，并于每一年度具体规定时间之内分配支付完毕。

相关规定

《公司法解释（四）》

第十五条 股东未提交载明具体分配方案的股东会或者股东大会决议，请求公司分配利润的，人民法院应当驳回其诉讼请求，但违反法律规定滥用股东权利导致公司不分配利润，给其他股东造成损失的除外。

十四、公司分红优先权及剩余财产优先分配权

从公司意思自治的原则出发，公司分红或清算后剩余财产的处分应当属于公司股东自治范围。按照《公司法》与《民法典》的相关规定，以股东权益公平性为前提，在公司章程中约定分红和剩余财产分配顺序，设置分红优先权和剩余财产优先分配权完全可行。

导向问题 144

股东是否可以在章程中约定分红优先权、剩余财产优先分配权？

实务解析

根据我国《公司法》的规定，有限责任公司和股份有限公司章程均可设置优先分红权，规定公司股东不按其出资比例或持有股份的比例分取红利。《公司法》对剩余财产股东优先权无禁止性规定。《民法典》第 72 条第 2 款规定，法人清算后的剩余财产，按照法人章程的规定或者法人权力机构的决议处理。法律另有规定的，依照其规定。《国务院关于开展优先股试点的指导意见》中规定的上市公司和非上市公众公司，可以在公司章程中规定公司清算后剩余财产的分配顺序。

对于仅投资不参加经营管理的股东，放弃全部或部分经营决策权或接受一定的权利限制的，章程可以给予优先分配分红或剩余财产的权利。

示范条款

清算组在清理公司财产、编制资产负债表和财产清单后，应当制定清算方案，并报股东大会或者人民法院确认。

公司财产在分别支付清算费用、职工工资、社会保险费用和法定补偿金，缴纳所欠税款，清偿公司债务后的剩余财产，公司按照本条第四款的规定分配。

清算期间，公司存续，但不能开展与清算无关的经营活动。公司财产在未依照前款规定清偿前，不得分配给股东。

公司财产按本条第二款规定清偿后的剩余财产，由公司股东按其持有股份的种类和比例依下列顺序进行分配：

（一）如有优先股，则先按优先股面值对优先股股东进行分配；如不能足额偿还优先股股金时，按各优先股股东所持比例分配。

（二）按各普通股股东的股份比例进行分配。①

相关规定

《民法典》

第七十二条第二款　法人清算后的剩余财产，按照法人章程的规定或者法人权力机构的决议处理。法律另有规定的，依照其规定。

《公司法》

第一百六十六条　……股份有限公司按照股东持有的股份比例分配，但股份有限公司章程规定不按持股比例分配的除外。

……

---

①　源于《中国石油化工股份有限公司章程》第210条。

《国务院关于开展优先股试点的指导意见》

一、优先股股东的权利与义务

……

除本指导意见另有规定以外，优先股股东的权利、义务以及优先股股份的管理应当符合公司法的规定。试点期间不允许发行在股息分配和剩余财产分配上具有不同优先顺序的优先股，但允许发行在其他条款上具有不同设置的优先股。……

二、优先股发行与交易

……发行人范围。公开发行优先股的发行人限于证监会规定的上市公司，非公开发行优先股的发行人限于上市公司（含注册地在境内的境外上市公司）和非上市公众公司。……

十五、累积投票制

累积投票制是与直接投票制相对应的制度。直接投票制是指在行使表决权时，针对一项表决事项，股东只能将其表决票数一次性投在该决议事项上。累积投票制是指股东在股东大会上选举 2 名以上的董事或者监事候选人时，依据累积投票的方法，各股东拥有的每一股份有与拟选出董事或者监事人数相等的投票权，其所持股份的投票权可以累积，既可以将全部投票权集中投给一位候选人，也可以分散投给数个候选人，按得票数决定当选者。累积投票制有助于中小股东的代表当选为董事，从而使“少数”股东在董事会中拥有“代言人”以保护自身利益成为可能。

导向问题 145

有限责任公司章程是否可以规定适用累积投票制?

实务解析

累积投票制出现在《公司法》第4章股份有限公司的设立和组织机构的章节内。《公司法》第105条规定："股东大会选举董事、监事，可以依照公司章程的规定或者股东大会的决议，实行累积投票制。本法所称累积投票制，是指股东大会选举董事或者监事时，每一股份拥有与应选董事或者监事人数相同的表决权，股东拥有的表决权可以集中使用。"《公司法》未规定有限责任公司可以适用股份有限公司的条款，但是，《公司法》第42条规定"股东会会议由股东按照出资比例行使表决权；但是，公司章程另有规定的除外"，授予了有限责任公司股东在章程中约定不按出资比例行使表决权的权利。

编者认为，股东可以在有限责任公司章程中规定实行累积投票制。实务中，累积投票制不侵害任何股东的权利，有助于保护少数股东的利益，从立法角度而言，不应该对其进行禁止，而应当鼓励。

示范条款

股东会就选举董事、监事进行表决时，根据公司章程的规定或者股东大会的决议，可以实行累积投票制。

前款所称累积投票制，是指股东大会选举董事或者监事时，每一股份拥有与应选董事或者监事人数相同的表决权，股东拥有的表决权可以集中使用。

股东会将对所有提案进行逐项表决，对同一事项有不同提案的，将按提案提出的时间顺序进行表决。

导向问题146

如何计算选举某董事或者监事所需的最低股份数？

实务解析

在股东大会选举董事或监事时，有意向谋求当选董事或者监事的股东们，在自己无法确保当选的情况下，就需要联系其他股东集中表决权，但如何计算当选最低股份数呢？假定公司在股东大会上投票的股份总数是 Y，N1 是股东需要选出的董事总人数，N2 是计划选出的董事人数，那么按照美国公司法学者威廉姆斯和康贝尔在 20 世纪 50 年代研究推出的公式，X 是需要的最低股份数：X = (Y × N1) ÷ (N2 + 1) + 1。[①] 举例：某股份公司发行的股份总数是 1000 万股(Y)，拟选出 7 名董事(N2)，某股东计划选出 1 名董事(N1)，则他至少需要(X)(1000 × 1) ÷ (7 + 1) + 1 = 126 万股。

在投票前，需要考虑公司是否有无投票权的公司持股及公司与股东互相持有 10% 以上持股，上述两类股份通常没有表决权，只有充分考虑到各种影响表决权总数因素，才能确保推选的董事或者监事当选。

导向问题 147

如何知道某股东持有的股份能够选出的董事或监事最大值数?

实务解析

利用上一个导向问题中计算公式的反向计算，就可以推算出最大数值。即 N1 是某股东能够选举出董事的最大数值，N2 是应选出董事总人数，Y 是在股东大会上投票的总股份，S 是某股东持有的股份数，则 N1 = [(N2 + 1) × (S – 1)] ÷ Y。举例：某股份公司发行的股份总数是 1000 万股(Y)，拟选出 7

---

① Arthur T. Colr, legal and Mathematical Aspects of Cumulative Voting, 2 South Carolina Lew Quarterly 225 – 244 (1949).

名董事（N2），某股东持有 300 万股（S），则他至少可以选出董事数（N1）［（7×1）×（300－1）］÷1000＝2.093。故该股东可以选出 2 名董事。

如果公司实行"同股不同权"，则需要对不同权的股份进行统一标准，计算出总股份数和某股东持有的股份数，才能测算出可以选出的董事或监事最大值数。

相关规定

《公司法》

第四十二条　股东会会议由股东按照出资比例行使表决权；但是，公司章程另有规定的除外。

06

第六章

章程的司法适用与裁判规则

公司章程是公司内部成员自行创制并自我约束的法律规范，是民间自治成文法的典型代表。公司章程作为法律渊源之一，在司法适用中有其自身的特点。公司章程具有可诉性，国家通过司法方式介入公司自治，通过具体案例对公司章程本身的法律效力、章程与其他规范文本之间的关系等问题进行评判。在此过程中，一方面，公司章程是司法评判的对象，法官在处理具体案件时会对其合法性等问题进行审查；另一方面，公司章程也是司法裁判的依据，其作为裁判法源与国家正式制定的法律、行政法规等规范性法律文件并不处于同一位阶，法官运用法理基础援引章程条款并进行论证所形成的非成文依据，就是公司章程作为法源的裁判规则。

第一节

公司章程司法适用的概念和特征

公司章程是公司实施自治最重要的载体，具有法定性、自治性和公开性的基本特征。其法定性表现在，一方面，公司章程的制定和实施源于《公司法》等法律法规的授权；另一方面，章程的内容和效力要接受国家行政和司法权的适度干预。公司章程在司法适用方面有其自身独有的特点和适用规则。

一、公司章程司法适用的概念和特征

导向问题 148

如何理解公司章程司法适用的概念？

实务解析

公司章程司法适用，是指人民法院在审理与公司有关的纠纷的过程中，对公司章程本身的法律效力、章程与其他规范文本之间的关系等问题进行评判，以及将公司章程作为法律渊源援引适用，进行案件审理活动的行为和规则。

导向问题 149

公司章程司法适用的特征有哪些?

实务解析

1. 适用范围的特定性

公司章程是公司内部的组织和行为准则。《公司法》授权公司章程对特定内容和事项结合自身需求作出规定。从章程内容的角度，章程的绝对必要记载事项、相对必要记载事项和任意记载事项，在不同的公司常常会有不同的规定。其内部立法的特征，决定了其适用范围也局限于制定主体和组织的内部，其法律效力适用范围具有严格的特定性。

2. 适用等级的次级性

公司章程作为次要法律渊源，在法律适用的过程中，应当首先适用《公司法》等主要法律渊源，对拟适用的章程条款进行效力评价，在此基础上再适用具体的章程条款对相应的法律行为进行评价，并据此作出裁判意见。章程适用等级的次级性和适用效力的优先性，是一个问题的两个方面。适用等级的次级和适用效力的优先对立统一，其效力的优先性可以类比居于下位的特别法与居于上位的普通法的关系，私法优先和商事自治是其法理基础。

3. 适用方式的直接性

虽然公司章程是民间自治成文法，但它基于法律的授权而产生，从而具备直接法律渊源的属性。人民法院在审理具体案件时在满足适用等级的前提下，可以直接援引具体的章程条款。这区别于各种习惯、判例、法理学说、道德规范等，虽具有一定法律意义，但不能被直接援引作为裁判案件的依据而只能间接适用；也不同于虽为法律渊源，但穷尽法律规则方得适用且不得径行适用的法律原则。

4. 适用过程的融合性

公司章程作为法律规范，其适用的方式应符合三段论的法律逻辑，要融合上位法的相关规定，同时要关注在公司章程的二级授权下，形成的公司决议、公司规章制度与公司章程的冲突问题，以及公司章程与股东协议的冲突问题，这体现了公司章程司法适用过程中的融合性。在公司章程融合适用的司法实践中，形成了以章程为上位法，以意思自治、商事外观、权利衡平和内外有别为原则的裁判思路。

5. 适用权力的边界性

商事主体自治已经得到立法和司法实践越来越多的重视。行政权和司法权对商事自治的干预和介入持有越来越慎重的态度。体现在公司章程的司法实践中，在对章程的合法性进行适用审查的时候，应特别关注章程效力的程序性要件是否合法，以保障利益相关者的程序权利平等、公正。在对章程内容进行实体性审查的时候则要采取有限介入的方式重点审查是否违法剥夺了相关法定权利，如股权转让权、分红权、知情权等。对应当由公司自治机关决定的事项不进行干预，回归到其内部程序中予以解决，同时在司法实践中亦有意识创造机会让当事人通过自治机制解决纠纷，把握好司法权介入公司类纠纷的边界。

二、公司章程司法适用的规则

导向问题 150

公司章程司法适用的规则有哪些？

实务解析

公司章程有别于一般立法意义的法律法规，人民法院在审理公司案件的司法实践中适用公司章程进行裁判，形成了公司章程作为裁判法源的法律适用规则。通过这些规则的适用所形成的判例和指导性意见，又会反作用于公司章程的制定，倒逼公司治理体系的改善和治理能力的提升，从而为规范市场经济秩序，改善营商环境，形成良性闭环。

1. 合法性审查规则

人民法院对章程的适用审查是法院基于案件裁判的需要而主动进行的司法活动，不以案件当事人的申请为前提，审查结论只在个案中具有效力，并不具有普遍的效力。对于经审查违反法律强制性规定的公司章程规定，法院只是不认同其在具体案件的审理中具有法律拘束力，不以其作为裁判的直接依据，并不直接判决该章程规定无效或者可撤销。如果当事人请求判决该章程规定无效或者可撤销，需当事人另行提起诉讼。公司章程规定的合法性审查就其内容来讲，主要是对公司章程的规定是否违反法律，特别是公司法的强制性规定进行审查。但是，如何看待公司法关于公司的法律规则的性质，如何确定公司领域中当事人意思自治的边界，一直是审判实务中存在激烈争论的问题。

2. 优先适用规则

优先适用规则，是指当一定的民事法律行为可以适用不同的法律规范进行调整的时候，应当优先适用某一法律规范进行调整的规则。尽管公司章程作为裁判法源，属于非正式的次级渊源。但公司章程所具有的股东契约性、民间自治性、团体决议性的特性，契合了私法自治的特征，具有优先适用的法律效力。也就是说，人民法院在对拟适用的章程条款进行合法性审查之后，对章程条款的适用将分别运用违法适用排除和合法适用优先的规则进行适用。

3. 内外有别规则

公司章程是特定公司的内部立法。但在公司实践中，公司内部关系和外部关系并非相互独立的，有时甚至边界模糊。公司章程对内部的约束和影响必然会扩张到公司外部利益相关者。《民法典》《公司法》就内部关系和外部关系的处理确立了内外有别的基本原则，在维护公司内部关系的稳定和秩序的同时，维护交易安全和第三方的信赖利益。内外有别规则要求在处理公司等商事主体内部的法律关系时应优先适用其内部治理规则进行处理；在处理公司外部主体与商事主体及其内部成员的法律关系时，应坚持外部主体对内部自治事项的有限介入原则进行处理。商法外观主义原则、善意相对人原理、股东代表诉讼原理等，均贯彻了内外有别的裁判规则。

4. 程序正义规则

程序正义规则是指人民法院在适用公司章程审理案件时，应当关注章程记载的内容产生法律效力必须具备的法定程序。公司章程的制定是公司内部的“造法”行为，影响受其调整约束的股东、董监高、公司本身及其外部利益相关者的权利，其制定程序的合法性是其内容合法性的前提。人民法院在适用公司章程时，要审查公司章程生效的程序要件，如章程是否由全体股东签名，修改公司章程的会议通知、召开、表决程序是否合法，有关主体的程序权利是否平等、是否被剥夺等方面的问题。

5. 利益平衡规则

利益平衡规则是指法律对相互冲突的利益进行调整时，给予权利的先后顺序、上下位阶等方面的安排，使相关各方的利益在共存和相容的基础上达到合理的优化状态。公司章程本质上体现了不同利益主体经过协商、妥协后达成的行为规则，在资本主导的治理体系下，各方权益形成动态的平衡。各种代理问题时有发生，如通常情况下，公司股东会以资本决方式进行表决，这就使大股东操纵股东会侵占小股东利益成为一种可能。如法院在审查“小股东五年内不分红，公司利润由大股东按持股比例分配”的章程修正案时，尽管其程序上无任何瑕疵，但如果执行该章程，会给大股东带来额外利益，此时人民法院通常会给出负面评价。

综上所述，本节结合章程作为裁判法源的性质，对公司章程司法适用的概念和特征进行了初步的分析，并在此基础上归纳了在司法实践中运用章程审理相关公司纠纷所应把握的裁判规则。本章以下各节，将从审判实务的角度，实证在公司诉讼案件的处理过程中所形成的裁判规则，并以此为切入点，为公司科学合理地制定公司章程，防范治理风险和经营风险提供借鉴。

第二节

公司章程在司法实践中的典型问题

一、公司章程与股东协议冲突的处理

实践中公司章程与股东协议规定的事项有可能存在不一致之处，此时对公司章程与股东协议效力的优先性判断不可一概而论，要结合发生冲突的事项产生的时间、纠纷涉及的主体、事项的内容和特点等多个因素具体分析。

从主体上讲，如果调整的是同时签署了股东协议和章程的股东之间的关系，先看股东的真实意思表示，是否明确约定了内容不一致的情况下如何优先适用。如果没有优先适用的条款，再看二者的生效时间，如果二者之间存在生效的先后顺序，后生效的文件一般应视为各方意思表示的变更，应该以后生效的为准。实践中，因为公司登记机关的不同要求，可能会对登记的公司章程的内容作诸多限制性要求，很多股东会选择通过股东协议来明确各方真实的意思表示，这种情况下须在股东协议中对如何优先适用问题作出约定，以避免出现效力争议。如果调整的是与未同时签署股东协议和章程的股东、董事、监事和高级管理人员有关的关系，基于合同的相对性原则，股东协议不能约束未签字的第三人的行为。如有争议或者调整，应以公司章程的约定为准。

对很多公司来讲，股东合作协议和章程都是必不可少的，操作得当，可以使公司运营各个方面都有据可依，促进公司的健康发展；操作不当，会无端消耗公司的资源，给公司带来各种阻碍。在签订股东合作协议和章程时，在不违反法律法规的情况下，对于双方都涉及的条款，内容应保持高度一致，对二者规定不一致的条款，应当约定哪个是优先适用的文件，如“公司章程和投资协议约定不一致的，以投资协议为准”。如此，既可以利用章程和股东合作协议充分明确公司股东、投资人等各方的权利义务，又能够避免章程和股东合作协议的冲突。

导向问题 151

在工商登记机关备案公司章程虽具有公示公信的效力，但在处理股东内部关系时仍应以股东内部的真实意思表示作为处理权利义务关系的依据。

典型案例

陆某与北京红桑椹科技有限公司股东资格确认纠纷案[①]

股东陆某、韩某娟、丁某等人共同出资设立公司，于 2014 年 2 月签订了《发起人协议》，约定韩某娟认缴注册资本 1530 万元，其中以知识产权出资 1020 万元；2014 年 3 月 10 日，公司取得营业执照，设立时登记备案的公司章程记载，韩某娟认缴及实缴的出资为 1530 万元，出资方式为货币；2015 年 3 月 25 日，韩某娟与陆某等签订《发起人补充协议》，约定韩某娟将协议约定的知识产权转让于公司，不再另行追加资金投入；后陆某等股东诉至法院，以韩某娟未按照公司章程的规定实缴注册资本为理由，要求确认韩某娟不具

① 案号：（2016）京 03 民终 5363 号。

有公司股东资格。公司及第三人韩某娟认为，按照《发起人协议》和《发起人补充协议》的约定，韩某娟以知识产权出资，而不是货币出资。

法院认为，公司于2014年3月10日进行注册登记，其在工商机关备案的章程确载有韩某娟已经实缴货币出资1530万元，但各发起股东又在2015年3月25日签订《发起人补充协议》，该补充协议系各股东的真实意思表示，对各股东具有约束力。该补充协议中，各方股东已就韩某娟的出资数额、出资形式的变更达成了一致意见，应以此作为处理双方权利义务关系的依据。

导向问题 152

股东是否有权依据《投资协议书》的约定保管公司证照、印章？

实务解析

如果相关协议对公司设立后的运营、管理、融资等事宜有所涉及，那么在公司设立后相关协议在发起人之间依然具有法律效力和约束力。如果相关协议中明确记载其效力高于公司章程的，应当确认其法律效力。

典型案例

等你约公司与闻士云公司证照返还纠纷案[①]

2015年6月20日，爱梦飞公司与闻士云签订《投资协议书》约定："双方合资兴办等你约公司……等你约公司总经理由闻士云担任……公司的执照、组织机构代码证、税务登记证等所有证照、证件由闻士云负责保管，以及公

① 案号：(2018) 京02民终4427号。

章、合同专用章、财务章、人名章等所有印章均由闻士云负责保管”；“本协议的效力高于公司章程的效力，如公司章程的约定与本协议的约定不一致之处，以本协议的约定为准”。2015 年 6 月 23 日，等你约公司成立。2015 年 7 月 28 日，闻士云在交接清单上签字，确认接收公司营业执照、组织机构代码证、印章等物品。后公司起诉，认为企业法人对其不动产和动产依据法律、行政法规以及章程享有占有、使用、收益和处分的权利，要求闻士云归还公司证照和印章。

法院认为，《投资协议书》对公司成立后的运营、管理、融资等事宜多有涉及，且明确记载其效力高于公司章程，足以证明《发起人协议》的约定得到认可是公司成立的基础条件，在公司成立后仍具有法律效力，且股东存在分歧并非否定《投资协议书》约束力的合法理由。

导向问题 153

发起人协议约定公司人事安排，公司成立后能否以股东会决议形式进行变更?

典型案例

南通恒祥公司诉响水恒祥公司、友创公司股东滥用股东权利赔偿纠纷案[①]

2007 年 1 月 19 日，南通恒祥公司与友创公司签订《协议书》，约定共同出资设立响水恒祥公司，公司法定代表人由友创公司指派人员担任，公司总经理由南通恒祥公司指派人员担任。2009 年 8 月 5 日，友创公司在响水恒祥

① 案号：(2011) 苏商终字第 0023 号。

公司股东会上，提议由响水恒祥公司法定代表人林家兴兼任公司总经理，并在南通恒祥公司明确反对的情况下付诸表决，利用其大股东的优势使该项决议获得通过。后南通恒祥公司诉至法院，要求按照《协议书》的约定履行，由南通恒祥公司委派的人员担任响水恒祥公司总经理职务，并认为友创公司违约，要求其支付违约金。

法院认为，该合作协议即为响水恒祥公司设立前的公司股东的合议，对协议当事人具有约束力，其内容若为新设公司章程确认或者通过其他途径为新设公司认可，公司股东的意志即上升为公司意志，协议内容对新设公司具有约束力。友创公司作为响水恒祥公司的大股东，通过股东会决议形式剥夺南通恒祥公司指定响水恒祥公司总经理人选的权利，已违反合作协议的约定，构成违约。

导向问题 154

公司成立后，股东投资协议在没有被修改、变更、解除以及与公司章程的内容相悖的情况下，其效力并不自然终止或被公司章程的效力所取代。

典型案例

上海宏胜物业有限公司与陈某某公司决议纠纷案①

法院认为，股东投资协议与公司章程系由投资人形成的两种在本质存在不同的协议安排，两者之间应为相互平行而非前后承接的法律关系。基于此，股东投资协议的效力存续与否，同公司章程的制定不存在效力上的关联性，依法只受限于该协议本身的约定条款内容以及我国《合同法》的相关调整规

① 案号：(2012) 沪二中民四 (商) 终字第65号。

范。事实上，在投资人订立的股东投资协议中，既有调整公司设立完成之前的事项，同时又有调整公司成立后股东之间、公司与股东之间的权利义务关系，以及公司治理结构的内容。且基于各种原因，其中的许多内容并未被纳入之后所订立的公司章程之中。股东投资协议实际承担了公司章程之外的规则性协议的功能。

二、公司章程效力的司法审查

公司章程瑕疵包括制定主体的瑕疵，制定程序的瑕疵，实体内容上的瑕疵，这些瑕疵都可能导致公司章程效力的整体或部分无效。一般而言，如果公司章程仅仅是部分条款有瑕疵，则将导致公司章程有瑕疵的部分条款无效或被撤销。例如，公司股东（发起人）在制定或修改公司章程时，章程中相对必要记载事项或任意记载事项规定与我国现行有效的法律、法规及其他规范性法律文件相冲突，该等记载事项必将导致公司章程部分条款的无效或可撤销，但该条款的无效或可撤销并不影响公司章程其他条款的效力；如果章程无效的原因涵盖于公司章程的全部内容，则将导致公司章程整体效力的无效或章程不成立。公司章程效力的司法审查也主要体现在对制定主体、制定程序和实体内容的审查上。

导向问题 155

公司发起股东之一为公务员，是否导致公司章程无效?

实务解析

公司章程制定主体不适格或主体意思表示不真实会造成公司章程效力

瑕疵。但《公务员法》第59条对于公务员经商的限制，是对公务员主体从事法律行为的限制，属于管理性强制性规定，并非效力性强制性规定。依据《民法典》第153条的规定，违反法律、行政法规的强制性规定的民事法律行为无效。但是，该强制性规定不导致该民事法律行为无效的除外。按照目前通行观点，违反效力性强制规定时才会产生合同无效的法律后果。公务员经商，只要不存在其他导致合同无效的情形，则其作为股东签订的公司章程或协议应当有效，但并不影响按照《公务员法》对其追究行政责任。

典型案例

康某江与刘某民间借贷纠纷案[①]

法院认为，康某江主张依据《公务员法》（2017年修正）第53条第14项公务员不得从事或参与营利活动的规定，刘某与康某江之间签订的合伙协议应认定无效。《公务员法》（2017年修正）第53条第14项是管理性禁止性规范，而非效力性强制性规范，公务员若违反了该规范，应由其管理机关追究其相应责任，但并不影响公务员作为民事主体签订合同的效力。

导向问题156

被冒名登记为公司股东的股东会决议和公司章程是部分无效，还是全部无效？

---

① 案号：（2017）最高法民申3637号。

典型案例

曾某与澹际公司、第三人科际公司股东会决议效力确认纠纷案[1]

被告澹际公司于2015年12月31日作出股东会决议，选举曾某为执行董事等。该股东会决议下方签有“曾某”字样，并盖有第三人公章。同日形成的被告章程中载明，曾某为股东，另有出资时间出、资额等内容。该章程下方也签有“曾某”字样，并盖有第三人公章。事实上，澹际公司的出资人只有科际公司，曾某并不是澹际公司股东，并且股东会决议及章程上的签名并非曾某本人所签。曾某以澹际公司为被告提起公司决议效力确认之诉，请求法院确认澹际公司的股东会决议与章程无效。澹际公司则主张，股东会决议中仅涉及曾某的部分无效，其他部分仍应有效。

法院认为，曾某在不知情的情况下成为澹际公司股东及法定代表人，对股东会决议以及公司章程中的内容一无所知，也从未在澹际公司股东会决议及相关章程等上签名，澹际公司也承认股东会决议及相关章程并非曾某本人签署，故澹际公司2015年12月31日形成的股东会决议无效，公司章程不成立。澹际公司认为，涉案股东会决议及章程应当只有涉及原告的部分无效，其余部分仍为有效。但是，根据本案涉及的股东会决议及章程内容来看，股东会决议为决定公司成立的重要决议，曾某涉及的内容又是股东这一重要部分，股东会决议无法分割，仅确认涉及曾某的部分内容无效或者不成立，在法律层面上不具有实际操作性，因此应认定股东会决议全部无效。

导向问题157

公司章程中虽非由股东本人签字，但其后续的出资行为，可视为对于公

---

① 案号：（2016）沪0109民初17837号。

司章程的认可，不导致公司章程整体或部分无效。

典型案例

张某某与维杰通宝公司与公司有关的纠纷案①

原告张某某称其无意间得知自己被登记为维杰通宝公司股东，但是自己从未作为股东成立过公司，亦未在维杰通宝公司章程等文件上签字，更未向维杰通宝公司出资，是其他人冒用其名义设立公司，设立维杰通宝公司的材料虚假，因此向法院提起诉讼，要求确认2004年11月15日维杰通宝公司章程无效。法院查明，张某某曾于2015年1月23日以股东资格确认纠纷为由将维杰通宝公司诉至法院，要求确认其并非维杰通宝公司的股东，未获支持。

法院认为，根据维杰通宝公司的工商档案材料显示，维杰通宝公司章程拟定的时间为2004年11月15日，而在2004年11月17日，张某某通过银行向维杰通宝公司实际缴存125万元，原告张某某以章程中的签字并非其本人书写为由要求确认章程无效依据不足，最终法院驳回了张某某的诉讼请求。

三、公司决议撤销案件的审查范围

当公司决议存在瑕疵时，可能会对他人的合法权益造成损害。公司法规定的司法救济途径包括请求确认股东会或者股东大会、董事会决议不成立、无效或者撤销决议。本部分重点对公司决议撤销案件的审查范围进行论述。

① 案号：（2018）京03民终3709号。

导向问题 158

法院对于公司决议撤销案件的审查范围是什么?

实务解析

公司决议包括股东会决议、股东大会决议和董事会决议，是公司作为有独立人格的民事主体所作出的意思表示。根据《公司法解释（四)》第2条的规定，请求撤销股东会或者股东大会、董事会决议的原告，应当在起诉时具有公司股东资格。除股东的决议撤销权外，《公司法解释（四)》第1条还规定了公司股东、董事、监事等依法可以请求法院确认股东会或者股东大会、董事会决议无效或者不成立。虽然特殊情况下，可以提出公司决议有效之诉，但司法实践也严格限制司法过多介入公司自治。

法院对于公司决议撤销案件通常在程序上审查召集程序和表决方式是否违反法律、行政法规或者公司章程。在内容上，审查决议内容是否违反公司章程。至于公司的决议所依据的事实是否属实，理由是否成立，一般不属于司法审查范围。

典型案例

李某军诉上海佳动力环保科技有限公司公司决议撤销纠纷案①

该案原告系原公司股东、经理。公司董事会作出“鉴于总经理李某军不经董事会同意私自动用公司资金在二级市场炒股，造成巨大损失，现免去其总经理职务”的决议。原告认为公司董事会作出解聘其总经理职务的决议所

---

① 案号：（2010）沪二中民四（商）终字第436号，最高人民法院指导性案例10号。

依据的事实和理由不成立，请求法院撤销公司的董事会决议。法院认定该董事会决议有效，驳回原告诉讼请求。

四、无效股东会决议产生的法律关系的效力

评价无效股东会决议产生的法律关系的效力问题时，除依据《公司法》及相关司法解释的规定外，还应当依据《民法典》的相关规定。

导向问题 159

因无效股东会决议产生的法律关系是否当然无效?

实务解析

为保障交易安全，维护稳定的交易秩序，股东会决议的效力是“内外有别”的。具体而言，无论股东会决议的效力如何，其仅约束内部股东的权利义务，而公司依决议与善意第三人形成的法律关系不受决议效力的影响。股东会决议除不得违反《公司法》及相关司法解释的强制性规定外，还应当符合《民法典》的相关要求。

典型案例

北京金泰汇通投资咨询有限公司等公司决议效力确认纠纷案①

法院认为，《民法总则》第 134 条规定：“民事法律行为可以基于双方或

① 案号：(2019) 京 02 民终 9402 号。

者多方的意思表示一致成立，也可以基于单方的意思表示成立。法人、非法人组织依照法律或者章程规定的议事方式和表决程序作出决议的，该决议行为成立。”依照该规定，公司决议本质上属于民事法律行为。因此，评价股东会决议的效力问题，除依据《公司法》第22条及《公司法解释（四）》第4条、第5条的规定外，还应当依据《民法总则》第6章第3节的相关规定。《民法总则》第154条规定：“行为人与相对人恶意串通，损害他人合法权益的民事法律行为无效。”《公司法解释（四）》第6条规定：“股东会或者股东大会、董事会决议被人民法院判决确认无效或者撤销的，公司依据该决议与善意相对人形成的民事法律关系不受影响。”

相关规定

《公司法》

第二十二条 公司股东会或者股东大会、董事会的决议内容违反法律、行政法规的无效。

股东会或者股东大会、董事会的会议召集程序、表决方式违反法律、行政法规或者公司章程，或者决议内容违反公司章程的，股东可以自决议作出之日起六十日内，请求人民法院撤销。

股东依照前款规定提起诉讼的，人民法院可以应公司的请求，要求股东提供相应担保。

公司根据股东会或者股东大会、董事会决议已办理变更登记的，人民法院宣告该决议无效或者撤销该决议后，公司应当向公司登记机关申请撤销变更登记。

第四十三条 股东会的议事方式和表决程序，除本法有规定的外，由公司章程规定。

股东会会议作出修改公司章程、增加或者减少注册资本的决议，以及公司合并、分立、解散或者变更公司形式的决议，必须经代表三分之二以上表决权的股东通过。

《公司法解释（四）》

第四条　股东请求撤销股东会或者股东大会、董事会决议，符合民法典第八十五条、公司法第二十二条第二款规定的，人民法院应当予以支持，但会议召集程序或者表决方式仅有轻微瑕疵，且对决议未产生实质影响的，人民法院不予支持。

第五条　股东会或者股东大会、董事会决议存在下列情形之一，当事人主张决议不成立的，人民法院应当予以支持：

（一）公司未召开会议的，但依据公司法第三十七条第二款或者公司章程规定可以不召开股东会或者股东大会而直接作出决定，并由全体股东在决定文件上签名、盖章的除外；

（二）会议未对决议事项进行表决的；

（三）出席会议的人数或者股东所持表决权不符合公司法或者公司章程规定的；

（四）会议的表决结果未达到公司法或者公司章程规定的通过比例的；

（五）导致决议不成立的其他情形。

《公务员法》

第五十九条　公务员应当遵纪守法，不得有下列行为：

……

（十六）违反有关规定从事或者参与营利性活动，在企业或者其他营利性组织中兼任职务；

……

五、公司章程有关股权转让的规定

《公司法》在第3章与第5章第2节分别对有限责任公司股权转让及股份有限公司股份转让有关事项进行了明确规定，其中，《公司法》第71条第4款和第141条第2款从法律上为公司章程对有限责任公司和股份有限公司股权/股份转让事宜进行个性化设置提供了依据。股权作为一项具有特殊属性的财产性权利，公司章程对股权转让并非能够任意限制。

公司章程究竟能够对股权/股份的转让进行何种类型、程度的限制？下面通过案例对公司章程禁止股权/股份转让、公司章程限制股权/股份转让以及股权转让协议效力的认定等问题逐一进行分析。

（一）公司章程禁止股权/股份转让

部分投资者认为，既然《公司法》赋予了有限责任公司章程对股权转让事宜进行特别约定的权力，那么为了尽可能地保持有限责任公司的人合性，似乎在章程中直接禁止股权转让也是没有问题的，但是，股权作为一种财产性权利，禁止股权转让是从根本上对这种财产权本质属性的违反，在司法实践中也不能得到支持。2018年7月25日，山东省高级人民法院民二庭发布《关于审理公司纠纷案件若干问题的解答》，其中对“如何认定公司章程中禁止或者严格限制股权（股份）转让条款的法律效力”问题进行了明确：公司章程是一种具有契约属性的公司自治规则。公司章程不得与公司法的强制性规范及公司法的基本精神、原则相冲突，如有冲突，所制定的条款无效。

导向问题160

有限责任公司章程可以限制股权转让但不得禁止股权转让。股权具有处分权能，公司章程对股权转让的限制不得违反财产权的本质。

实务解析

非上市股份公司章程对股份转让的约束应限于合理、合法的范围内。无论是有限责任公司还是股份有限公司，立法均允许其通过公司章程对股权或股份转让作出一定程度的限制。这是因为股权兼具财产权与身份权的双重属性，股东通过股份转让退出或加入公司，是公司治理机制正常运转、避免陷入僵局的需要，同时股权或股份的流转也是股东财产权益实现的重要保障，是公司相较于合伙等非公司制企业组织形式的优势所在。

典型案例

程某等与余钦股权转让纠纷案①

法院认为，章程对股权转让作出一定的约束属公司内部自治的范畴，但该约束的程度应限于不得禁止或变相禁止股权或股份流通的范围内，不得剥夺股东通过股权或股份转让而退出公司的权利。如果章程限制股权或股份转让的条款触及了上述底线，则会构成对股东权，尤其是中小股东权益的根本损害，同时将破坏公司内部的制衡机制与自治秩序，不仅有悖于公平原则，而且与作为公司健康运行基础的内外平衡、公平与效率兼顾的治理理念背道而驰，故而应受到法律的否定性评价。

（二）公司章程限制股权/股份转让

《公司法》第71条对公司章程就股权转让进行个性化条款的设置作出了明确授权，因此，在有限责任公司中，原始股东为最大限度地保证公司的稳

① 案号：（2018）京01民终792号。

定性与人合性，通常会在公司章程中对股东转让股权特别是对外转让的条件进行限制，这种限制只要没有达到禁止或变相禁止股权转让的程度，在司法实践中是能够得到支持的。

典型案例

樊某泉与崔某股权转让纠纷案[①]

该案例中，燕波公司在章程中约定股东可以转让其部分或全部股权，但必须符合以下股权转让条件之一：（1）股东中途调离公司或因违法违纪等其他原因，与公司解除劳动合同关系的。（2）股东未达到法定退休年龄但中途自愿转让的。股东转让股权，必须征得公司董事会同意，由公司董事会推荐受让人选，但必须经股东表决权半数以上同意。股东股权转让价格：按公司上一年度末财务报表中所有者权益数额进行转让。股东未达到法定退休年龄或因各种原因与公司解除劳动合同关系的：由公司董事会指定受让人进行接收，转让价格为公司上一年度末财务报表中所有者权益数额等额转让。如无新的受让人，其股权由其他股东按公司上一年度末财务报表中所有者权益数额进行等比例平均购买。公司登记事项以公司登记机关核定的为准。

法院认为，公司章程是规定公司与股东、股东与股东之间的权利义务关系的行为准则。燕波公司的章程中约定了股东在符合股权转让条件时可以转让其部分或全部股权，也明确约定了股权转让的价格：按公司上一年度末财务报表中所有者权益数额进行转让。在此情形下，樊某泉主张章程中约定的价格为建议价格，缺乏依据。

---

① 案号：（2016）京01民终5890号。

（三）股权转让协议效力认定——有限责任公司

导向问题 161

向股东之外的人转让公司股权，应保证股东的优先购买权。

典型案例

赵某红与孙某亮、李某等股权转让纠纷案①

该案例中，关于李某与孙某亮之间的股权转让协议效力，法院认为，《公司法》之所以规定有限责任公司股东享有优先购买权，其立法本意一方面在于保证有限责任公司原股东可以通过行使优先购买权增持股权份额，从而实现对公司的控制权；另一方面在于保障有限责任公司的人合性，以确保原股东有权根据自己的实际情况和需要决定是否接纳新股东加入公司或自行退出公司等。本案中，股东李某向孙某亮转让股权系向股东以外的第三人转让股权的行为，却未按法律和章程规定的程序征得其他股东的同意，事实上侵犯了赵某红在同等条件下的股东优先购买权，办理股权工商变更登记也并非设权性登记，不能对抗法律的效力性强制性规定，故李某与孙某亮之间的股权转让协议依法不发生法律效力。随后，孙某亮、李某向江苏省高级人民法院申请再审，江苏省高级人民法院同样以“孙某亮与李某签订的股权转让协议侵犯了赵某红的优先购买权”为由肯定了江苏省徐州市中级人民法院的二审判决，并最终驳回了申请人的再审申请②。

---

① 案号：（2014）徐商终字第0327号。
② 案号：（2015）苏审二商申字第00227号。

（四）股权转让协议效力认定——股份有限公司

导向问题 162

如何理解和把握对董监高股权转让的限制性条件?

典型案例

赵某芳、孟某娜与吴某昌、吴某灿股权转让纠纷案①

对于涉案股权转让协议的效力，法院认为，《公司法》第141条第2款规定，公司董事、监事、高级管理人员应当向公司申报所持有的本公司的股份及其变动情况，在任职期间每年转让的股份不得超过其所持有本公司股份总数的25%。本案股权转让之时，出让方赵某芳、孟某娜系公司董事，其将持有股份全部转让显然违反了上述规定。但上述法条的立法意旨主要是完善公司治理，防止股份公司的董事、监事和高管通过违规的股权转让谋取不当利益，侵害广大投资者的权益。本案丰洲公司虽为股份有限公司，但股东仅为三人，并非公众公司。案涉股权转让并不涉及公众利益的保护问题。在本案情形下，公司法上述规定当属管理性规定而非效力性规定，不影响股权转让合同的效力判断。故原审认定股权转让有效正确，申请人以违反该法条为由主张股权转让无效的理由不能成立。

---

① 案号：（2015）浙商提字第51号。

相关规定

《公司法》

第七十一条　有限责任公司的股东之间可以相互转让其全部或者部分股权。

股东向股东以外的人转让股权，应当经其他股东过半数同意。股东应就其股权转让事项书面通知其他股东征求同意，其他股东自接到书面通知之日起满三十日未答复的，视为同意转让。其他股东半数以上不同意转让的，不同意的股东应当购买该转让的股权；不购买的，视为同意转让。

经股东同意转让的股权，在同等条件下，其他股东有优先购买权。两个以上股东主张行使优先购买权的，协商确定各自的购买比例；协商不成的，按照转让时各自的出资比例行使优先购买权。

公司章程对股权转让另有规定的，从其规定。

第一百四十一条　发起人持有的本公司股份，自公司成立之日起一年内不得转让。公司公开发行股份前已发行的股份，自公司股票在证券交易所上市交易之日起一年内不得转让。

公司董事、监事、高级管理人员应当向公司申报所持有的本公司的股份及其变动情况，在任职期间每年转让的股份不得超过其所持有本公司股份总数的百分之二十五；所持本公司股份自公司股票上市交易之日起一年内不得转让。上述人员离职后半年内，不得转让其所持有的本公司股份。公司章程可以对公司董事、监事、高级管理人员转让其所持有的本公司股份作出其他限制性规定。

六、公司章程对公司对外担保的影响

《公司法》第16条对公司对外提供担保的条件进行了规定。但在实践中，违反该条款提供越权担保的情况不在少数，因此，公司应对该条款的性质以及越权担保的效力重点关注。

《公司法》第 16 条规定，公司向其他企业投资或者为他人提供担保，依照公司章程的规定，由董事会或者股东会、股东大会决议；公司章程对投资或者担保的总额及单项投资或者担保的数额有限额规定的，不得超过规定的限额。公司为公司股东或者实际控制人提供担保的，必须经股东会或者股东大会决议。对公司未经董事会或者股东会、股东大会决议通过而提供的对外担保的效力的认定，司法实践中存在诸多反复，相互矛盾的案例很多。最初的通行观点是，不符合《公司法》第 16 条规定提供的对外担保，因违反法律的强制性规定而认定无效。后来随着《合同法解释（二）》出台，强制性法律规定区分为效力性强制规定和管理性强制规定，《公司法》第 16 条在司法实践中多被视为管理性强制规定，不符合《公司法》第 16 条规定提供的对外担保，此后又多被按有效担保处理。大量未经过公司决议的担保被认定为有效，带来的新问题是公司代表人或大股东、实际控制人利用对外担保损害公司利益和中小股东利益和公司利益的普遍现象。

《民法典》于 2021 年 1 月 1 日生效后，《合同法》及各司法解释均被废止。《民法典》未再将强制性法律规定明文区分为效力性强制规定和管理性强制规定。但目前该部分在司法实践仍具有参考价值。依照《民法典》153 条，结合《九民会议纪要》第 17 条、第 18 条的规定，对外担保行为不是法定代表人所能单独决定的事项，而必须以公司股东会（股东大会）、董事会等公司机关的决议作为授权的基础和来源。法定代表人未经授权擅自为他人提供担保的，构成越权代表，人民法院应当根据《合同法》第 50 条（现《民法典》第 504 条）关于法定代表人越权代表的规定，区分订立合同时债权人是否善意分别认定合同效力：债权人善意的，合同有效；反之，合同无效。

上文所称的善意，是指债权人不知道或者不应当知道法定代表人超越权限订立担保合同，债权人要证明自己的善意，就需要提供证据证明其在订立合同时对相应的公司决议进行了审查，决议的表决程序符合《公司法》第 16 条的规定。《九民会议纪要》第 18 条区分向公司股东或实际控制人提供担保和向股东、实际控制人之外的其他人提供担保两种情形，对债权人应该审查的公司决议进行了细致规定。当然第 18 条最后也特别说明，债权人对公司机关决议内容的审查一般限于形式审查，只要求尽到必要的注意义务即可，标准不宜太过严苛。公司以机关决议系法定代表人伪造或者变造、决议程序违法、签章（名）不实、担保金额超过法定限额等事由抗辩债权人非善意的，人民法院一般不予支持。

导向问题 163

界定债权人是否善意的标准是什么?

实务解析

债权人不知道或者不应当知道法定代表人超越权限订立担保合同即为善意。《公司法》第 16 条对关联担保和非关联担保的决议机关作出了区别规定，相应地，在善意的判断标准上也应当有所区别。一种情形是，为公司股东或者实际控制人提供关联担保，《公司法》第 16 条明确规定必须由股东会或者股东大会决议，未经其决议，构成越权代表。在此种情况下，债权人主张担保合同有效，应当提供证据证明其在订立合同时对股东会（股东大会）决议进行了审查，决议的表决程序符合《公司法》第 16 条的规定，即在排除被担保股东表决权的情况下，该项表决由出席会议的其他股东所持表决权的过半数通过，签字人员也符合公司章程的规定。另一种情形是，公司为公司股东或者实际控制人以外的人提供非关联担保，根据《公司法》第 16 条的规定，此时由公司章程规定是由董事会决议还是股东会（股东大会）决议。无论章程是否对决议机关作出规定，也无论章程规定决议机关为董事会还是股东会（股东大会），根据《民法典》第61条第3款关于“法人章程或者法人权力机构对法定代表人代表权的限制，不得对抗善意相对人”的规定，只要债权人能够证明其在订立担保合同时对董事会决议或者股东会（股东大会）决议进行了审查，同意决议的人数及签字人员符合公司章程的规定，就应当认定其构成善意，但公司能够证明债权人明知公司章程对决议机关有明确规定的除外。

典型案例

通联资本管理有限公司（以下简称通联公司）、成都新方向科技发展有限公司（以下简称新方向公司）与公司有关的纠纷案①

法院认为，本案中久远公司在《增资扩股协议》中承诺对新方向公司进行股权回购承担连带责任，虽然有其法定代表人签章，但并未向通联公司提供相关的股东会决议，事后久远公司亦否认该事项经过其股东会的同意或是就此事召开过股东会；基于通联公司未对久远公司法定代表人作出的该项意思表示是否经过股东会决议尽到基本的形式审查义务，其不应属于善意的相对人，久远公司法定代表人的该代表行为，对通联公司不发生法律效力。

导向问题164

无论公司提供的是关联担保还是非关联担保，在判断债权人是否为善意时，都要求其能证明履行了审查义务，但是关联担保的审查义务要比非关联担保的

---

① 案号：（2017）最高法民再258号。

审查义务更加严格。专业从事借贷、担保业务的债权人的审查义务也要严格于普通的债权人。

实务解析

为了降低有限责任公司在对外担保问题上的风险，建议公司在章程中对公司对外提供担保的决策机构、担保数额作出明确规定。

债权人在接受有限责任公司担保时，要区分公司提供的是关联担保还是非关联担保，若公司提供的是非关联担保，则应对其现行有效的公司章程进行审查，根据章程的规定，要求提供担保的有限责任公司出具同意担保的股东会或董事会决议，并且对同意担保的股东会或董事会决议进行审查，既要审查决议内容，也要审查同意决议的人数和签字人员是否符合公司章程规定。若公司提供的是关联担保，则公司应提供同意担保的股东会决议除上述审查内容外，债权人还要对决议的表决程序进行审查。

典型案例

南昌市青云谱区汇鑫小额贷款股份有限公司（以下简称汇鑫公司）与九江周大生实业有限公司（以下简称九江周大生公司）、九江东顺房地产开发有限公司小额借款合同纠纷案[①]

法院认为，关于九江周大生公司是否应当承担保证责任的问题。刘某虽然是九江周大生公司的法定代表人，但其伪造了九江周大生公司的公章，并使用该伪造的公章于 2011 年 8 月 11 日在保证合同甲方（九江周大生公司）

① 案号：（2016）赣民申 436 号。

落款处进行加盖，以达到促使汇鑫公司向东顺珠宝公司提供贷款的目的，而刘某又是借款人东顺珠宝公司的法定代表人，因此，可以认定刘某的上述行为并非履行九江周大生公司法定代表人职责的职务行为，而是为了谋取东顺珠宝公司的利益，从而超越权限的行为。本案汇鑫公司并未审查九江周大生公司是否经过董事会或者股东会决议批准担保，也未审查刘某是否取得公司授权订立合同。因此，汇鑫公司对于九江周大生公司法定代表人刘某超越权限订立保证合同的无效代表行为未尽到基本审查义务，存在合同履行不当，不构成善意第三人。

相关规定

《公司法》

第十六条 公司向其他企业投资或者为他人提供担保，依照公司章程的规定，由董事会或者股东会、股东大会决议；公司章程对投资或者担保的总额及单项投资或者担保的数额有限额规定的，不得超过规定的限额。

公司为公司股东或者实际控制人提供担保的，必须经股东会或者股东大会决议。

前款规定的股东或者受前款规定的实际控制人支配的股东，不得参加前款规定事项的表决。该项表决由出席会议的其他股东所持表决权的过半数通过。

《民法典》

第一百四十四条 无民事行为能力人实施的民事法律行为无效。

第一百四十六条 行为人与相对人以虚假的意思表示实施的民事法律行为无效。

以虚假的意思表示隐藏的民事法律行为的效力，依照有关法律规定处理。

第一百五十三条 违反法律、行政法规的强制性规定的民事法律行为无效。但是，该强制性规定不导致该民事法律行为无效的除外。

违背公序良俗的民事法律行为无效。

第一百五十四条 行为人与相对人恶意串通，损害他人合法权益的民事法律行为无效。

第五百零四条 法人的法定代表人或者非法人组织的负责人超越权限订立的合同，除相对人知道或者应当知道其超越权限外，该代表行为有效，订立的合同对法人或者非法人组织发生效力。

《最高人民法院关于当前形势下审理民商事合同纠纷案件若干问题的指导意见》

13. 合同法第四十九条规定的表见代理制度不仅要求代理人的无权代理行为在客观上形成具有代理权的表象，而且要求相对人在主观上善意且无过失地相信行为人有代理权。合同相对人主张构成表见代理的，应当承担举证责任，不仅应当举证证明代理行为存在诸如合同书、公章、印鉴等有权代理的客观表象形式要素，而且应当证明其善意且无过失地相信行为人具有代理权。

《最高人民法院关于执行担保若干问题的规定》

第五条 公司为被执行人提供执行担保的，应当提交符合《公司法》第十六条规定的公司章程、董事会或者股东会、股东大会决议。

《九民会议纪要》

17. 【违反《公司法》第16条构成越权代表】为防止法定代表人随意代表公司为他人提供担保给公司造成损失，损害中小股东利益，《公司法》第16条对法定代表人的代表权进行了限制。根据该条规定，担保行为不是法定代表人所能单独决定的事项，而必须以公司股东（大）会、董事会等公司机关的决议作为授权的基础和来源。法定代表人未经授权擅自为他人提供担保的，构成越权代表，人民法院应当根据《合同法》第50条关于法定代表人越权代表的规定，区分订立合同时债权人是否善意分别认定合同效力：债权人善意的，合同有效；反之，合同无效。

18.【善意的认定】前条所称的善意，是指债权人不知道或者不应当知道法定代表人超越权限订立担保合同。《公司法》第 16 条对关联担保和非关联担保的决议机关作出了区别规定，相应地，在善意的判断标准上也应当有所区别。一种情形是，为公司股东或者实际控制人提供关联担保，《公司法》第 16 条明确规定必须由股东（大）会决议，未经股东（大）会决议，构成越权代表。在此情况下，债权人主张担保合同有效，应当提供证据证明其在订立合同时对股东（大）会决议进行了审查，决议的表决程序符合《公司法》第 16 条的规定，即在排除被担保股东表决权的情况下，该项表决由出席会议的其他股东所持表决权的过半数通过，签字人员也符合公司章程的规定。另一种情形是，公司为公司股东或者实际控制人以外的人提供非关联担保，根据《公司法》第 16 条的规定，此时由公司章程规定是由董事会决议还是股东（大）会决议。无论章程是否对决议机关作出规定，也无论章程规定决议机关为董事会还是股东（大）会，根据《民法总则》第 61 条第 3 款关于“法人章程或者法人权力机构对法定代表人代表权的限制，不得对抗善意相对人”的规定，只要债权人能够证明其在订立担保合同时对董事会决议或者股东（大）会决议进行了审查，同意决议的人数及签字人员符合公司章程的规定，就应当认定其构成善意，但公司能够证明债权人明知公司章程对决议机关有明确规定的除外。

30.【强制性规定的识别】合同法施行后，针对一些人民法院动辄以违反法律、行政法规的强制性规定为由认定合同无效，不当扩大无效合同范围的情形，合同法司法解释（二）第 14 条将《合同法》第 52 条第 5 项规定的“强制性规定”明确限于“效力性强制性规定”。此后，《最高人民法院关于当前形势下审理民商事合同纠纷案件若干问题的指导意见》进一步提出了“管理性强制性规定”的概念，指出违反管理性强制性规定的，人民法院应当根据具体情形认定合同效力。随着这一概念的提出，审判实践中又出现了另一种倾向，有的人民法院认为凡是行政管理性质的强制性规定都属于“管理性强制性规定”，不影响合同效力。这种望文生义的认定方法，应予纠正。

人民法院在审理合同纠纷案件时，要依据《民法总则》第153条第1款和合同法司法解释（二）第14条的规定慎重判断“强制性规定”的性质，特别是要在考量强制性规定所保护的法益类型、违法行为的法律后果以及交易安全保护等因素的基础上认定其性质，并在裁判文书中充分说明理由。下列强制性规定，应当认定为“效力性强制性规定”：强制性规定涉及金融安全、市场秩序、国家宏观政策等公序良俗的；交易标的禁止买卖的，如禁止人体器官、毒品、枪支等买卖；违反特许经营规定的，如场外配资合同；交易方式严重违法的，如违反招投标等竞争性缔约方式订立的合同；交易场所违法的，如在批准的交易场所之外进行期货交易。关于经营范围、交易时间、交易数量等行政管理性质的强制性规定，一般应当认定为“管理性强制性规定”。

七、对赌协议与有限责任公司章程回购条款的效力

回购条款，即在公司章程中规定当一定条件出现时，股东将会丧失其资格，其股权将由公司回购的条款，包括异议股东股权回购、离职员工的股权回购、公司与投资方之间的股权回购等情形。对赌协议，是投资方与融资方在达成股权/股份性融资协议时，为解决交易双方对目标公司未来发展的不确定性、信息不对称以及代理成本而设计的包含了股权回购、金钱补偿等对未来目标公司的估值进行调整的协议。对赌协议与有限责任公司章程股权回购条款的效力认定是司法实践中的难点问题。

导向问题165

投资方与目标公司对赌协议效力如何确定?

实务解析

对于投资方与目标公司对赌协议的效力认定，《九民会议纪要》作出了规定，即投资方与目标公司订立的对赌协议在不存在法定无效事由的情况下，目标公司仅以存在股权回购或者金钱补偿约定为由，主张对赌协议无效的，人民法院不予支持，但投资方主张实际履行的，人民法院应当审查是否符合《公司法》关于“股东不得抽逃出资”及股份回购的强制性规定，判决是否支持其诉讼请求。投资方请求目标公司回购股权的，人民法院应当依据《公司法》第35条关于“股东不得抽逃出资”或者第142条关于股份回购的强制性规定进行审查。经审查，目标公司未完成减资程序的，人民法院应当驳回其诉讼请求。投资方请求目标公司承担金钱补偿义务的，人民法院应当依据《公司法》第35条关于“股东不得抽逃出资”和第166条关于利润分配的强制性规定进行审查。经审查，目标公司没有利润或者虽有利润但不足以补偿投资方的，人民法院应当驳回或者部分支持其诉讼请求。今后目标公司有利润时，投资方还可以依据该事实另行提起诉讼。

关于股份有限公司股份回购，根据《公司法》第142条规定可知，《公司法》原则上禁止股份有限公司回购本公司股份，但同时亦规定了例外情形，符合该例外情形的，《公司法》允许股份有限公司回购本公司股份。《公司法》第37条、第46条、第177条、第179条，已明确规定了股份有限公司可减少注册资本回购本公司股份的合法途径。如股份有限公司应由公司董事会制订减资方案；股东会作出减资决议；公司编制资产负债表及财产清单；通知债权人并公告，债权人有权要求公司清偿债务或提供担保；办理工商变更登记。

《公司法》亦未禁止公司回购股东对资本公积金享有的份额。对赌协议无论是针对列入注册资本的注资部分还是列入资本公积金的注资部分的回购约定，均应具备法律上的履行可能。

典型案例

江苏华工创业投资有限公司（以下简称华工公司）与扬州锻压机床股份有限公司（以下简称扬锻公司）等请求公司收购股权纠纷案[①]

该案中，扬锻公司为目标公司，华工公司为投资方。华工公司向扬锻公司增资，并约定若扬锻公司未在2014年12月31日前上市，华工公司有权要求扬锻集团公司回购华工公司所持有的全部股权。扬锻公司未能如期上市，华工公司诉至法院请求目标公司回购股权。法院判决目标公司按约支付股权回购款。

法院认为，公司可在不违反《公司法》及公司章程关于股份回购强制性规定的情形下，通过履行法定手续和法定程序的方式合法回购股份。扬锻公司新章程未对对赌协议作出变更。该章程第21条第1款第1项规定公司可回购本公司股份的事由为“减少公司注册资本”。该规定与《补充协议》约定的股份回购并不存在冲突。

案涉对赌协议效力应认定有效。《公司法》并不禁止有限责任公司回购本公司股份；股份回购价款约定虽相对固定，但与同期企业融资成本相比并不明显过高。

案涉对赌协议具备履行可能性。《公司法》已明确规定了股份有限公司可减少注册资本回购本公司股份的合法途径。目标公司履行法定程序，支付股份回购款项，并不违反公司的强制性规定，亦不损害公司股东及债权人的利益。

导向问题166

企业改制及股权激励政策下员工股权的管理与退出，在公司章程中约定回购条款的效力如何确认？

---

① 案号：（2019）苏民再62号。

实务解析

《公司法》针对有限责任公司的股权回购仅在第74条规定了异议股东的强制收购请求权，并没有作出公司主动回购的规定，而《公司法》第142条对股份有限公司的股份回购的情形以但书的形式进行了列举。对于有限责任公司股权回购，当然具有更大的灵活性，章程对股权回购约定的效力也更值得探讨。

有限责任公司章程回购条款设置的注意事项：第一，附条件的回购条款，只要不违反公司法的强制性规定，一般应当认定为有效条款；第二，附日期的回购条款，投资人会在到期日行使回购权，不会承担任何风险，到期均可实现本金及收益的回收，则可能被认定为名为出资实为借贷。

典型案例

宋某军诉西安市大华餐饮有限公司（以下简称大华公司）股东资格确认纠纷案①

法院认为，首先，大华公司章程第14条规定，“公司股权不向公司以外的任何团体和个人出售、转让。公司改制一年后，经董事会批准后可以公司内部赠与、转让和继承。持股人死亡或退休经董事会批准后方可继承、转让或由企业收购，持股人若辞职、调离或被辞退、解除劳动合同的，人走股留，所持股份由企业收购”。依照《公司法》第25条第2款“股东应当在公司章程上签名、盖章”的规定，有限责任公司章程系公司设立时全体股东一致同意并对公司及全体股东产生约束力的规则性文件，宋某军在公司章程上签名

① 案号：（2014）陕民二申字第00215号，最高人民法院指导性案例96号。

的行为，应视为其对前述规定的认可和同意，该章程对大华公司及宋某军均产生约束力。其次，基于有限责任公司封闭性和人合性的特点，由公司章程对公司股东转让股权作出某些限制性规定，系公司自治的体现。在本案中，大华公司进行企业改制时，宋某军之所以成为大华公司的股东，其原因在于宋某军与大华公司具有劳动合同关系，如果宋某军与大华公司没有建立劳动关系，宋某军则没有成为大华公司股东的可能性。同理，大华公司章程将是否与公司具有劳动合同关系作为确定股东身份的依据继而作出“人走股留”的规定，符合有限责任公司封闭性和人合性的特点，亦系公司自治原则的体现，不违反《公司法》的禁止性规定。最后，大华公司章程第 14 条关于股权转让的规定，属于对股东转让股权的限制性规定而非禁止性规定，宋某军依法转让股权的权利没有被公司章程所禁止，大华公司章程不存在侵害宋某军股权转让权利的情形。此外，《公司法》第 74 条所规定的异议股东回购请求权，对应的是公司是否应当履行回购异议股东股权的法定义务。本案属于大华公司是否有权基于公司章程的约定及与宋某军的合意而回购宋某军股权，对应的是大华公司是否具有回购宋某军股权的权利，二者性质不同，《公司法》第 74 条不能适用于本案。在本案中，宋某军于 2006 年 6 月 3 日向大华公司提出解除劳动合同申请并于同日手书退股申请，提出“本人要求全额退股，年终盈利与亏损与我无关”，该退股申请应视为其真实意思表示。大华公司于 2006 年 8 月 28 日退还其全额股金款 2 万元，并于 2007 年 1 月 8 日召开股东大会审议通过了宋某军等三位股东的退股申请，大华公司基于宋某军的退股申请，依照公司章程的规定回购宋某军的股权，程序并无不当。综上所述，裁定驳回再审申请人宋某军的再审申请。

典型案例

济南鲁联集团有限公司（以下简称鲁联公司）与张某让请求公司回购股份纠纷案[①]

法院认为，鲁联公司为保障公司资合与人合的统一性，在注册资本不减少的原则下，公司章程对股东在符合相应条件时将股权退出事宜作出明确约定，股东因退休不在现岗时，将股权退出，由公司收回或由其他股东受让，并以认缴出资额退还。上述内容系公司股东真实意思表示，系公司对自我权利的自由处分，未违反法律和行政法规禁止性规定，合法有效。

示范条款

股东之间可以相互转让其部分或者全部出资。凡因退休、调出、辞职、死亡或被公司除名、辞退而离开本公司的职工（股东），其所持股权应在本公司内部进行转让。当多名股东主张购买时，由主张购买的股东按照持股比例购买。当无其他股东购买时，由公司用任意盈余公积金或者未分配利润回购，并按股东持股比例分配给其他股东；若公司没有任意盈余公积金或者未分配利润时，通过减少注册资本的方式回购，回购的价格按照公司净资产价值计算（或者按照退出股东的出资金额计算，只要在公司章程中事先约定即可）。

相关规定

《公司法》

第三十五条 公司成立后，股东不得抽逃出资。

---

① 案号：（2016）鲁01民终2387号。

第三十七条　股东会行使下列职权：

（一）决定公司的经营方针和投资计划；

（二）选举和更换非由职工代表担任的董事、监事，决定有关董事、监事的报酬事项；

（三）审议批准董事会的报告；

（四）审议批准监事会或者监事的报告；

（五）审议批准公司的年度财务预算方案、决算方案；

（六）审议批准公司的利润分配方案和弥补亏损方案；

（七）对公司增加或者减少注册资本作出决议；

（八）对发行公司债券作出决议；

（九）对公司合并、分立、解散、清算或者变更公司形式作出决议；

（十）修改公司章程；

（十一）公司章程规定的其他职权。

对前款所列事项股东以书面形式一致表示同意的，可以不召开股东会会议，直接作出决定，并由全体股东在决定文件上签名、盖章。

第四十六条　董事会对股东会负责，行使下列职权：

（一）召集股东会会议，并向股东会报告工作；

（二）执行股东会的决议；

（三）决定公司的经营计划和投资方案；

（四）制订公司的年度财务预算方案、决算方案；

（五）制订公司的利润分配方案和弥补亏损方案；

（六）制订公司增加或者减少注册资本以及发行公司债券的方案；

（七）制订公司合并、分立、解散或者变更公司形式的方案；

（八）决定公司内部管理机构的设置；

（九）决定聘任或者解聘公司经理及其报酬事项，并根据经理的提名决定聘任或者解聘公司副经理、财务负责人及其报酬事项；

（十）制定公司的基本管理制度；

（十一）公司章程规定的其他职权。

第七十四条 有下列情形之一的，对股东会该项决议投反对票的股东可以请求公司按照合理的价格收购其股权：

（一）公司连续五年不向股东分配利润，而公司该五年连续盈利，并且符合本法规定的分配利润条件的；

（二）公司合并、分立、转让主要财产的；

（三）公司章程规定的营业期限届满或者章程规定的其他解散事由出现，股东会会议通过决议修改章程使公司存续的。

自股东会会议决议通过之日起六十日内，股东与公司不能达成股权收购协议的，股东可以自股东会会议决议通过之日起九十日内向人民法院提起诉讼。

第一百四十二条 公司不得收购本公司股份。但是，有下列情形之一的除外：

（一）减少公司注册资本；

（二）与持有本公司股份的其他公司合并；

（三）将股份用于员工持股计划或者股权激励；

（四）股东因对股东大会作出的公司合并、分立决议持异议，要求公司收购其股份；

（五）将股份用于转换上市公司发行的可转换为股票的公司债券；

（六）上市公司为维护公司价值及股东权益所必需。

公司因前款第（一）项、第（二）项规定的情形收购本公司股份的，应当经股东大会决议；公司因前款第（三）项、第（五）项、第（六）项规定的情形收购本公司股份的，可以依照公司章程的规定或者股东大会的授权，经三分之二以上董事出席的董事会会议决议。

公司依照本条第一款规定收购本公司股份后，属于第（一）项情形的，应当自收购之日起十日内注销；属于第（二）项、第（四）项情形的，应当在六个月内转让或者注销；属于第（三）项、第（五）项、第（六）项情形的，公司合计持有的本公司股份数不得超过本公司已发行股份总额的百分之十，并应当在三年内转让或者注销。

上市公司收购本公司股份的，应当依照《中华人民共和国证券法》的规定履行信息披露义务。上市公司因本条第一款第（三）项、第（五）项、第（六）项规定的情形收购本公司股份的，应当通过公开的集中交易方式进行。

公司不得接受本公司的股票作为质押权的标的。

第一百六十六条　公司分配当年税后利润时，应当提取利润的百分之十列入公司法定公积金。公司法定公积金累计额为公司注册资本的百分之五十以上的，可以不再提取。

公司的法定公积金不足以弥补以前年度亏损的，在依照前款规定提取法定公积金之前，应当先用当年利润弥补亏损。

公司从税后利润中提取法定公积金后，经股东会或者股东大会决议，还可以从税后利润中提取任意公积金。

公司弥补亏损和提取公积金后所余税后利润，有限责任公司依照本法第三十四条的规定分配；股份有限公司按照股东持有的股份比例分配，但股份有限公司章程规定不按持股比例分配的除外。

第一百七十七条　公司需要减少注册资本时，必须编制资产负债表及财产清单。

公司应当自作出减少注册资本决议之日起十日内通知债权人，并于三十日内在报纸上公告。债权人自接到通知书之日起三十日内，未接到通知书的自公告之日起四十五日内，有权要求公司清偿债务或者提供相应的担保。

第一百七十九条　公司合并或者分立，登记事项发生变更的，应当依法向公司登记机关办理变更登记；公司解散的，应当依法办理公司注销登记；设立新公司的，应当依法办理公司设立登记。

公司增加或者减少注册资本，应当依法向公司登记机关办理变更登记。

八、公司僵局化解中的公司解散纠纷

公司僵局发生后，司法实践中往往会出现公司解散纠纷、公司决议撤销纠纷、损害公司利益责任纠纷等纠纷类型。《公司法》第182条将“公司经营管理发生严重困难”作为股东提起解散公司之诉的条件之一。判断公司经营管理是否发生严重困难，应从公司组织机构的运行状态进行综合分析。公司虽处于盈利状态，但其股东会机制长期失灵，内部管理有严重障碍，已陷入僵局状态，可以认定为公司经营管理发生严重困难。对于符合《公司法》及相关司法解释规定的其他条件的，人民法院可以依法判决公司解散。

典型案例

林某清诉常熟市凯莱实业有限公司（以下简称凯莱公司）、戴某明公司解散纠纷案[①][②]

林某清与戴某明于2002年1月成立凯莱公司，双方各占50%的股份。戴某明任公司法定代表人及执行董事，林某清任公司总经理兼公司监事。2004年7月12日，戴某明从林某清手中收回公司公章等印章。2006年6月1日召开股东会，林某清提出执行董事报告财务、重新选举执行董事、解散公司的要求，未能形成有效决议。2006年6月11日，凯莱公司与戴某明通知林某清以监事身份于2006年6月16日至凯莱公司参加会议，林某清回复称，在

① 案号：（2010）苏商终字第0043号，最高人民法院指导性案例8号。

② 参见最高人民法院案例指导工作办公室：《指导案例8号〈林某清诉常熟市凯莱实业有限公司、戴某明公司解散纠纷案〉的理解与参照》，载江必新主编：《最高人民法院司法解释与指导性案例理解与适用》第1卷，人民法院出版社2013年版，第608－611页。

2006年6月1日的股东会会议上，其提议解散公司并已表决通过，不予参加。从2006年6月1日至今，凯莱公司未召开过股东会。服装城管委会调解委员会两次组织双方调解均未成功。

法院认为，原告根据《公司法》第183条的规定，请求解散公司，凯莱公司已经符合司法解散的条件：

凯莱公司仅有戴某明与林某清两名股东，两人各占50%的股份，拥有对等的表决权，凯莱公司的持股比例与议事规则无异于赋予股东一票否决权，只要两位股东的意见存有分歧、互不配合，就无法形成有效表决，进而影响公司的运作。凯莱公司持续未召开股东会、无法形成有效股东会决议的时间至今已长达4年，凯莱公司不能也不再通过股东会决议的方式管理公司，形成了股东僵局，股东会机制已经失灵。凯莱公司的执行机构即执行董事戴某明管理公司的行为，已不再依据股东会的决议，无法贯彻权力机构的意志，相反，体现的正是对立股东中一方的个人意志，凯莱公司股东会机制的失灵已进一步影响执行机构的运作。根据公司章程，凯莱公司不设监事会，仅设监事一名，由林某清担任，但是，林某清并不能正常行使监事职权。林某清关于查询财务资料的要求一再遭到拒绝，监事林某清无法有效地对执行董事戴某明的行为进行监督及纠正，由于林某清与戴某明之间的矛盾，凯莱公司的监督机构实际上已无法发挥监督的作用。公司本身是否处于盈利状况并非判断公司经营管理是否发生严重困难的必要条件。在凯莱公司的内部机制已无法正常运行、无法对公司的经营作出决策的情况下，即使尚未处于亏损状况也不能改变该公司的经营管理已陷入困境的局面，故凯莱公司与戴某明以公司仍在盈利为由，认为凯莱公司的经营管理尚未发生严重困难的观点，法院不予采纳。凯莱公司作为一个法律拟制的法人机构，其权力机构、执行机构、监督机构均无法正常运行，凯莱公司的经营管理已发生严重困难。

凯莱公司继续存续会使股东林某清的利益受到重大损失。凯莱公司的内部运作机制早已失灵。林某清虽为持有凯莱公司50%股份的股东及监事，但其股东权、监事权长期处于被剥夺的状态。由于凯莱公司长期不召开股东会，林某清并不能通过行使表决权来参与公司决策，亦不能有效地行使监督权。林某清投资设立凯莱公司的目的无法实现，合法权益遭到损害，如果这样的局面继续存续，林某清的合法权益将进一步遭受重大损失。

凯莱公司的僵局通过其他途径长期无法解决。林某清在提起公司解散诉讼之前，已通过其他途径试图化解与戴某明之间的矛盾，一、二审法院也从慎用司法手段强制解散公司的角度出发，给予各方当事人充分的时间进行调解，并组织当事人探寻化解僵局的办法，但均无成效。据此，法院认为，凯莱公司的股东已穷尽了其他救济途径，仍无法打破公司僵局，符合通过司法程序解散公司的条件。在此种情况下，如果再要求林某清继续通过其他途径解决矛盾，不符合《公司法解释（二）》第5条的规定，也有违公司司法解散前置程序的立法本意。

相关规定

《公司法》

第一百八十二条　公司经营管理发生严重困难，继续存续会使股东利益受到重大损失，通过其他途径不能解决的，持有公司全部股东表决权百分之十以上的股东，可以请求人民法院解散公司。

《公司法解释（二）》

第一条第一款　单独或者合计持有公司全部股东表决权百分之十以上的股东，以下列事由之一提起解散公司诉讼，并符合《公司法》第一百八十二条规定的，人民法院应予受理：

（一）公司持续两年以上无法召开股东会或者股东大会，公司经营管理发生严重困难的；

（二）股东表决时无法达到法定或者公司章程规定的比例，持续两年以上不能做出有效的股东会或者股东大会决议，公司经营管理发生严重困难的；

（三）公司董事长期冲突，且无法通过股东会或者股东大会解决，公司经营管理发生严重困难的；

（四）经营管理发生其他严重困难，公司继续存续会使股东利益受到重大损失的情形。

九、刺破“公司面纱”与反向刺破“公司面纱”

公司法人独立地位和股东有限责任是现代公司制度得以发展壮大的两大基石。同时，滥用公司法人独立人格和股东有限责任的现象频繁发生，损害了公司、其他股东和债权人的权益。刺破“公司面纱”制度和反向刺破“公司面纱”制度则是规制这一乱象的良药。

刺破“公司面纱”的制度来源于英美国家，即在个案中，通过否定公司独立人格使得股东对公司债务承担连带责任。我国2005年修订《公司法》时在第20条正式确定了这一制度，名称变为法人人格否认制度。

反向刺破“公司面纱”与传统刺破属于同宗，都是起源于英美判例，其含义是指在某些特定的情况下，否认公司的独立人格，让公司对股东的债务承担清偿责任。相比较而言，反向刺破没有涉及股东滥用有限责任的问题。另外，反向刺破又可区分为内部人反向刺破和外部人反向刺破。

传统刺破与反向刺破的异同。两者的联系：传统刺破就是将作为“面纱”的公司刺破从而显露出公司背后的股东，反向刺破就是将作为“面纱”的股东刺破从而牵连出股东背后的公司。无论是传统刺破还是反向刺破，其终极目标是将股东与公司融合为一个单一的实体，共同承担责任。两者的区别：首先，在传统刺破中，股东既滥用了有限责任，也滥用了法人独立人格；在反向刺破中，股东仅是滥用了法人独立人格。其次，在传统刺破下，因股东滥用有限责任和法人独立人格导致的诉讼中，享有诉权的是公司的债权人，承担责任的对象由企业流向股东；在反向刺破下，内部人反向刺破的适用旨在维护高位阶权利，所以没有责任流向这种说法，而外部人反向刺破被适用时，责任由股东流向企业。

典型案例

徐工集团工程机械股份有限公司（以下简称徐工机械公司）诉四川瑞路建设工程有限公司（以下简称瑞路公司）、成都川交工贸有限责任公司（以下简称川交工贸公司）等买卖合同纠纷案[①]

法院认为，成都川交工程机械有限责任公司（以下简称川交机械公司）、四川瑞路建设工程有限公司与川交工贸公司，三个公司之间表征人格的因素（人员、业务、财务等）高度混同，导致各自财产无法区分，已丧失独立人格。川交机械公司、瑞路公司应当对川交工贸公司的债务承担连带清偿责任。本案中，三个公司虽在工商登记部门登记为彼此独立的企业法人，但实际上相互之间界限模糊、人格混同，其中川交工贸公司承担所有关联公司的债务却无力清偿，又使其他关联公司逃避巨额债务，严重损害了债权人的利益。上述行为违背了法人制度设立的宗旨，违背了诚实信用原则，其行为本质和危害结果与《公司法》第20条第3款规定的情形相当，故参照《公司法》第20条第3款的规定，川交机械公司、瑞路公司对川交工贸公司的债务应当承担连带清偿责任。

导向问题 167

反向刺破的分类有哪些，其理论基础是什么？

---

① 案号：（2011）苏商终字第0107号，最高人民法院指导性案例15号。

实务解析

反向刺破可以分为内部人刺破和外部人刺破两种。内部人刺破是指公司股东由于多个方面的原因，向法院提出请求忽视公司法人人格，使公司和股东作为共同体，以便公司可以获得原本仅能由股东拥有的特权，此理论在诞生之日至此已经发展的比较完善。外部人刺破是指当股东个人财产与公司财产无法区分进而损害股东债权人利益时，股东的债权人诉请法院无视公司法人人格，把公司资产同股东个人资产当成一个共同体看待，使公司资产用以偿还股东对自己的债务。本书的反向刺破皆指外部人刺破。

反向刺破存在的理论基础包括诚实信用原则和利益衡量原则。诚实信用原则不仅是民商事活动中交易双方都必须遵守的基本原则，更是指导民商事活动的帝王条款。外部反向刺破的适用，就是建立在股东违背诚实信用义务的基础之上的。股东为躲避义务，提前将个人财产转入公司，造成个人财产与公司财产相混同，恶意损害债权人的利益，就是滥用股东权利、违背诚实信用原则的表现。关于利益衡量原则。庞德曾言“法律的作用和任务在于承认、确定、实现和保障利益，或者以最小限度的阻碍和浪费来尽可能满足各种相互冲突的利益”。法律是既有利益的规范反映，审判就是以利益为尺度作出的裁量。在反向刺破中，因股东滥用公司法人人格会导致公司也承担责任，必然会影响公司其他善意股东的利益，所以司法处理这类案件时应当综合考虑有冲突的利益，作出的裁量结果应当使被保护的利益明显高于受到侵害的利益。

导向问题 168

反向刺破的适用范围是什么?

实务解析

反向刺破并没有统一的适用标准，总结如下：

（1）一人有限责任公司。我国《公司法》承认一人有限责任公司的法律地位，但是在一人有限责任公司中，因缺乏相对的监督容易导致股东权利的滥用。基于此，我国《公司法》第64条规定了一人有限责任公司的法人人格否认制度来规制恶意股东逃避债务的行为。作为传统刺破制度的另一面，股东完全可以通过向公司转移资产的形式来规避个人的债务。

（2）母子公司。母公司与子公司都拥有独立的人格。对于母公司在经营过程中滥用子公司独立人格和有限责任的问题可以直接适用传统刺破。但对于母公司非法转移资产至子公司，使母公司成为空壳从而无力偿还公司债务的情形，可以适用反向刺破。

（3）关联公司。现实中许多大公司为了降低自身风险会选择多成立几家公司，由于控股股东相同，这些公司便构成了关联公司。股东在经营过程中，尤其是在一公司负债的情况下，会转移资产到其他公司中，以躲避对债权人的债务。在这种情况下，仅以股东的个人资产承担债务可能是不现实的，所以应该适用反向刺破理论，否认受让利益公司的独立法人人格，让其承担连带责任。

但是，在此类诉讼中并不是严格适用反向刺破“公司面纱”，而是结合传统刺破和反向刺破，又称三角刺破。其实三角刺破的这种提法只不过是一种形象的说法而已，表明责任的承担不是直线流动，而是通过一定的媒介发生了转向，最终由同一控股股东控制下的其他公司承担了责任。

典型案例

沈阳市第二市政建设工程有限公司与沈阳惠天热电股份有限公司（以下简称惠天公司）、沈阳新东方供热有限责任公司（以下简称新东方公司）建设工程施工合同纠纷案①

法院认为，惠天公司持有新东方公司51%的股份，在本案纠纷中，其与惠天公司之间出现人员、经营管理、资金方面的混同，说明新东方公司法人人格已形骸化，实际是惠天公司的另一个自我。由于存在股东与公司间人格混同，股东须对公司债务承担责任，自不待言，而公司也须为股东债务承担责任，也应是《公司法》第20条有关法人人格否认规定的应有之义。结合本案事实，新东方公司应对其股东惠天公司的债务承担连带责任。当然，公司法人人格否认规则仅适用于本案，其效力不得扩张适用于未参加诉讼的债权人或公司股东。

导向问题169

反向刺破在司法实践中的局限性有哪些？

实务解析

编者通过前面论述过的两个案例来探讨反向刺破在司法适用中的局限。

在沈阳市第二市政建设工程有限公司与沈阳惠天热电股份有限公司、沈阳新东方供热有限责任公司建设工程施工合同纠纷案中，法院认为反向刺破“公司面纱”与传统刺破“公司面纱”的区别仅在于责任流向相反，故公司

---

① 案号：(2010)沈民二终字第264号。

对股东债务承担责任符合《公司法》第20条的意旨。但是此种认识恰恰反映了在司法实践中对这一制度的认知误区，将反向刺破简单地认为是传统刺破的反向适用，容易忽视利益衡量，而对善意的股东造成损失。

在徐工集团工程机械股份有限公司诉成都川交工贸有限责任公司等买卖合同纠纷案①中，尽管最高人民法院通过指导案例的形式明确了关联公司责任承担的问题，但是我国并不是判例法国家，所以在司法实践中仍然存在诸多困惑。第一，对法律不能随意作扩张性解释，徐工机械公司买卖合同纠纷案中法院也仅仅是参照适用《公司法》第20条第3款判令人格混同关联公司对外承担责任。而不能直接适用本条款作出反向刺破或者三角刺破的结论。第二，虽然诚实信用原则和利益衡量原则作为反向刺破的理论基础，但运用此基本原则必然随着主观判断，因此在适用诚实信用原则和利益衡量原则时应当有充足的事实和证据表明股东滥用公司法人人格同时对债权人造成损失。第三，徐工机械公司买卖合同纠纷案将《公司法》第20条的适用范围扩张到了实际控制人与公司人格混同的情形，这样的扩张解释是否适当尚有研究余地。

与传统刺破相比，反向刺破似乎总是被诟病的“非正规制度”，但是任何事物（如一人有限公司）在初期都会经历这样一个艰难的发展过程，而且反向刺破并不是纯粹的理性构建的产物，司法实践中法院频频对《公司法》第20条进行扩张解释的现实反映了司法实务中的困境，而反向刺破的公司法理论正是对这种困境的回应。同时在这种回应之下，我们既要看到它作为公司法一项例外制度的优势作用，也要严格限制它的适用范围，不能颠覆公司赖以生存的基础。

---

① 案号：(2011) 苏商终字第0107号。

相关规定

《公司法》

第二十条　公司股东应当遵守法律、行政法规和公司章程，依法行使股东权利，不得滥用股东权利损害公司或者其他股东的利益；不得滥用公司法人独立地位和股东有限责任损害公司债权人的利益。

公司股东滥用股东权利给公司或者其他股东造成损失的，应当依法承担赔偿责任。

公司股东滥用公司法人独立地位和股东有限责任，逃避债务，严重损害公司债权人利益的，应当对公司债务承担连带责任。

《九民会议纪要》

二、关于公司纠纷案件的审理

（四）关于公司人格否认

公司人格独立和股东有限责任是公司法的基本原则。否认公司独立人格，由滥用公司法人独立地位和股东有限责任的股东对公司债务承担连带责任，是股东有限责任的例外情形，旨在矫正有限责任制度在特定法律事实发生时对债权人保护的失衡现象。在审判实践中，要准确把握《公司法》第20条第3款规定的精神。一是只有在股东实施了滥用公司法人独立地位及股东有限责任的行为，且该行为严重损害了公司债权人利益的情况下，才能适用。损害债权人利益，主要是指股东滥用权利使公司财产不足以清偿公司债权人的债权。二是只有实施了滥用法人独立地位和股东有限责任行为的股东才对公司债务承担连带清偿责任，而其他股东不应承担此责任。三是公司人格否认不是全面、彻底、永久地否定公司的法人资格，而只是在具体案件中依据特定的法律事实、法律关系，突破股东对公司债务不承担责任的一般规则，例外地判令其承担连带责任。人民法院在个案中否认公司人格的判决的既判力仅仅约束该诉讼的各方当事人，不当然适用于涉及该公司的其他诉讼，不影响公司独立法人资格的存续。如果其他债权人提起公司人格否认诉讼，已生效判决认定的事实可以作为证据使用。四是《公司法》第20条第3款规定的滥用行为，实践中常见的情形有人格混同、过度支配与控制、资本显著不足等。在审理案件时，需要根据查明的案件事实进行综合判断，既审慎适用，又当用则用。实践中存在标准把握不严而滥用这一例外制度的现象，同时也存在因法律规定较为原则、抽象，适用难度大，而不善于适用、不敢于适用的现象，均应当引起高度重视。

……

十、股东出资的加速到期问题

国务院于2014年2月7日印发的《注册资本登记制度改革方案》规定，“公司股东（发起人）应当对其认缴出资额、出资方式、出资期限等自主约定，并记载于公司章程……公司应当将股东认缴出资额或者发起人认购股份、出资方式、出资期限、缴纳情况通过市场主体信用信息公示系统向社会公示。公司股东（发起人）对缴纳出资情况的真实性、合法性负责”。随后《公司法》的修正确立了我国公司注册资本的认缴制。

在公司注册资本认缴制下，股东基于章程约定享有对公司出资义务的期限利益，不应将公司债权人利益理所当然地置于股东期限利益之前，公司有未能清偿债务，不必然加速股东出资义务到期。在章程规定的认缴期限届满前，股东可以随时出资，但公司及其他股东无权强制该股东提前出资到位，债权人也不能以公司不能清偿到期债务为由，请求未届出资期限的股东在未出资范围内对公司不能清偿的债务承担补充赔偿责任。

结合《九民会议纪要》的规定，只有在以下四种情形下股东出资可以加速到期：

第一，公司进入破产还债程序后，出资人的出资加速到期；

第二，公司解散时，股东尚未缴纳的出资均应作为清算财产而加速到期；

第三，在强制执行程序中，穷尽执行措施无财产可供执行，已具备破产原因但不申请破产的，股东出资加速到期；

第四，公司债务产生后，公司股东会（股东大会）决议或以其他方式延长股东出资期限的，股东出资加速到期。

导向问题170

公司章程规定的出资期限未满，且债权人无主张公司破产或者股东会未形成解散清算的决议，股东出资无加速到期无法律依据。

实务解析

公司以其全部资产对外承担责任，其中就包含股东的注册资本出资。在公司无法清偿到期债务的情况下，债权人应综合评价公司的经营状况，作出是否申请该公司破产清算的选择。如果不能申请或者申请被驳回，则债权人就不能通过诉讼方式要求股东的出资义务加速到期，在无法证明股东抽逃资本或侵占公司资产的情况下，更无权因此要求股东对公司的债务承担连带责任。

典型案例

关某亮与广州新笃贸易有限公司（以下简称新笃公司）、王某朋股东出资纠纷案①

二审法院认为，股东应当按期足额缴纳公司章程中规定的各自所认缴的

① 案号：(2019) 粤01民终5892号。

出资额。本案中，关某亮作为标配运公司的股东虽未足额出资，但因公司章程所载出资期限未届满，并不能认定关某亮未履行或者未完全履行出资义务。因股东的出资期限已在公司章程中列明并公示，除非主张破产或者解散清算，新笃公司作为标配运公司的债权人主张其股东关某亮的出资义务加速到期，缺乏事实和法律依据。

导向问题 171

通过何种途径，可以促使债务人公司股东的认缴出资加速到期?

实务解析

在公司有到期无法清偿的债务情况下，如债务人公司不能通过融资或其股东自行提前缴纳出资以清偿债务，债权人有权启动破产程序，或证明债务人具备破产原因而不申请破产，让股东未到期的出资义务加速到期。

典型案例

龙马公司与蔡某、冯某宝股东出资纠纷案①

法院认为，如果公司不能清偿单个债权人到期债权，那么其往往也资不抵债，或者明显缺乏清偿能力，或者有丧失清偿能力的可能。此时按照《企业破产法》第 2 条，公司已经符合破产条件，所以更应当保障全体债权人的利益。单个的债权追及诉讼不符合《企业破产法》第 31 条、第 32 条的精神。债权人应当申请债务人破产，进入破产程序后再按照《企业破产法》第 35 条

① 案号：（2018）鄂 0106 民初 10166 号。

使股东出资义务加速到期，最终在真正意义上保护全体债权人的利益。

上述裁判规则得到了《九民会议纪要》的认可和进一步明确。

相关规定

《公司法》

第三十条　有限责任公司成立后，发现作为设立公司出资的非货币财产的实际价额显著低于公司章程所定价额的，应当由交付该出资的股东补足其差额；公司设立时的其他股东承担连带责任。

第三十五条　公司成立后，股东不得抽逃出资。

《企业破产法》

第三十五条　人民法院受理破产申请后，债务人的出资人尚未完全履行出资义务的，管理人应当要求该出资人缴纳所认缴的出资，而不受出资期限的限制。

《公司法解释（二）》

第二十二条　公司解散时，股东尚未缴纳的出资均应作为清算财产。股东尚未缴纳的出资，包括到期应缴未缴的出资，以及依照公司法第二十六条和第八十条的规定分期缴纳尚未届满缴纳期限的出资。

公司财产不足以清偿债务时，债权人主张未缴出资股东，以及公司设立时的其他股东或者发起人在未缴出资范围内对公司债务承担连带清偿责任的，人民法院应依法予以支持。

《九民会议纪要》

6.【股东出资应否加速到期】在注册资本认缴制下，股东依法享有期限利益。债权人以公司不能清偿到期债务为由，请求未届出资期限的股东在未出资范围内对公司不能清偿的债务承担补充赔偿责任的，人民法院不予支持。但是，下列情形除外：

（1）公司作为被执行人的案件，人民法院穷尽执行措施无财产可供执行，已具备破产原因，但不申请破产的；

（2）在公司债务产生后，公司股东（大）会决议或以其他方式延长股东出资期限的。

十一、未完全履行出资义务对股东权利与资格的影响

在注册资本认缴制的情况下，若股东完全履行了出资义务，其表决权、利润分配请求权等权利自然不会受到限制，但在股东完全履行认缴出资义务前，是否影响其表决权、利润分配请求权、新股优先认购权、剩余财产分配请求权等股东权利，公司可否因此将该股东除名？

《九民会议纪要》对股东认缴的出资未届履行期限，对未缴纳部分的出资是否享有以及如何行使表决权等问题作出了规定，即公司章程有规定的按照规定，没有规定的应当按照认缴出资的比例确定。如果股东会（股东大会）作出不按认缴出资比例而按实际出资比例或者其他标准确定表决权的决议，股东请求确认决议无效的，人民法院应当审查该决议是否符合修改公司章程所要求的表决程序，即必须经代表 2/3 以上表决权的股东通过。符合的，人民法院不予支持；反之，则依法予以支持。

因此，在股东认缴出资的情形下，公司章程应规定表决权等股东权利的行使依据和比例，明确规定股东权利行使依据认缴出资还是实缴出资，对于未完全履行出资义务情况下的表决权等股东权利的行使是否受限应作出规定。同时，对于如何判断股东的出资义务是否履行、如何限制其股东权利等作出规定也同样重要。公司章程未有上述规定的，可以根据公司章程规定召开临时股东会，作出是否限制该股东的股东权利的决议，该决议必须经代表 2/3 以上表决权的股东通过。

导向问题 172

在公司章程与股东会决议均没有限制性规定的情况下，能否限制未完全履行认缴出资义务股东的权利?

实务解析

在章程没有规定，且未形成有效股东会决议情形下，公司限制未完全履行认缴出资义务股东的股东权利没有依据。依据目前已废止的《中外合资经营企业法》设立的中外合资公司，不设立股东会，只有董事会，公司若以董事会决议限制未完全履行认缴出资义务的股东的股东权利，实践中操作难度很大。

典型案例

亿中制衣厂有限公司（以下简称亿中公司）与惠州市乐生实业发展总公司南澳公司（以下简称乐生南澳公司）股东出资纠纷案①

再审法院认为，根据《公司法解释（三）》第 16 条的规定，限制股东利润分配请求权、新股优先认购权、剩余财产分配请求权等股东权利，应当同时具备以下条件：一是股东未履行或者未全面履行出资义务，或者有抽逃出资的行为；二是应当根据公司章程或者股东会决议作出限制。首先，乐生南澳公司并非未履行出资义务，而是未全面履行出资义务。其次，亿湖公司的章程中并未明确规定未全面履行出资义务的股东将被限制股东权利。最后，《中外合资经营企业法》及其实施条例关于合资企业的治理结构中没有股东会

① 案号：(2016) 最高法民再 357 号。

的规定，股东会的相应职责实际是由董事会行使。根据亿湖公司章程第 25 条的规定，出席董事会会议的法定人数不得少于全体董事的 2/3，不够 2/3 人数时，其通过的决议无效。亿湖公司共有 5 名董事，而亿湖公司于 2012 年 3 月 30 日召开的关于限制乐生南澳公司股东权利的董事会仅有 3 名董事参加，显然不满足合资企业章程规定的条件，故当次董事会决议无效。已经生效的广东省高级人民法院（2013）粤高法民四终字第49 号民事判决亦认为，2012 年 3 月 30 日亿湖公司董事会决议因未达到亿湖公司章程规定的通过比例而无效。因此，亿中公司、亿湖公司根据亿湖公司董事会决议，请求限制乐生南澳公司相应的股东权利，不能得到支持。

导向问题 173

公司股东会决议以过节费方式分配公司利润，可否对未完全履行出资义务的股东不予分配?

实务解析

公司如限制未完全履行出资义务股东的股东权利，应以有效的股东会决议为依据。

典型案例

徐某红与龚某木、佳盈织针公司公司盈余分配纠纷案①

一审法院认为，现有证据表明，被告佳盈织针公司在 2008 年至 2016 年，

① 案号：（2018）浙07 民终 313 号。

每年均将公司经营收入用于向股东人均发放过节费，被告佳盈织针公司的该行为其实质即为对公司的经营利润进行分配，而该分配所依据的决议已为被告公司临时股东大会通过，且绝大部分股东均已按照决议领取了相应款项，认定上述决议为有效决议。现原告徐某红要求被告佳盈织针公司支付其作为股东应享受的公司利润，其主张合法有据，予以支持。被告龚某木提出的被告佳盈织针公司发放的是过节费并非分红，以及原告并没有实际出资，不具有享受公司利润分配的权利等辩解与查明事实不符，于法无据，不予采信。

二审法院认为，关于徐某红是否享有佳盈织针公司利润分配及分配的数额问题。徐某红系佳盈织针公司的股东，其有权取得公司的利润分配。2008年至2016年，佳盈织针公司将公司经营收入用于向170名股东人均发放过节费共计32,000元的事实清楚，该发放行为可以认定为对公司经营利润的分配，且相关分配决议已由佳盈织针公司临时股东大会通过。一审判决由佳盈织针公司支付徐某红上述款项符合法律规定。

导向问题174

未完全履行出资义务的股东可以被除名吗？

实务解析

首先，股东除名制度的含义是，在出现特定事由时，公司按照特定程序剥夺不履行出资义务股东的股东资格，公司对不履行义务的股东除名不需要征求被除名股东的意见，公司可以直接作出决定。公司作出除名决定后，不需要被除名股东的配合，不履行义务股东的股东资格即刻丧失。其次，根据《公司法解释（三）》，我们可以明确股东除名的法定条件为：（1）除名制度仅在股东完全未履行出资义务或抽逃全部出资的情况下适用；（2）公司在对未履行出资义务或抽逃全部出资的股东除名之前，应当确定合理的期限催告股东缴纳或返还出资；（3）公司解除未履行出资义务或抽逃全部出资股东的股东资格，应当召开股东会会议，经代表1/2以上表决权股东通过作出决议。最后，在公司章程未对股东除名有规定的情况下，公司可以根据上述司法解释的规定对有关股东进行除名。

典型案例

黄某贵与上海吾创园林建设有限公司公司决议效力确认纠纷案①

法院认为，第一，根据《公司法》的规定，股东认缴出资后，应当按约完成出资。仅部分出资的，公司有权主张其完成出资义务，但并未赋予公司或股东剥夺其股东资格的权利。根据系争决议内容，若原告未按期出资，其股权由其他股东出资取得，实际上剥夺了原告相应比例的股东资格，致原告丧失股东权利，应属无效。第二，根据《公司法解释（三）》第17条的规定，若股东未全面履行出资义务的，公司可根据股东会决议对其利润分配请求权、新股优先认购权、剩余财产分配请求权等财产性股东权利作出相应合理限制，但并未赋予公司限制或剥夺股东继续出资取得股东资格的权利。故被告关于该决议符合《公司法解释（三）》第17条精神的相应抗辩，法院不予采信。

相关规定

《公司法》

第三十四条 股东按照实缴的出资比例分取红利；公司新增资本时，股

① 案号：（2014）浦民二（商）初字第1940号。

东有权优先按照实缴的出资比例认缴出资。但是，全体股东约定不按照出资比例分取红利或者不按照出资比例优先认缴出资的除外。

《公司法解释（三）》

第十六条　股东未履行或者未全面履行出资义务或者抽逃出资，公司根据公司章程或者股东会决议对其利润分配请求权、新股优先认购权、剩余财产分配请求权等股东权利作出相应的合理限制，该股东请求认定该限制无效的，人民法院不予支持。

第十七条　有限责任公司的股东未履行出资义务或者抽逃全部出资，经公司催告缴纳或者返还，其在合理期间内仍未缴纳或者返还出资，公司以股东会决议解除该股东的股东资格，该股东请求确认该解除行为无效的，人民法院不予支持。

在前款规定的情形下，人民法院在判决时应当释明，公司应当及时办理法定减资程序或者由其他股东或者第三人缴纳相应的出资。在办理法定减资程序或者其他股东或者第三人缴纳相应的出资之前，公司债权人依照本规定第13条或者第14条请求相关当事人承担相应责任的，人民法院应予支持。

《公司法解释（四）》

第十四条　股东提交载明具体分配方案的股东会或者股东大会的有效决议，请求公司分配利润，公司拒绝分配利润且其关于无法执行决议的抗辩理由不成立的，人民法院应当判决公司按照决议载明的具体分配方案向股东分配利润。

《民法典》

第一百八十八条　向人民法院请求保护民事权利的诉讼时效期间为三年。法律另有规定的，依照其规定。

诉讼时效期间自权利人知道或者应当知道权利受到损害以及义务人之日起计算。法律另有规定的，依照其规定。但是，自权利受到损害之日起超过二十年的，人民法院不予保护，有特殊情况的，人民法院可以根据权利人的申请决定延长。

《九民会议纪要》

7.【表决权能否受限】股东认缴的出资未届履行期限，对未缴纳部分的出资是否享有以及如何行使表决权等问题，应当根据公司章程来确定。公司章程没有规定的，应当按照认缴出资的比例确定。如果股东（大）会作出不按认缴出资比例而按实际出资比例或者其他标准确定表决权的决议，股东请求确认决议无效的，人民法院应当审查该决议是否符合修改公司章程所要求的表决程序，即必须经代表三分之二以上表决权的股东通过。符合的，人民法院不予支持；反之，则依法予以支持。

十二、继受股东的知情权问题

公司法对于股东以及前股东的知情权均作出了规定，但是，对继受股东对其成为股东前的公司资料，能否行使知情权并未作出规定。如此，继受股东对其成为股东前的公司资料是否有知情权则成为司法实践中的难点问题。

导向问题 175

继受股东对其成为股东前的公司资料，能否行使知情权？

实务解析

《公司法》及其司法解释对股东因未及时出资的利润分配请求权、新股优先认购权、剩余财产分配请求权等股东权利作出限制性规定，但未对继受股东查阅、复制其加入公司之前的公司资料作出限制。公司运营是一个持续的过程，股东为了获得完整的公司信息，查阅成为公司股东之前的相关资料，是顺理成章的事。但有的公司有几十年的历史，如果不对继受股东的知情权期间进行适当的限制，可能会给公司造成不必要的麻烦。根据相关规定，现在的会计账簿等资料的保存期限由之前的15年，延长到30年，继受股东若可以查询成为股东之前的公司资料，那是否可以查询30年以来的公司资料呢？编者认为，即使股东可以查询之前的公司资料，其答案也是不可以的。因为，不仅30年前的公司资料对于该股东知情权无帮助，就是10年前的公司资料对该股东的知情权也没有帮助。为避免发生此类无时间限制知情权的行使，公司章程可以在具体规定中作出适当的限制，比如，对《公司法》第33条第1款规定的公司资料可以规定允许查询5年以内的，对于该条第2款规定的公司资料，可以规定允许查询3年以内的公司资料，对于之前的资料不予以查询。编者查询了部分法院的判决案例，多数的判决理由都是支持继受股东享有查询成为股东之前的公司资料的权利，只要不是过于久远以致给公司管理造成不合理负担的即可，编者赞同该观点。部分法院对此持否定态度，即认为不可以查询成为股东之前的公司资料。此问题如果能在章程中予以明确规定，便能够得到很好的解决。

示范条款

继受股东可以查询成为股东之前的公司资料，其中，可以查询成为公司股东之前5年以内《公司法》第33条第1款规定的公司资料，可以查询成为公司股东之前年以内《公司法》第33条第2款规定的公司资料。

典型案例

梁某亿与北京木桶在线教育科技有限公司股东知情权纠纷案①

关于股东知情权的时间范围问题，法院认为，梁某亿成为股东的时间为2017年3月16日，虽然梁某亿要求查询的财务会计报告及会计账簿的时间起始点在其取得股东身份之前，但是股东知情权的立法目的是保障股东了解公司的经营情况、财务状况和其他与股东利益密切相关的情况。公司的经营发展是一个动态、连续的过程，公司目前的状况和之前的经营、财务状况有密切的关联，不应予以割裂，若不允许股东查询其成为股东之前的相关资料，不利于股东知情权的保护，且法律、行政法规及该公司章程均未禁止股东查阅公司先前的财务信息。故梁某亿要求查询财务会计报告和会计账簿的时间范围，法院予以支持。

相关规定

《公司法》

第三十三条 股东有权查阅、复制公司章程、股东会会议记录、董事会会议决议、监事会会议决议和财务会计报告。

股东可以要求查阅公司会计账簿。股东要求查阅公司会计账簿的，应当向公司提出书面请求，说明目的。公司有合理根据认为股东查阅会计账簿有不正当目的，可能损害公司合法利益的，可以拒绝提供查阅，并应当自股东提出书面请求之日起十五日内书面答复股东并说明理由。公司拒绝提供查阅的，股东可以请求人民法院要求公司提供查阅。

---

① 案号：（2018）京0108民初15346号。

十三、公司证照的保管问题

公司证照包括营业执照、公章、财务章、合同章、发票专用章、法定代表人印鉴章等。目前，我国法律及司法解释并未对公司证照的保管问题作出专门的规定，以至于实践中公司证照保管纠纷经常发生，给公司的正常管理经营造成了恶劣影响甚至造成不可估量的损失。

导向问题176

谁有权保管公司的证照，公司证照的保管事项由谁决定？

实务解析

公司证照属于公司的财产，由公司占有、使用、收益和处分，包括公司的股东、董事等在内的任何人均无权占有。一般而言，公司章程可以决定公司证照的管理事项，公司股东会也可以决定公司证照的保管事项，公司也可以通过专门的规章制度对公司证照实施管理。公司证照保管应遵循如下规则：

一是由公司章程、决议或者规章制度规定的机构或者人员保管公司证照；二是在缺少相关规定的情况下，法定代表人有权保管公司证照，其基本的法理依据是法定代表人作为公司的机关，对外有权以公司的名义从事法律行为，对内有权主持公司的经营管理工作，公司证照等作为公司财产和公司经营活动中进行意思表示的手段，应当由公司法定代表人进行管理；三是公司的实际控制人有权保管公司证照，其基本的法理依据是实际控制人保管公司证照是公司股东意思表示一致的结果；四是监事、股东等人在无特殊规定时，一般无权保管公司证照。

示范条款

公司的证照按照下列规定进行保管：营业执照、公章由董事长保管，合同章由总经理保管，财务章由财务负责人保管；公司印鉴按照董事会制定的《印鉴管理规定》保管使用。

典型案例

无锡新区凤凰医院（以下简称新区医院）与林某坤公司证照返还纠纷案①

法院认为，公司是独立法人，有独立的法人财产，享有法人财产权。新区医院主张的印章亦属于公司财物，其由何人和部门保管应根据公司内部规章制度或公司章程等规定。新区医院章程并未涉及上述事项，亦无证据表明新区医院有相关的规章制度，因此，该公章应由新区医院决定由何人保管。如前所述，新区医院的执行董事及法定代表人已经变更为jongheesen（中文名杨某星），诉讼中新区医院已变更工商登记中的法定代表人，林某坤已经不再担任新区医院的法定代表人，不能继续代理新区医院保管新区医院的印章，因此，其应当向新区医院返还系争的印章。

---

① 案号：（2015）锡商外终字第0001号。

07

第七章

章程的制定和实施

本书的前六章对公司章程的概念、特征和功能，公司章程的法律渊源进行了论述，对公司章程的绝对必要记载事项、相对必要记载事项和任意记载事项分别进行了介绍，并在此基础上对公司章程在公司治理中的作用、公司章程作为裁判法源的法律适用问题进行了探讨。既然公司章程如此重要，那么怎样才能量体裁衣制定出适合公司发展的章程并有效地组织实施呢？这就是本章所要探讨、解决的问题。

第一节

公司章程的制定、成立和生效

章程是设立公司必备的法律文件，公司在筹备成立阶段就要制定公司章程。不同类型的公司章程在制定主体、章程内容和制定程序诸方面有不同的规定和要求。

一、公司章程的制定

导向问题 177

如何制定公司章程？

实务解析

《公司法》规定，设立有限责任公司，应当提交由股东共同制定的公司章程，并由股东在公司章程上签名、盖章。在我国，国有独资公司作为特殊的有限责任公司，其章程由国有资产监督管理机构制定，或者由董事会制定后报国有资产监督管理机构批准。

股份有限公司有发起设立和募集设立两种方式。发起设立的由发起人制定公司章程；募集设立的股份有限公司，其公司章程不但需要由全体发起人共同制定，还要经过创立大会通过。

《外商投资法》于2020年1月1日施行后，外商投资准入负面清单以外的领域，按照内外资一致的原则实施管理。新设立的外商投资企业的组织形式、组织机构及其活动准则，分别适用《公司法》《合伙企业法》等法律的规定。该法施行前设立的外商投资企业，在该法施行后5年内可以继续保留原企业组织形式。以上规定表明，采取公司制新设的外商投资企业，公司章程适用《公司法》的相关规定。

二、公司章程的成立、生效、溯及力和失效

导向问题178

公司章程的成立、生效、失效时间如何界定？

实务解析

我国《公司法》并没有明确规定公司章程的成立、生效时间。在理论界和实务界，对这一问题仍存有争议。

1. 公司章程的成立

结合“设立有限责任公司，需要股东共同制定公司章程”的规定，表明公司章程在公司成立之前已经成立。按照民事法律行为成立的一般原理，编者认为，公司章程的成立必须具备三个要件，即股东共同制定、内容合法、股东认可其效力。

2. 公司章程的生效

章程的生效应根据其调整和约束的人员和内容的不同，而有所区别。调整股东/发起人之间权利义务关系的内容，自股东/发起人签字、盖章或者创立大会通过时生效；调整公司、董监高等其他内部治理等关系的内容于公司成立时生效。

3. 公司章程的溯及力

从现行法律规定分析，公司章程的效力具有溯及力。比如，《公司法》第28条规定股东应当按期足额缴纳公司章程中规定的各自所认缴的出资额。股东不按照前款规定缴纳出资的，除应当向公司足额缴纳外，还应当向已按期足额缴纳出资的股东承担违约责任。从本条内容看，股东不缴纳出资应当向已按期足额缴纳出资的股东承担违约责任的规定，属于对股东之间权利义务的规定，因此，公司章程对公司成立之前涉及股东之间权利义务的规定应该具有溯及力。

公司章程对于公司成立后加入的股东，有法定约束力。公司章程的内容对该股东自加入公司那一刻就产生了溯及力，比如接受股东转让的股权而成为公司股东，其对前手股东未出资部分，仍负有出资义务，该义务既是股权受让产生的义务，又是公司章程规定的义务。

4. 公司章程的失效

公司章程并不因公司解散事由发生而失效，也不因公司破产清算而失效。公司章程的效力贯穿于公司存续的全过程，于公司清算终结并办理注销登记后失效。公司注销后，股东仍可能因出资不到位或者抽逃资金、减资、未履行清算责任等情形向公司债权人承担补充（连带）清偿责任，法理上应理解为是基于过错产生的损害赔偿责任。

三、公司章程与《公司法》的关系

导向问题 179

如何理解公司章程与公司法的关系?

实务解析

《公司法》第 11 条规定:"设立公司必须依法制定公司章程。公司章程对公司、股东、董事、监事、高级管理人员具有约束力。"该规定集中体现了公司章程与《公司法》的关系:

第一,如前所述,公司章程的制定程序和内容需符合《公司法》和其他法律、行政法规的规定,即必须依法制定。

第二,《公司法》规定的他治和公司章程的自治相结合,强制性规范与任意性规范互动,构成公司治理的最本质特征。

《公司法》一方面对公司的组织和行为,通过一系列强制性规范进行约束和管理;另一方面通过更多的引导性规范和任意性规范鼓励公司在更大范围内进行自我治理。在司法实践中,对外部力量介入公司事务采取非常谨慎的态度,以保障公司自治。他治与自治相互结合、互为补充、相辅相成,强制性规范和任意性规范良性互动、相融相生,成为公司法领域的主流观念和现代公司治理的本质特征。

第三,章程的规定作为自治法的规则,除法律规定的强制性规范外,优先于《公司法》及相关行政法规的适用。

章程作为民间自治成文法,其自治空间在现行立法理念下日渐得到加强。

这从《公司法》对章程记载事项的规定中可见一斑：[①]

（1）授权公司章程自主作出规定，《公司法》不作规定——如执行董事的职权由公司章程规定；

（2）《公司法》作出规定，授权公司章程作出具体化规定——如监事会中的职工代表的比例，由公司章程规定；

（3）授权公司章程作出规定，同时《公司法》予以适当限制——如董事任期由公司章程规定，但每届任期不得超过三年；

（4）《公司法》作出规定，但允许补充规定——如董事会的议事方式和表决程序，除《公司法》有规定的外，由公司章程规定；

（5）《公司法》作出规定，但允许公司章程排除《公司法》规定的适用——如股东会会议由股东按照出资比例行使表决权；但是，公司章程另有规定的除外；

（6）《公司法》作出规定，但允许公司章程另有规定——如公司章程对经理职权另有规定的，从其规定。

四、章程与股东协议的关系

导向问题 180

章程与股东协议之间的联系与区别有哪些？

实务解析

股东协议是股东之间订立的与公司设立、运行、解散、终止有关的协议。

---

① 参见王保树：《公司法和公司章程适用中的法律问题》，载道客巴巴网2012年7月11日，http：//www.doc88.com/p－733755898752.html。

股东协议与公司章程之间的法律地位、法律效力、法律功能上的区别和联系，是章程的制定和实施过程中需要重视的问题。

1. 章程与股东协议之间的联系

首先，二者在性质上都具有自治性。在一定程度上讲其是股东意思自治的体现，股东协议的全部内容和章程的大部分内容都是股东之间博弈的产物。

其次，内容上具有互补性。章程在自治性的同时兼具法定性，内容上必定受到一定的限制，有些内容也难以在章程中事无巨细地表述。尤其实践中受制于公司登记机关的要求，股东的很多意思表示不能在公司章程中具体落实，如一些初创公司的股权激励方案中涉及的股权的成熟期、回购权等条款，投资并购时退出和对赌条款等。但这些条款对于初创公司的股东和财务投资股东来讲，却是核心条款。这种情况下，通过股东协议弥补章程未尽条款，具体准确地约定投资人或股东之间的权利义务关系就是非常好的选择。

2. 章程与股东协议之间的区别

第一，内容和强制性不同。股东协议不是设立公司必备的文件，更多地体现了股东个人的意志和要求，主要受《民法典》合同编的调整。股东协议中约定的内容，可以多于章程，也可以少于章程，可以单独就合作中的某个事项（比如出资时间或者利润分配）或多个事项作出约定，只要不违反法律的强制性规定即可。章程是公司设立时必须具备的法律文件，是公司的基本准则，虽然也体现股东个人的自由意思表示，但是具有较强的法定性，主要受《公司法》等法律调整，公众公司的章程同时还要受到监管机构发布的诸多规范性文件的约束。

第二，约束的对象不同。股东协议系由公司股东签署的协议，一般只对签署协议的股东有效。章程虽然也是由公司的股东签署确认的法律文件，但是章程作为公司的“宪章”，不仅对签署章程的公司股东有约束力，对后加入公司的股东也有约束力，同时对公司、董监高等人员也具有约束力。

第三，效力期间不同。股东协议可能出现在公司设立和运营的任何一个阶段，在效力上与公司是否成功设立、合法存续没有必然的关系。章程一般是公司设立之日对外公示并生效，是公司股东、董监高及公司机关行为的基本准则。

第四，变更程序不同。股东协议作为股东之间的自由意思表示，其签署、生效、变更、解除和终止，以股东之间的约定为准。章程的变更应该依法履行召开股东会表决的内部程序和公司登记机关公示的外部程序，上市公司还应根据监管机关的要求对章程的变更事项予以披露。公司经营中一些事项的变更，并不必然导致股东协议的变更。但是，如果该事项是章程应当规定的事项，如公司名称、经营范围、注册资本等发生变更，公司都应该变更章程并依法办理备案登记。

第五，公开性不同。股东协议是股东之间的约定，没有对第三方披露的义务；章程和章程修正案依法应在公司登记机关备案、公示，利害关系人通过公开渠道即可获取相关内容。

五、章程与公司决议的关系

导向问题 181

如何理解章程与公司决议的关系？

实务解析

公司的股东会（股东大会）、董事会、监事会以作出决议的方式行使职权。公司决议属于一种团体法律行为，决议既可以是全体成员一致的意思表示，也可以是依据特定的规则形成的反映部分成员意志的意思表示。决议一经作出即告成立，成为行为主体的意思表示。

公司章程与公司决议的关系紧密。表现在：

第一，作为全体股东/发起人共同意志的公司章程，在公司成立后就成为公司、全体股东、公司董监高、公司“三会”共同的行为准则。公司作出各项决议在符合法律法规要求的同时，必须同时符合公司章程的规定。

第二，公司章程可以对决议的形式作出规定。《公司法》规定，公司“三会”应当对所议事项制作会议记录，由出席会议的人员签名存档。公司章程可以详细规定需要作出决议的具体事项、决议的作出形式、变更规则等。

第三，决议的法律效力与章程的法律效力类似，公司决议不仅对参与决议的人具有约束力，对决议机构的全体成员及公司也有约束力。相关决议作出后，公司董事、监事、高级管理人员均有义务在相应职责范围内予以执行，部分决议甚至对股东具有约束力。

第四，公司权力机关修改章程的决议，是公司章程修改的法定方式，且不以登记为生效的必要条件。同股东协议一样，决议可以起到填补章程规定不足的作用，而且通常情况下在效力范围和适用顺位上优先于股东协议。公司决议在公司治理的实务中，通常用来解决公司登记机关不予进行登记的章程记载事项的通过和实施问题。

第五，公司决议作出的效率和形式相比于公司章程具有更大的便捷性，有利于提高公司的决策和执行效率。比如，《公司法》第37条规定，有限责任公司可以不召开股东会会议，直接就股东会职权事项以书面形式一致表示同意，由全体股东在决定文件上签名盖章即具有法律效力。

第六，决议的无效和撤销与公司章程的无效和撤销，司法判定的角度和规则相似。就修改章程的决议，决议不成立，意味着章程修订案不成立。《公司法解释（四）》第1条至第5条，规定了股东会（股东大会）、董事会决议无效、不成立和可撤销的裁判规则和审查标准（详见本书第五章、第六章的相关论述）。

六、章程与公司规章制度的关系

导向问题 182

如何理解章程与公司规章制度的关系？

实务解析

公司规章制度是公司规范公司成员及公司经济活动的具体标准和规定，是公司运营管理方式方法的具体化。公司规章制度大致可分为公司基本制度、公司工作制度和公司责任制度。

公司的规章制度与公司章程具有一定的关联和区别。表现在：

第一，公司章程是公司最高级别的规章制度，如同宪法与其他部门法的关系一样，公司规章制度不能与章程相抵触。有些规章制度中的内容，可以通过权力机关的决议，上升为公司章程的规定。有时为了避免公司章程过分冗长，也需要将一些具体的规则从章程中剥离出来，以公司规章制度的形式予以实施。

第二，公司章程和公司规章制度都不能违反法律的规定，否则将导致无效或被撤销的法律后果。合法性是章程的重要特征，也是规章制度的重要特征。但由于二者约束的行为规范和主体范围不同，所依据的法律规范也不相同。规章制度可能要更多考虑地方性法规、部门规章的规定。

第三，公司章程和规章制度的制定和施行都要符合一定的程序要求，都强调衡平保护利益相关者的利益。二者作为行为规范，其制定和实施都有一定的程序要求，关于公司章程的制定和实施在本章已有述及，规章制度的制定和实施，特别是涉及员工重大利益的规章制度，也要经过讨论、通过、公示、培训等程序。同时二者都要注意关注相关主体的利益平衡，营造和谐的制度环境。

第四，公司规章制度是公司章程的补充和完善，有些重要规章制度可构成公司章程的组成文件或附件。公司章程不可能触及公司管理运营的各个层面，通过章程的直接或间接授权，规章制度同章程一道，构建了公司自上而下的管理体系，对于章程规定的不足和缺陷，规章制度有填补章程漏洞的作用，从而使公司管理体系更加健全、高效、协调。

第二节

公司章程的实施、修改和完善

一、章程实施的概念

亚里士多德认为，制定好的法律并且严格执行是法治的两个重要条件。公司章程作为公司的“宪章”，亚里士多德所言同样适用。

所谓章程的实施，是指通过一定的方式使公司章程的要求和规定在公司经营过程中得以贯彻和实施的活动，包括章程的遵守、适用和执行等。

章程的实施要贯彻合法性原则、有章必守原则、自治性原则、效率和公平原则。

二、章程修改

在章程实施的过程中，当章程记载事项的内容与实际情况发生了显著变化或者出现不适应公司发展的实际情况，或者《公司法》或有关法律、行政法规修改后，章程规定的事项与修改后的法律、行政法规的规定相抵触等情形发生时，应当启动对章程的修改。

（一）章程修改的分类

导向问题 183

章程修改有哪些分类?

实务解析

根据所作的修改是局部性的还是全局性的，章程的修改可以分为修正和修订两种情况。

章程的修正是指公司权力机关（股东会/股东大会）对章程的部分条款进行局部的或者个别条款的修改，仅针对提出的修正草案进行审议，未作修改的部分不审议。

章程的修订则是指公司权力机关（股东会/股东大会）对章程条款进行全面的、整体的修改。审议时针对修订草案文本的全部内容，而不仅是针对修改内容进行审议。

（二）章程修改的程序

导向问题 184

章程修改的程序是什么?

实务解析

修改章程是公司的头等大事。通过修改公司章程来解决并完善公司治理和生产经营中存在的问题，如变更高管、法定代表人，通过变更公司经营期限从而避免公司的解散事由出现，通过修改章程细化股东、高管转让股份的条件等。那么，谁有权提议修改章程，修改章程的程序和规则又是什么？

1. 提出修改章程的议案

修改公司章程是公司权力机关（股东会/股东大会）的职权。编者认为，凡是有权提议召开股东会/股东大会定期会议和临时会议的适格主体及可以提出股东大会临时议案的适格主体，均有权向公司权力机关提出修改章程的议案。包括：

（1）有限责任公司的股东、董事会/执行董事、监事会/不设监事会的监事等。

（2）股份有限公司的董事会、监事会、单独或合计持有公司10%以上股份的股东等。

（3）股份有限公司单独或者合计持有公司3%以上股份的股东，可以在股东大会召开10日前提出修改章程等临时提案并书面提交董事会。《上市公司章程指引》第53条第1款和第2款规定，“公司召开股东大会，董事会、监事会以及单独或者合并持有公司3%以上股份的股东，有权向公司提出提案。单独或者合计持有公司3%以上股份的股东，可以在股东大会召开10日前提出临时提案并书面提交召集人。召集人应当在收到提案后2日内发出股东大会补充通知，公告临时提案的内容”。

（4）一人有限公司不设股东会，公司章程的修改由股东决定。

（5）国有独资公司不设股东会，章程的修改由国有资产监督管理机构提出并决定，或者由董事会提出议案报国有资产监督管理机构批准。

（6）中外合资经营企业不设股东会，董事会的职权是按合营企业章程规定，讨论决定合营企业的一切重大问题，故合营公司章程的修改，属于董事会的职权范围；自2020年1月1日起，新成立的外商投资企业根据所采取的企业类型，适用相应的规定。

（7）有限责任公司章程也可以对提出修改章程议案的主体进行扩张性规

定，如公司经理等。

2. 权力机关（股东会/股东大会）以特别决议形式表决通过

公司按照法律及章程规定的股东会/股东大会的召集、通知和主持程序召开会议，并按照会议议事表决规则对章程修正案进行表决。

（1）有限责任公司修改公司章程，须经代表2/3以上表决权的股东通过；

（2）股份有限公司修改章程，须经出席股东大会的股东所持表决权的2/3以上通过；

（3）目前尚保留原组织形式的公司制中外合资经营企业、中外合作经营企业、外商独资经营企业章程的表决方式，需按照经批准的章程的表决方式进行。

3. 向主管机关依法办理登记备案和审批手续

公司章程变更登记事项依照法律、行政法规或者国务院决定规定，在登记前须经批准的，还应向公司登记机关提交有关批准文件。需要先行办理审批的情形主要包括：

（1）公司变更经营范围涉及法律、行政法规或者国务院规定在登记前须经批准的项目的，应当自国家有关部门批准之日起30日内申请变更登记；

（2）股份有限公司为募集注册资本而发行新股时，必须向国务院授权的部门或者省级人民政府申请批准；属于向社会公开募集的，须经国务院证券管理部门批准；

（3）国有独资公司董事会提出修改章程议案的，要向国有资产监督管理机构报批；

（4）实施负面清单管理的外商投资企业章程修改后，须报法定审批机关批准，再持批准文件向原公司登记机关办理登记备案手续。

4. 进行登记和公示

根据《公司法》《证券法》《市场主体登记管理条例》等的规定，公司章程修改后，需要进行相应的登记和公示程序。

（1）章程修改涉及登记事项的，应当向原公司登记机关申请变更登记；未涉及登记事项的，公司应当将修改后的公司章程或者公司章程修正案送原公司登记机关备案。

（2）公司章程的修改涉及需要公告事项的，应依法进行公告。如股份公司发行新股募足股款后，必须依法定或公司章程规定的方式进行公告。

（3）公众公司的章程修改还需要按照中国证监会规定的方式进行公告，履行披露义务。

三、章程修改内容的一般规则

导向问题 185

章程修改的一般规则有哪些?

实务解析

结合民商法的基本原理，公司章程修改一般应遵循以下规则：

（1）公司章程的修改，非经股东同意，一般不得减损其既得权利。既得权是相对于期待权而言的，既得的权利已经完成归属，不得被任意剥夺，如给特定股东特定事项的一票否决权等；期待权则可以通过修改章程予以变更。

（2）非经股东同意，章程的修改不能为其增加新的义务。义务只能来源于法律规定或者合同约定，否则任何人不得被强行课以义务。

（3）非经股东一致同意，不得为特定股东增设新的权利。同股同权是股东权利的一般规则，打破这种规则，一般是在公司设立之时，考虑某些特殊背景，设置同股不同权的规则，如 AB 股设计、金股设计等。

(4) 除非为了全体股东的权益，公司章程的修改不得侵害小股东的权益。这是权利不得滥用原则的体现，限制大股东或控股股东利用资本多数决侵害小股东的权益。①

四、章程修改的法律效力和救济

(一) 章程修改的法律效力

导向问题 186

章程修改的法律效力如何?

实务解析

章程修改在符合法律规定及既有章程要求的情况下，具有法律效力，对公司、股东、董事、监事、高级管理人员具有约束力。同时，经修改的公司章程，对公司外部具有公示的法律效力。

章程是公司的内部“宪章”，章程的修改并不以公示作为生效的必要条件，依法修改但未公示的章程同样有效，但不能对抗公司以外的善意相对方。即使经过备案公示的章程，能否产生外部对抗的效力，也取决于交易相对方是否负有对公司章程主动审查的义务。

---

① 参见吕红兵等编著:《公司法适用疑难问题通览——法律原理、观点、实例及依据》，人民法院出版社 2013 年版，第 101－102 页。

（二）章程修改的权利救济

导向问题 187

章程修改如存在瑕疵，如何进行权利救济？

实务解析

公司章程的修改如涉及重大事项的变更或者牵涉到股东权益，在合法性、合章性、合理性诸方面一旦存在瑕疵，极有可能引发利益相关者的反对并采取救济措施。救济措施包括以下几种：

（1）自力救济。自力救济是利益相关者通过向公司提出章程修改存在瑕疵，请求撤销或者变更原决议或者另行作出新的决议的方式，由公司通过自治的方式进行修正，从而实现权利私力救济。

（2）行政救济。行政救济是利益相关者通过向公司登记机关提出章程修改存在效力瑕疵，请求登记机关对其效力进行审查，从而作出不予登记或者撤销登记的行政行为，责令公司进行改正，从而实现权利救济。

（3）司法救济。修改公司章程决议的效力，属于民事法律行为的效力范畴，适用民事法律行为的不成立、无效和可撤销的规定。修改内容违反法律、行政法规的强制性规定或者修订内容违背公序良俗的，所作决议自始无效。章程修改内容的部分无效，不影响其他部分的效力。

《公司法》第 22 条第 2 款规定："股东会或者股东大会、董事会的会议召集程序、表决方式违反法律、行政法规或者公司章程，或者决议内容违反公司章程的，股东可以自决议作出之日起六十日内，请求人民法院撤销。"公司在修改章程的过程中，无论出现违反公司章程的程序性瑕疵，还是违反章程规定的实体性瑕疵，都可能会导致决议被撤销。需要提示的是，该撤销权的行使，适用60日除斥期间的规定，该期间自修改章程的决议作出之日起算。

公司章程的修改被认定不成立、无效或者被撤销，其法律后果亦适用民事法律行为不成立、无效或者被撤销的法律后果。有关章程不成立、无效或者被撤销的司法认定标准和规则，可以参阅本书第六章的相关内容。

第三节

如何制定一份实用的公司章程

公司章程是公司自治和股东意志的有效体现，是规范公司组织和行为的基本准则，是公司赖以生存的灵魂。公司章程伴随公司“从生到死”的全生命过程，发挥着规范功能、保护功能、公示功能、平衡功能和填补功能，这在本书第一章已有论述。公司章程反映的是股东的意志，但影响的范围却包括公司自身、组织机构乃至公司债权人等利益相关者的权益，也影响到国家对公司行为的监督和管理等方面。因此，制定一份实用的公司章程，意义重大而深远。

一、制定公司章程应当着重考虑的因素

导向问题 188

面对作为公司“宪章”的公司章程，应当如何制定？在制定章程的过程中，应重点考虑哪些因素呢？

实务解析

1. 公司性质和类型

法律对有限责任公司、股份有限公司规定了不同的设立条件，对章程的必要条款也有不同的规定，对一人有限责任公司、国有独资公司、外商投资公司也作出了特别的规定，对上市公司、非上市公众公司的章程则有更多的监管和限制。明确公司的性质和类型，知悉拟设立公司的法律属性和商事特征，是制定公司章程首先要考虑的因素，也是做好这项工作的原点和出发点。

2. 股权结构

股权结构是各股东持有公司股权/股份的比例及其相互关系的结构。基于股权直接或者间接所形成的表决权，是公司控制权的核心。章程所要解决的最重要的问题，就是以表决权为核心的公司权利分配和制约机制，结合股权的类型、结构及所有权和经营权的联系程度，思考公司股东会（股东大会）、董事会、监事会以及经理层等组织机构的设置，及其权利分配和相互监督与制约的机制，形成公司的决策、执行和监督系统。股权结构的设计本身也具有较高的技术要求，要防范股权结构不合理带来的公司治理风险，可以结合章程条款制定对公司的股权结构进行适当的调整，使之趋于合理化，契合公司发展的实际情况。

3. 股东偏好

股东是持有公司股权/股份的人，享有投资收益、参与重大决策和选择管理者的权利。章程作为民间自治成文法，反映的是“立法者”——股东的意志。所以股东的投资目的、风险偏好、文化个性等都会直接影响到章程内容的设置。比如，以财务投资为目的的股东，一般不直接参与公司的经营，会更加关注章程的知情权条款、股权回购条款和重大事项否决权条款等。以控股和经营公司为目的的股东，会更关注持股比例、董事会组成及权利等条款。所以同样类型的公司，因股东的偏好不同，章程条款常常会大相径庭。章程设计的理念，就是要引导股东的偏好与公司的经营目标相协调，促使各利益相关者的权益相平衡。

4. 公司发展愿景

章程在保障股东权益的同时，也服务于公司的发展和经营目标的实现。章程条款的前瞻性设计要充分考虑到公司发展的愿景。如有些科技型创业公司，设立之初就有进入资本市场计划，那么在进行章程设计的时候，就应当考虑到融资、股权代持、增资安排、股权激励的设置等问题。章程制定要结合公司发展的愿景和阶段性目标，作出相应的程序性安排与权益让渡安排，解决好章程的稳定性与前瞻性的统一。

5. 法律及监管环境

章程的自治是法律授权的自治，必然受到一系列强制性规范的约束。监管机关通过章程的登记备案制度，干预公司在法律的框架和自治权的边界内从事经营管理活动。特别是国有独资公司、外商投资公司、公众公司在《公司法》的规定之外，还有专门的法律规范对一些事项进行管理和约束。在一些开发区、自贸区等具备改革试验资质的地方，更要关注国家推行的试点政策，充分享受这些红利。所以章程的制定，一定要充分洞悉法律及监管部门的规定，确保在不违反法律强制性规定的前提下，用足用好各种自治权利。

二、如何量体裁衣制定公司章程

导向问题 189

如何量体裁衣制定公司章程?

实务解析

好的章程，贵在实用。一把钥匙开一把锁，制定章程的过程就是一个量体裁衣的过程。编者认为，按照以下的原则和方法，来设计和制作公司章程，会得到比较好的效果。篇幅所限，以下主要从方法论的角度对实务中章程的制定原则和方法进行介绍，不对具体的条款展开分析，读者可以参考本书其他章节的相关论述。

1. 关注和识别公司治理的内外部环境

国家标准化管理委员会制定的《公司治理风险管理指南》（GB/T 26317－2010），给出了公司治理风险管理的通用指南，包括公司治理风险管理的步骤，以及识别、分析、评价和应对公司治理风险的方法和工具。公司章程是防范公司治理风险的最重要的工具和载体。识别公司治理的内外部环境是防范风险的前提，公司章程制定者只有熟悉公司内外部治理环境，才能更契合公司的实际状况，提出更具有针对性的设计方案。尽管有限责任公司不需要像募集设立的股份有限公司一样，制作招股说明书，但也建议采取类似尽职调查的手段，对拟成立公司的内外部治理环境进行调查和分析，作为制定公司章程的参考和指引。

2. 合法性原则与用尽自治权能相结合

一方面，国家为维护市场经济秩序，保护投资人合法权益，改善营商环境，必然会对作为公司“宪章”的章程进行法律规制。公示、备案和审查是监管机关采取的管理措施。章程内容违法将导致相应的条款或者章程本身失去法律效力。另一方面，公司的实际情况千差万别，法律鼓励公司利用章程在法律许可的框架内自行立法、自我约束和自谋发展。所以，可以借鉴合同的起草、审查的方法和理念，对章程记载事项作出科学、详尽、合理的安排。未将自治权利用尽的章程不是好章程。

3. 尊重股东意志和促进公司发展相结合

股东是设立公司的主导者和发起人，股东投资设立公司并按照法律规定制定的公司章程，必然集中反映参与股东的意志——经过法定程序形成的股东团体化的意志。但是，公司一经成立，就会形成一个包括但不限于股东的内外部利益相关群体。股东将和这个群体形成既对立又统一的关系，矛盾和冲突时有发生。股东通过他益权的行使，对股东会决议行使表决权，对董事、董事长的产生办法，董事会的议事方式和表决程序等方面实施干预，参与公司的治理。如何协调公司和股东的关系，实现各利益相关者之间的权益平衡，是公司章程要解决的问题。只有公司稳定了、发展了，最终股东的投资才能得到更好的回报。章程要结合股东的股权架构，结合所有权和经营权的关联程度，有针对性地设置公司的治理机构及其相互间的监督、制约和协调机制，以提高效率、化解僵局、促进公司的稳健快速发展。对股份公司而言，股东和公司的发展之间，有时还会出现控制权的危机，很多章程设置了反收购的条款，这同样是一把“双刃剑”，值得章程制定者好好琢磨、辨证论治。

4. 平衡公司内外部利益相关者的利益

公司是一个利益群组。股东是公司的出资人和最主要利害关系人，保护股东权益是公司的首要义务。外部利益相关者对公司内部的介入是非常有限的，主要基丁公司内部行为进行的辐射和关联。公司章程的约束对公司内部利益相关者而言，它的主要任务是制约和平衡，通过章程对各机构及个人的权利行使、责任承担规定实体性内容和程序性要求，其核心是防范公司代理风险。章程的制定者要认识到公司代理风险的可能来源是大股东、实际控制人或董事会等主体，从而有针对性地设计公司的机构和职权、表决权、激励机制、分红机制等化解措施。对于有机构投资者参与的公司，公司章程常常要结合对赌协议的内容进行适当的调整，机构投资人的优先权会对冲公司原股东、高管对于公司的红利预期，风险的本质特征会被放大。此时章程的制定和修改更要担负起平衡利益主体责任权利的任务，相关主体均应与公司共同承担治理上的变化和风险。

5. “拿来主义”和个性化原则相结合

从1979年《中外合资经营企业法》到1986年《外资企业法》和1988年《中外合作经营企业法》，分别在企业的设立审查、登记，工会、财务、清算等方面作出了规定和实践，虽然未规定企业“三会”，但也是从无到有逐步尝试，乃至到1999年《公司法》实施，我国现代企业制度的实践经过40余年的历程，中国已经在这些年获得长足的发展。有很多企业、很多先行者进行了诸多的尝试，现代企业治理的经验和成果也在他们的章程中得以具体体现。同时，法律的制定和修改，要滞后于丰富的社会实践，不少优秀的企业家对公司的治理制度进行了创新和尝试，这些对章程的制定和修改都具有宝贵的参考价值。这就是我们所说的“拿来主义”。但是这种“拿来”绝非机械地照搬，而是要和公司的实际进行适配性论证，从而体现出个性化的特征，这个过程对新设公司的股东团队，还有另一层价值，那就是统一管理和发展理念，形成初步的企业文化，而最终通过的章程也是企业文化的一定程度的呈现。

6. 程序性条款和实体权利相结合

失去程序的正义是非正义。章程作为民间自治成文法，从立法水平的角度看，也必然看重实体法规范与程序法规范的完美结合。同时对订立章程的股东而言，在一定意义上讲，章程也是他们之间的投资协议，只有程序性规范和实体性规范相结合，才会切实增加实用性和可操作性。各机构的议事程序和规则、权利的获得和处分规则、公司异动的处置程序和规则、重大事项披露和处置的程序和规定，都应当实现章程的实体性规定和程序性规定的契合。在这层意义上，其制定的技术和手法与《公司法》及其姊妹法《证券法》《企业破产法》相类似，要求章程的制定者在设置一个实体型条款的同时，马上就要想到在程序上有无对应的规定相匹配。

7. 条款的稳定性和适当的前瞻性相结合

公司的初始章程，是为设立中的公司预备的。如同法律不能朝令夕改一样，章程一经生效，就要保持一定的稳定性。因为公司章程规定的规则和秩序，均需经过一定周期的实践磨合后才能发挥比较好的效能；同时，章程治理带来的利益平衡和合作机制，一经打破可能会带来一些风险。这就要求章程的制定者要具有前瞻性的思维，预设公司在经营发展过程中可能会出现的变动和问题，从而制订预案和化解机制并体现在具体的条款中，并注意对预案设计留有一定的弹性空间和回旋余地。另外，对章程进行的前瞻性设计要建立在可以预见的范围之内，过分超前就会影响到章程的可操行和权威性，沦为虚置条款，毕竟章程是公司的现行有效的“法律”。

8. 树立健全的章程意识

如前所述，制定符合公司发展需要的公司章程，对公司的发展和各利益相关者的权益维护，无疑具有举足轻重的作用。作为公司组织和活动的根本准则，章程既是重要的权利约束机制，也是权利授予和救济机制，章程能否发挥作用以及发挥作用的程度，取决于章程设计的科学、合理水平，也取决于公司整体及相关成员的章程意识。公司各治理结构科学化、规范化、标准化运作，实现公司章程自治和《公司法》他治的有机结合，现行《公司法》正是基于此立法目的赋予了公司更大的自治空间，实现公司“章治”必须做到科学立章，严格守章，依章施治。所以树立章程意识是章程的制定和实施中必不可少的环节，尤其对于章程制定的发起人和导向人——公司的股东、大股东，更是如此。

适合的就是最好的；没有最好，只有更好。这两句意味深长的话，同样适合章程的制定、修改和完善。

第四节

有限责任公司章程个性化设计示例

国家监管机构已经对上市公司、新三板公司等公众公司给予充分关注，通过发布章程指引等方式进行引导、约束和规范。一般而言，这类公司章程的制定水准相对更高，有些经验和做法完全可以成为非公众公司章程制定的参考。有限责任公司兼有资合性和人合性的双重属性，公司法赋予其公司章程更大的自治空间，故本节仅以有限责任公司的章程为例给读者提供一个参考文本，同时将《上市公司章程指引》《非上市公众公司监管指引第3号》列入本书附录，供读者参阅。

有限责任公司章程（示范文本）

示范文本说明：

1.《公司法》及司法解释中规定可以由公司章程进行规范的有8大类37项内容，具体详见第一章第二节。主要涉及登记类条款，对外担保条款，出资缴纳义务条款，分红及优先认购权条款，表决权条款，人员、职权、会议类条款，股权变动条款和其他条款等。

2. 在公司股东作为董事、高管，没有外聘职业经理人的情形下，基本不存在经理层代理成本问题，公司章程主要规范股东如何提高运营管理效率，如何避免大股东擅权、避免发生公司僵局等问题，制约董事会的内容则可相应减少。

在股东不参与公司实际经营的情形下，就必须考虑经理层代理成本问题、董监高侵害公司和股东利益问题，在保证公司高效运营管理的基础上，章程有必要加强对董事会、高管的监督和约束。

3. 一人有限责任公司和国有独资公司（含国有控股公司）的公司章程相比普通有限责任公司章程应有所侧重，在制定一人有限公司和国有独资公司章程时，应注意相关特殊法律规定。

4. 示范文本是按照“三会”齐全、管理规范的有限责任公司来预设和制定的。不设董事会、监事会的规模较小的公司制定公司章程时，可以参照股东会、监事会职责，来制定执行董事、监事职责。

5. 示范文本以青岛市行政审批服务局网站公布的两人以上有董事会的《有限责任公司章程》参考文本为蓝本，结合本书的观点及实务中的做法，进行完善和提示，将章程条款由参考文本的12章42条，扩充至17章149条。本示范文本不是制定章程的标准条款，更不是格式条款，需要读者结合公司的具体情况量体裁衣进行设计、定制。

目　　录

第七章　股东转让出资的条件
第八章　股东会及其产生办法、职权、议事规则
第九章　董事会及其产生办法、职权、议事规则
第十章　总经理及其他高级管理人员
第十一章　监事会及其产生办法、职权、议事规则
第十二章　公司的法定代表人
第十三章　财务会计制度、利润分配
第十四章　合并、分立、增资、减资、解散和清算
第十五章　修改章程
第十六章　通知和公告
第十七章　附　　则

第一章　总　　则

第一条　为维护公司、股东和公司债权人的合法权益，规范公司的组织和行为，根据《中华人民共和国公司法》（以下简称《公司法》）及其他有关法律法规的规定，由股东共同出资，设立【公司中文全称】（以下简称公司），特制定本公司章程。

第二条　本公司依法开展经营活动，不经营法律、行政法规、国务院决定禁止的事项；需要前置许可的项目，报审批机关批准，并经登记机关核准注册后，方可开展经营活动；不属于前置许可项目，法律、法规规定需要备案、登记、注册的，经登记机关备案、登记、注册，方可开展经营活动；其他经营项目，本公司领取《营业执照》后依法开展经营活动。

第三条　公司章程中的各相关条款与法律、法规、规章不符的，以法律、法规、规章的规定为准。

本公司章程与股东之间签订的股东协议内容不一致的，以章程规定为准。股东协议另有约定的除外。

股东、本公司及知悉上述股东协议的第三方均认可上述规则。

第二章　公司名称和住所

第四条　公司注册名称

中文名称：【公司中文全称】

英文名称：【公司英文全称】

简称：【公司简称，英文或者中文】

第五条　公司住所：【公司住所地址全称、邮政编码、电话、电子邮件】

第三章　公司经营范围和经营期限

第六条　公司经营范围：【公司的经营范围】。

依法须经备案、登记、核准的项目，经相关部门备案、登记、批准后方可开展经营活动。

公司的营业期限为【年限】，从营业执照签发之日起计算。

第四章　公司注册资本

第七条　公司注册资本为人民币【注册资本数额】万元。

第八条　公司增加或减少注册资本，必须经代表三分之二以上表决权的股东通过并作出决议，同时应作出因此修改公司章程的决议。公司增加注册资本时，股东认缴新增资本的出资，依照设立有限公司缴纳出资的有关规定执行。公司减少注册资本，还应当自作出决议之日起10日内通知债权人，并于30日内在报纸上公告。债权人自接到通知书之日起30日内，未接到通知书的自公告之日起45日内，有权要求公司清偿债务或者提供相应担保。公司变更注册资本应依法由全体股东指定的代表或者共同委托的代理人向登记机关办理变更登记手续。

第五章　股东的姓名（名称）、出资数额、出资方式、出资时间

第九条　股东的姓名（名称）、出资数额、出资方式、出资时间情况如下：

股东姓名或名称	证件号码	认缴出资数额（万元）	出资方式	出资比例	实缴出资时间
×××					
×××					

股东应向公司提供身份证明，外籍股东应同时提供中文翻译件。

公司未成年股东的法定监护人应当出具出资承诺书，保证未成年人出资的真实性，并承诺在未成年股东不能主动履行出资义务的情况下代为履行出资义务。

第十条　股东权益

股东基于认缴和实缴的出资数额享有如下股东权益：

股东姓名或名称	出资比例	表决权比例	增资权比例	分红权比例	清算资产分配权比例	优先（劣后）权范围
×××						
×××						

或者：公司不按出资比例向股东分配利润，各股东按以下比例从公司分得利润：

(1) 股东甲出资比例为40%，分红比例为60%；

(2) 股东乙出资比例为15%，分红比例为20%；

(3) 股东丙出资比例为45%，分红比例为20%。

第十一条　股东按照实缴出资比例，享有股东权益；股东对未实缴出资部分，不享有股东权益。

本条的股东权益，限于分红权、增资权、清算剩余资产分配权、股权优先购买权。

第十二条　除非公司全体股东一致同意，公司增资的价格应根据增资时公司的净资产值确定，任何股东不得以低于公司净资产值的价格进行认购。

第十三条　自然人股东因继承、离婚、赠与等原因，非自然人股东因分立、合并、解散等原因，导致股权发生承继变化的，应经过其他股东过半数同意，承继者方可成为公司股东。

第十四条　股东承诺，各股东以其认缴出资额为限对公司债务承担责任；如未按期实缴出资，在欠缴出资的范围内，对公司债务承担补充清偿责任，同时对其他股东承担违约责任，该违约责任计算方式如下：

未履行期限内，以应缴金额为基数，按同期全国银行间同业拆借中心公布的贷款市场报价利率计算的利息损失的200%支付违约金，其他按期实缴出资的股东按照实缴比例分得上述违约金；公司如采取诉讼、仲裁方式追讨未缴出资的，该股东还应承担因此发生的费用损失，包括但不限于律师费、诉讼费、调查取证费用、诉讼保全保函费用等。

股东逾期缴纳出资或者抽逃出资的，董事会应要求该股东在三个月内缴纳或者归还全部出资。在董事会要求股东缴纳或者归还出资的期限届满后，股东逾期出资或者抽逃出资额占其应缴纳出资额80%以上的，其他如期缴纳出资的股东可以通过股东会决议的形式将该股东除名，该股东在股东会表决其除名事项时不享有表决权，但在表决前可以申辩。

第十五条　股东按期足额缴纳公司章程中规定的各自所认缴的出资额。股东缴纳出资后，公司应向股东签发出资证明书。出资证明书载明公司名称、公司成立时间、公司注册资本、股东姓名或者名称、认缴出资额和出资日期、出资证明书编号、出资变更信息及核发日期并由公司盖章。出资证明书遗失的，股东应立即向公司申报注销，经公司法定代表人审核后予以补发。公司应设置股东名册，记载股东的姓名、住所、认缴出资额、实缴出资额、出资变更信息、股权质押及出资证明书编号等内容。股东名册由公司董事会负责保管。股东名册是股东持有公司出资的首要证明。出资证明书内容与股东名册内容不一致的，在无其他相反证据情况下，以股东名册记载内容为准。

第六章　股东的权利和义务

第十六条　股东享有如下权利：

（一）依照公司章程规定的股东权利获得分红和其他形式的利益分配。

（二）依法请求、召集、主持、参加或者委派代理人参加股东会并行使相应的表决权。

（三）了解公司经营状况和财务状况；对公司的经营进行监督，提出建议或者质询。

（四）选举和被选举为董事或监事。

（五）依照法律、法规和公司章程的规定转让、赠与或者质押出资。

（六）优先购买其他股东转让的出资，但专门用于股权激励的转让出资除外。

（七）优先认缴公司新增出资，但专门用于股权激励的增发出资额除外。

（八）有权查阅公司章程、股东名册、公司债券存根、股东会会议记录、董事会会议决议、监事会会议决议、财务会计报告。

（九）公司终止或者清算时，按照公司章程规定的清算资产分配权比例参与公司剩余财产的分配。

（十）对股东会作出的公司合并、分立决议持异议的股东，要求公司收购其出资。

（十一）对侵害公司权益的行为，可以采取依法提起诉讼等救济途径。

（十二）公司的控股股东向公司以外的第三人转让股权的，公司其他股东有权行使共同出售权，在收到转让股权的股东所发股权转让通知之日起30日内有权要求按照相同的转让价格和条件，与转让股权的股东一同向受让人转让股权。转让股权的股东无法促成受让人一并收购共同出售的股权的，不得单独向受让人转让其股权。

（十三）股东有权查阅公司章程、股东会会议记录、董事会会议决议、监事会会议决议、财务会计报告、会计账簿（含总账、明细账、日记账和其他辅助性账簿等）和会计凭证（含记账凭证、相关原始凭证及作为原始凭证附件入账备查的有关资料等），并可复制公司章程、股东会会议记录、董事会会议决议、监事会会议决议和财务会计报告。

（十四）法律、行政法规、部门规章或者公司章程规定的其他权利。

第十七条 股东权利的行使方式及途径如下：

（一）股东提出查阅前条所述有关信息或者索取资料的，应当向公司提供证明其持有公司出资的书面文件，公司经核实股东身份后按照股东的要求予以提供。

（二）股东会、董事会决议内容违反法律、行政法规的，股东有权请求人民法院认定无效。

（三）股东会、董事会的会议召集程序、表决方式违反法律、行政法规或者公司章程，或者决议内容违反公司章程的，股东有权自决议作出之日起60日内，请求人民法院撤销。

（四）董事、高级管理人员执行公司职务时违反法律、行政法规或者公司章程的规定，给公司造成损失的，股东有权书面请求监事会向人民法院提起诉讼；监事会执行公司职务时违反法律、行政法规或者公司章程的规定，给公司造成损失的，股东可以书面请求董事会向人民法院提起诉讼。

监事会、董事会收到前款规定的股东书面请求后拒绝提起诉讼，或者自收到请求之日起30日内未提起诉讼，或者情况紧急、不立即提起诉讼将会使公司利益受到难以弥补的损害的，前款规定的股东有权为了公司的利益以自己的名义直接向人民法院提起诉讼。

他人侵犯公司合法权益，给公司造成损失的，股东可以依照前两款的规定向人民法院提起诉讼。

（五）董事、高级管理人员违反法律、行政法规或者公司章程的规定，损害股东利益的，股东可以向人民法院提起诉讼。

第十八条 股东履行以下义务：

（一）遵守法律、行政法规和公司章程。

（二）按照公司章程规定的方式按期缴纳所认缴的出资。

（三）以其所认缴的全部出资额为限对公司的债务承担责任。

（四）在公司办理登记注册手续后，除法律、法规和公司章程规定的情形，不得抽回投资。

（五）不得滥用股东权利损害公司或者其他股东的利益；不得滥用公司法人独立地位和股东有限责任损害公司债权人的利益；公司股东滥用股东权利给公司或者其他股东造成损失的，应当依法承担赔偿责任。

公司股东滥用公司法人独立地位和股东有限责任，逃避债务，严重损害公司债权人利益的，应当对公司债务承担连带责任。

（六）股东或其近亲属自己或者其投资、控制的公司（含合伙企业、合作企业、外资、个人独资企业等其他营利性组织，下同）与公司从事同业竞争业务时，应当向公司董事会作出书面报告。该股东自己不得在公司委派或担任董事、监事、高级管理人员，也不具有前述人员的提名权，自然人股东本人或其近亲属不得被聘用为公司的职员，不得查阅公司的会计账簿以及涉及公司商业秘密的任何材料，全体股东一致同意的除外。

股东或其近亲属以股权代持等隐蔽方式，自己或者其投资、控制的公司与公司从事同业竞争业务，未向公司董事会书面报告的，其他股东有权通过股东会以普通程序决议的方式将该股东除名，股东会以普通程序表决除名事项时，被除名的股东不享有表决权，但在表决前可以申辩。

股东被除名后，其持有的股权可以通过转让给其他股东或者由公司回购后作减资等处理，股东受让部分股权时，剩余部分由公司回购后作减资处理，其他股东受让或者公司减资处理时的股权价格不高于股权对应的公司净资产。其他股东不同意受让或者公司也不同意回购的，被除名股东可以将股权转让给公司之外的其他人。

被除名股东存在侵害公司商业秘密情形的，公司依法追究其法律责任。

（七）如下情形股东须放弃优先购买权。

(1) 公司进行股权激励的股权来源以公司增资的方式筹集的，公司全体股东均放弃对增资的优先认购权。

(2) 公司通过增资方式引进投资人时，公司全体股东均放弃对增资的优先认购权。

（八）法律、行政法规及公司章程规定应当承担的其他义务。

第十九条　持有公司5%以上表决权的股东，将其持有的出资进行质押的，应当于该事实发生前，向董事会书面报告其拟质押情况，董事会应当就此提交股东会表决；未向董事会书面报告或者未获股东会表决通过而质押的，质押出资的股东应当向其他股东支付担保债权金额30%的违约金，由其他股东按实缴出资比例进行分配。

第二十条　公司的控股股东、实际控制人不得利用其控制地位损害公司利益；违反法律、法规和章程规定的，给公司造成损失的，应当承担赔偿责任。

公司控股股东及实际控制人对公司和公司其他股东负有诚信义务。控股股东不得利用关联交易、利润分配、资产重组、对外投资、资金占用、借款担保等任何方式损害公司和其他股东的合法权益，不得利用其控制地位损害公司和其他股东的利益。

第七章　股东转让出资的条件

第二十一条　股东之间可以相互转让其全部或部分出资，其他股东没有优先购买权。

第二十二条 股东向股东以外的人转让其出资时，必须经全体股东过半数同意。股东应就其股权转让事项书面通知其他股东征求同意，其他股东自接到书面通知之日起满30日未答复的，视为同意转让。其他股东半数以上不同意转让的，不同意的股东应当购买该转让的股权；不购买的视为同意转让。

经股东同意转让的股权，在同等条件下其他股东有优先购买权。两个以上股东主张行使优先购买权的，协商确定各自的购买比例；协商不成的，按照转让时各自的实缴出资比例行使优先购买权。

第二十三条 股东依法转让其出资后，应将出资证明书交还给公司董事会，同时将转让协议及变更出资申请提交给董事会，受让人亦将有关变更登记信息向董事会提交后，董事会将受让人的姓名、住所以及受让的出资额记载于股东名册。

第二十四条 股东转让的出资，公司章程对其股东权利有特别规定的，受让股东须接受特别规定的约束。

第二十五条 公司除用于或者履行股权激励协议、回购财务投资股东的出资、回购异议股东的出资需减资的情形外，不得回购本公司的出资。

公司依照前款规定回购公司出资的，需在30日内办理减资登记手续，股东会应据此通过减资决议和修改公司章程的决议。

第八章 股东会及其产生办法、职权、议事规则

第二十六条 股东会由全体股东组成，是公司的权力机构，行使下列职权：

（一）决定公司的经营方针和投资计划；

（二）选举和更换董事、非由职工代表担任的监事，决定有关董事、监事的报酬事项；

（三）审议批准董事会的报告；

（四）审议批准监事会的报告；

（五）审议批准公司的年度财务预算方案、决算方案；

（六）审议批准公司的利润分配方案和弥补亏损方案；

（七）对公司增加或者减少注册资本作出决议；

（八）对发行公司债券作出决议；

（九）对公司合并、分立、解散、清算或者变更公司形式作出决议；

（十）修改公司章程；

（十一）审议批准第二十七条规定的对外担保或者借款事项、第二十八条规定的债务加入事项和第二十九条规定的关联交易事项；

（十二）审议公司在一年内购买、出售重大资产超过公司最近一期经审计总资产10%的事项；

（十三）审议股权激励计划；

（十四）审议持有表决权10%以上股东、董事会过半数董事或董事长提起的董事会新增职权；

（十五）审议持有表决权10%以上股东、监事会过半数监事或监事长提起的监事会新增职权；

（十六）授权董事会对股东的出资缴付义务进行监督和催缴；

（十七）公司章程其他条款和公司章程修正案规定的职权。

第二十七条　公司下列对外担保或者借款行为，须经股东会审议通过：

（一）公司的对外担保或者借款总额，达到或超过最近一期经审计净资产的30%以后提供的任何担保或者借款；

（二）为资产负债率超过70%的担保或者借款对象提供的担保或者借款；

（三）单笔担保或者借款额超过最近一期经审计净资产10%的担保或者借款；

（四）对股东、实际控制人及其关联方提供的担保或者借款；

（五）为董事、监事、高级管理人员或者任职的其他职员个人提供额度超过10万元或者期限超过6个月的担保或者借款。

第二十八条 公司下列债务加入，须经股东会审议通过：

（一）公司因债务加入承担的债务总额大于50万元的；

（二）公司及公司控股子公司的债务加入总额，达到或超过最近一期经审计净资产的10%以后提供的任何债务加入；

（三）原债务人未对债务加入提供担保的；

（四）单笔债务加入额超过最近一期经审计净资产5%的担保；

（五）对股东、实际控制人及其关联方提供的债务加入。

第二十九条 为了避免不正当的关联交易损害公司利益，对于下列情形的关联交易，需经股东会决议通过，为了提高效率，其他关联交易由董事会决议通过：

（一）公司与关联方发生的交易（公司获赠现金资产或获得担保除外）金额在50万元以上，或占公司最近一期经审计净资产绝对值10%以上的关联交易；

（二）与公司控股股东、实际控制人或董事、监事、高级管理人员个人有直接、间接控制关系、关联关系或者其他可导致公司利益不当转移关系的企业，与公司发生的交易；

（三）其他可能给公司带来不确定风险的关联交易。

第三十条 除章程第一百四十二条关于“关联关系”释义外，上条中的关联关系的范围还包含如下情形：

（一）曾在交易方任职，离职未超过2年的；

（二）本人或者近亲属持有交易方股份2%以上，或者在交易方及关联公司任职；

（三）可以控制交易方的购买或销售活动；

（四）可以控制交易方接受或提供劳务；

（五）对交易方的生产经营、交易具有实质控制，或者在利益上具有相关联的其他关系。

第三十一条　控股股东、实际控制人、董事、监事或者高级管理人员有向公司董事会或者股东会披露关联交易的义务；若发生关联交易损害公司利益的，关联股东及其他关联责任方除应赔偿公司损失外，还应按照对公司赔偿金额的30%向其他非关联股东支付违约金，其他非关联股东按实缴出资比例对违约金进行分配。

第三十二条　股东会的首次会议由出资最多的股东召集和主持。

第三十三条　股东会会议由股东按照公司章程规定比例行使表决权；公司持有的股权、专项用于股权激励和引入投资人的股权无表决权。

第三十四条　股东会会议分为定期会议和临时会议，并应当于会议召开十五日以前通知全体股东。定期会议每【季度/半年/一年】召开一次。

第三十五条　有下列情形之一的，公司在事实发生之日起【1/2】个月以内须召开临时股东会：

（一）董事人数不足公司章程所定人数的三分之二时；或者有不能正常履职的董事，导致能够正常履职的董事人数不足公司章程所定人数的三分之二时；或者董事人数不足法定最低人数时；

（二）公司未弥补的亏损达实收股本总额三分之一时；

（三）单独或者合计持有公司10%以上表决权的股东请求时；

（四）董事会认为必要时；

（五）监事会提议召开时；

（六）法律、行政法规、部门规章或章程其他条款规定的情形。

第三十六条　股东可以委托其他股东或者股东之外的完全民事行为能力人作为其代理人参加股东会议行使权利，委托书应提前递交股东会的召集人和主持人。

第三十七条　上条所述代理人如是股东之外的人，应与公司无利害关系，且须与公司签订保密协议。代理人存在以下情形，则应认定为其与公司之间存在利害关系：

（一）曾在与公司经营范围、核心技术或者主要产品相同或者类似的公司任职，离职未超过【1】年的；

（二）自己或者近亲属持有与公司经营范围、核心技术或者主要产品相同或者类似的公司【5】%以上股权，或者在该公司任职；

（三）可以控制与公司经营范围、核心技术或者主要产品相同或者类似的公司的购买或销售活动；

（四）可以控制与公司经营范围、核心技术或者主要产品相同或者类似的公司接受或提供劳务；

（五）对与公司经营范围、核心技术或者主要产品相同或者类似的公司的生产经营、交易具有实质控制，或者在利益上具有相关联的其他关系。

第三十八条 股东出具的授权委托书应当载明下列内容：

（一）代理人的姓名；

（二）明确的代理范围，须明确写明对哪些事项具有表决权；

（三）委托书签发日期和有效期限；

（四）委托人签名（或盖章）。

第三十九条 公司召开股东会时，可以聘请律师对以下问题出具法律意见：

（一）会议的召集、召开程序是否符合法律、行政法规、公司章程；

（二）出席会议人员的资格、召集人资格是否合法有效；

（三）会议的表决程序、表决结果是否合法有效；

（四）应公司要求对其他有关问题出具法律意见。

第四十条 股东会会议由董事会召集，董事长主持。董事长因特殊原因不能履行其职责时，由副董事长召集、主持。副董事长不能履行职务或者不履行职务的，由半数以上董事共同推举一名董事召集、主持。如被推选董事不召集，则按照董事会的事先排名，由排名在前的董事召集、主持。

董事会不能履行或者不履行召集股东会会议职责的，由监事会或者不设监事会的公司的监事召集和主持；监事会或者监事不召集和主持的，代表十分之一以上表决权的股东可以自行召集和主持。

第四十一条　单独或者合计持有公司10%以上表决权的股东、三分之一以上的董事、监事会有权向董事会提议召开临时股东会，并应当以书面形式向董事会提出。董事会应当根据法律、行政法规和公司章程的规定，在收到提案后10日内提出同意或不同意召开临时股东会的书面反馈意见。

董事会同意召开临时股东会的，应当在作出董事会决议后的5日内发出召开股东会的通知，提请股东会表决事项应包括提议召开会议的股东、董事或监事会的提案。

董事会不同意召开临时股东会，或者在收到请求后10日内未作出反馈的，单独或者合计持有公司10%以上表决权的股东有权向监事会提议召开临时股东会，并应当以书面形式向监事会提出请求。

监事会同意召开临时股东会的，应在收到请求5日内发出召开股东会的通知，提请股东会表决事项应包括提议召开会议的股东、董事的提案。

监事会未在规定期限内发出股东会通知的，视为监事会不召集和主持股东会，单独或者合计持有公司10%以上表决权的股东可以自行召集和主持。

第四十二条　上条中的持有公司10%以上表决权的股东可以同时向董事会、监事会送达召集股东会会议的提议，若15日内董事会、监事会不召集和主持会议的，提议召集股东会会议的股东可于15日内自行召集和主持。

持有公司10%以上表决权的股东在提出召集股东会会议请求时，可同时将附条件的召集股东会会议的通知送达全体股东。附条件的通知指在通知中写明在特定日期前既未收到董事会召集股东会会议的通知，也未收到监事会召集股东会会议的通知的，股东应按时出席提议召集临时股东会会议股东自行召集的股东会会议，如收到董事会或监事会召集股东会会议通知则该通知失效。

第四十三条　监事会或股东决定自行召集股东会的，须书面通知董事会。

在股东会决议召开前，召集股东单独或合计表决权不得低于10%。

第四十四条 对于监事会或股东自行召集的股东会，董事会须予配合，无条件提供股东名册。

第四十五条 召集人应在股东会召开15日前，按照本章程第十六章规定的方式通知各股东。

第四十六条 股东会的通知包括以下内容：

（一）会议的时间、地点和会议期限；

（二）提交会议审议的提案；

（三）以明显的文字说明：全体股东（含有表决权的优先股股东）均有权出席股东会，并可以委托代理人出席会议和参加表决；

（四）有权出席股东会的股东名录；

（五）会务联系人姓名及联系方式。

第四十七条 股东会应有会议记录，由董事会指定人员负责。

会议记录记载以下内容：

（一）会议时间、地点、议程和召集人姓名或名称；

（二）会议主持人以及出席或列席会议的董事、监事、经理和其他高级管理人员姓名；

（三）出席会议的股东和代理人人数、所持有表决权的股权总数及占公司股权总数的比例；

（四）对每一提案的审议经过、发言要点和表决结果；

（五）股东的质询意见或建议以及相应的答复或说明；

（六）提供专业咨询的人员及计票人、监票人姓名；

（七）公司章程其他条款规定应当载入会议记录的内容。

股东会所议事项，股东以书面形式一致表示同意的，可以不召开股东会会议，直接作出决定，并由全体股东在决定文件上签名、盖章。

第四十八条 股东会就选举董事、监事进行表决时，根据公司章程的规定或者股东会的决议，可以实行累积投票制。

前款所称累积投票制是指股东会选举董事或者监事时，每一股东原有的表决权与应选董事或者监事人数相乘的总数为该股东的表决权，股东拥有的表决权可以集中使用。

董事会应当向股东公告候选董事、监事的简历和基本情况。

第四十九条　股东会将对所有提案进行逐项表决，对同一事项有不同提案的，将按提案提出的时间顺序进行表决。

第五十条　股东会在以下事项表决时，具有利害关系的股东须回避表决：

（一）公司为股东提供担保或者借款；

（二）关联交易；

（三）债务加入；

（四）股权激励；

（五）减免股东义务、责任；

（六）要求股东履行出资义务；

（七）股东对公司决议提起诉讼或仲裁，决议事项与该股东具有利益冲突的；

（八）其他可能损害公司利益的决议事项。

股东回避表决的，其原有表决权不计入回避表决事项的表决权总数。

第五十一条　相关股东如对回避表决提出异议，股东会应对是否回避进行表决。

第五十二条　股东会采取记名方式投票表决。

第五十三条　股东会会议应对所议事项作出决议，决议应由代表超过二分之一表决权的股东表决通过，但股东会对公司增加或减少注册资本，分立、合并、解散或变更公司形式，修改公司章程，公司在一年内购买、出售重大资产或者担保金额超过公司最近一期经审计总资产30%的，股权激励计划所作出的决议，应由三分之二以上表决权的股东表决通过。股东会应当对所议事项的决定作出会议记录，出席会议的股东应当在会议记录上签名。

第五十四条 股东会对以下事项作出决议，无论同意的表决权比例是否达到公司章程要求，若股东×××反对的，该决议不予通过：

（一）公司增加股本；

（二）出资转让导致控股股东发生变化；

（三）公司有盈利但决定一定期限不分配利润；

（四）增加财务投资人；

（五）其他经股东会决议认可情形。

第五十五条 公司因无法召开股东会或股东会无法作出有效决议等情形出现公司僵局的，股东可要求通过竞价方式收购对方股权，通过竞价方式仍无法达成股权收购协议的，代表10%以上表决权的股东可以请求人民法院解散公司。

第九章　董事会及其产生办法、职权、议事规则

第五十六条 除职工代表担任的董事外，董事由股东会选举产生或者更换，并可在任期届满前由股东会解除其职务。

董事任期从就任之日起计算，至本届董事会任期届满时为止。董事任期届满未及时改选，在改选出的董事就任前，原董事仍应当依照法律、行政法规、部门规章和公司章程的规定，履行董事职务。

董事可以由经理或者其他高级管理人员兼任，但在本公司任职的董事，总计不得超过公司董事总数的二分之一。

职工代表担任的董事，由公司职工通过职工代表大会、职工大会或者其他形式民主选举产生后，直接进入董事会。

第五十七条 有下列情形之一的，不能担任公司的董事：

（一）无民事行为能力或者限制民事行为能力；

（二）因贪污、贿赂、侵占财产、挪用财产或者破坏社会主义市场经济秩

序，被判处刑罚，执行期满未逾5年，或者因犯罪被剥夺政治权利，执行期满未逾5年；

（三）担任破产清算的公司、企业的董事或者厂长、经理，对该公司、企业的破产负有个人责任的，自该公司、企业破产清算完结之日起未逾3年；

（四）担任因违法被吊销营业执照、责令关闭的公司、企业的法定代表人，并负有个人责任的，自该公司、企业被吊销营业执照之日起未逾3年；

（五）个人所负数额较大的债务到期未清偿；

（六）被中国证券投资基金业协会、中国银行保险监督管理委员会等依法处以市场禁入等处罚，期限未满的；

（七）法律、行政法规或部门规章规定的其他内容。

违反本条规定选举、委派董事的，该选举、委派无效。董事在任职期间出现本条情形的，公司解除其职务。

本条关于不得担任董事的情形，同样适用于公司高级管理人员及监事。

第五十八条　董事应当遵守法律、行政法规和公司章程，对公司负有下列忠实义务：

（一）不得利用职权收受贿赂或者其他非法收入，不得侵占公司的财产；

（二）不得挪用公司资金；

（三）不得违反公司章程的规定，将公司资金借贷给他人或者以公司财产为他人提供担保；

（四）不得违反公司章程的规定，与公司订立合同或者进行交易；

（五）未经股东会同意，不得利用职务便利，为自己或他人谋取本应属于公司的商业机会，自营或者为他人经营与公司同类的业务；

（六）不得将与公司交易的佣金归为己有；

（七）不得擅自披露公司秘密；

（八）不得利用其关联关系损害公司利益；

（九）未经公司章程规定或者董事会的合法授权，任何董事不得以个人名义代表公司或者董事会行事；

（十）董事个人或者其所任职的其他企业直接或者间接与公司已有的或者计划中的合同、交易、安排有关联关系时（聘任合同除外），不论有关事项在一般情况下是否需要董事会批准同意，均应尽快向董事会披露其关联关系的性质和程度，并由董事会决定是否需要继续进行或变更该合同、交易、安排；

（十一）法律、行政法规、部门规章及公司章程其他条款规定的忠实义务。

董事违反本条规定所得的收入，应当归公司所有；给公司造成损失的，应当承担赔偿责任。

本条关于忠实义务的规定，同样适用于公司高级管理人员及监事。

第五十九条 董事应当遵守法律、行政法规和公司章程，对公司负有下列勤勉义务：

（一）应谨慎、认真、勤勉地行使公司赋予的权利，以保证公司的商业行为符合国家法律、行政法规以及国家各项经济政策的要求，商业活动不超过营业执照规定的业务范围；

（二）应公平对待所有股东；

（三）及时了解公司业务经营管理状况；

（四）对公司财务会计报告认真审核并签署书面意见；

（五）保证公司所披露的信息真实、准确、完整；

（六）应当如实向监事会提供有关情况和资料，不得妨碍监事会或者监事行使职权；

（七）法律、行政法规、部门规章及公司章程其他条款规定的勤勉义务。

本条关于勤勉义务的规定，同样适用于公司高级管理人员。

第六十条 董事连续两次未能亲自出席，也不委托其他董事出席董事会会议的，视为不能履行职责，董事会应当建议股东会对其职务予以罢免。

第六十一条 董事可以在任期届满以前提出辞职。董事辞职应向董事会提交书面辞职报告。董事会应在7日内向股东告知有关情况。

如因董事的辞职导致公司董事会低于章程规定人数或法定最低人数时，在改选出的董事就任前，原董事仍应当依照法律、行政法规、部门规章和公司章程规定，履行董事职务。

除前款所列情形外，董事辞职自辞职报告送达董事会时生效。

第六十二条 董事辞职生效或者任期届满，应向董事会办妥所有移交手续，其对公司和股东承担的相关忠实义务，在任期结束后并不当然解除，在公司章程或公司其他文件规定的合理期限内仍然有效。

第六十三条 公司可以聘任会计、法律等领域的专业人士作为公司独立董事，除章程规定外，独立董事应按照法律、行政法规及部门规章的有关规定履行职责。

董事履行职务的费用由公司承担。不在公司任职的董事、独立董事的报酬由股东会决定。

第六十四条 公司设董事会，成员为【单数3－13】人，由股东会选举产生。董事任期三年，任期届满，可连选连任。董事会设董事长1人，副董事长【人数】人。

董事会可以对各位董事进行事先排名，在董事长、副董事长无法履行职务时，由排名在先的董事主持董事会工作。

第六十五条 董事会行使下列职权：

（一）召集股东会，并向股东会报告工作；

（二）执行股东会的决议；

（三）决定公司的经营计划和投资方案；

（四）制订公司的年度财务预算方案、决算方案；

（五）制订公司的利润分配方案和弥补亏损方案；

（六）制订公司增加或者减少注册资本、发行债券或其他证券及上市方案；

（七）拟订公司重大收购、收购本公司股票或者合并、分立、解散及变更公司形式的方案；

（八）在股东会授权范围内，决定公司对外投资、收购出售资产、资产抵押、对外担保、委托理财、关联交易等事项；

（九）决定公司内部管理机构的设置；

（十）聘任或者解聘公司经理、董事会秘书；根据经理的提名，聘任或者解聘公司副经理、财务负责人等高级管理人员，并决定其报酬事项和奖惩事项；

（十一）制定公司的基本管理制度；

（十二）制订公司章程的修改方案；

（十三）管理公司信息披露事项；

（十四）向股东会提请聘请或更换为公司审计的会计师事务所；

（十五）听取公司经理的工作汇报并检查经理的工作；

（十六）根据股东会的授权，对股东的出资义务进行监督和催缴；

（十七）法律、行政法规、部门规章或公司章程其他条款授予的职权。

第六十六条 董事会可下设审计委员会、战略委员会、提名委员会、薪酬与考核委员会等相关专门委员会。专门委员会对董事会负责，依照公司章程和董事会授权履行职责。

第六十七条 董事长和副董事长由董事会以全体董事的过半数选举产生。

副董事长协助董事长工作，并向董事长和董事会负责。

第六十八条 董事长行使下列职权：

（一）主持股东会和召集、主持董事会会议；

（二）督促、检查董事会决议的执行；

（三）董事会授予的其他职权。

第六十九条 董事会每年至少召开两次会议，由董事长召集，于会议召开10日前以书面通知全体董事和监事。

第七十条　代表10%以上表决权的股东、三分之一以上董事或者监事会，可以提议召开董事会临时会议。董事长应当自接到提议后10日内，召集和主持董事会会议。

第七十一条　董事会会议通知包括以下内容：

（一）会议日期和地点；

（二）会议期限；

（三）事由及议题；

（四）发出通知的日期。

董事会召开会议，应按照本章程第十六章规定的方式予以通知。

第七十二条　董事会会议应有过半数的董事出席方可举行。董事会作出决议，必须经全体董事的过半数通过。

董事会决议的表决，实行一人一票。

第七十三条　董事与董事会会议决议事项有利害关系的，按照第二十九条的规定回避表决，不得对该项决议行使表决权，也不得代理其他董事行使表决权。该董事会会议由过半数的无利害关系董事出席即可举行，董事会会议所作决议须经无利害关系董事过半数通过。

出席董事会的无利害董事人数不足3人的，应将该事项提交股东会审议。

第七十四条　董事会决议表决方式为：现场举手表决，特殊事项可实行现场无记名投票方式表决。

董事会临时会议在保障董事充分表达意见的前提下，可以用视频会议、电话会议等方式进行并作出决议，并由参会董事签字。

第七十五条　董事会会议，应由董事本人出席；董事因故不能出席，可以书面委托其他董事代为出席，委托书中应载明代理人的姓名、代理事项、授权范围和有效期限，并由委托人签名或盖章。代为出席会议的董事应当在授权范围内行使董事的权利。董事未出席董事会会议，亦未委托其他董事出席的，视为放弃在该次会议上的投票权。

第七十六条 董事会应当将会议所议事项的决定做成会议记录，出席会议的董事应当在会议记录上签名。

董事会会议记录作为公司档案保存，保存期限不少于10年。

第七十七条 董事会会议记录包括以下内容：

（一）会议召开的日期、地点和召集人姓名；

（二）出席董事的姓名以及受他人委托出席董事会的董事（代理人）姓名；

（三）会议议程；

（四）董事发言要点；

（五）每一决议事项的表决方式和结果（表决结果应载明赞成、反对或弃权的票数）。

第十章 总经理及其他高级管理人员

第七十八条 公司设一名总经理，由董事会决定聘任或者解聘。

公司根据需要设副总经理1-3名，由董事会聘任或解聘。

公司总经理、副总经理、财务负责人、董事会秘书和生产总监、销售总监、人力总监、法务总监为公司高级管理人员。

公司应向公司高级管理人员通知其身份并告知公司高级管理人员行为准则。公司高级管理人员根据公司章程和公司高级管理人员行为准则履行职责。

第七十九条 总经理每届任期三年，总经理连聘可以连任。

第八十条 总经理对董事会负责，行使下列职权：

（一）主持公司的生产经营管理工作，组织实施董事会决议，并向董事会报告工作。

（二）组织实施公司年度经营计划和投资方案。

（三）拟订公司内部管理机构设置方案。

（四）拟订公司的基本管理制度。

（五）制定公司的具体规章。

（六）提请董事会聘任或者解聘公司副经理、财务负责人。

（七）决定聘任或者解聘除应由董事会决定聘任或者解聘以外的负责管理人员。

（八）当公司发生以下情形时，经理可以要求召开临时董事会会议，董事长应当召集，由董事会对相关事项作出决定。

(1) 按照本公司合同管理制度，需要董事会决定重大合同事项的；

(2) 发生重大诉讼、仲裁，或者面临重大诉讼、仲裁风险的；

(3) 发生重大事件公共事件，需要进行危机公关的；

(4) 面临行政处罚，需要申辩和听证的；

(5) 出现其他超出经理权限，需要董事会决定的事项。

（九）公司章程或董事会授予的其他职权。

总经理列席董事会会议。

第八十一条　总经理应制定经理工作细则，报董事会批准后实施。

第八十二条　经理工作细则包括下列内容：

（一）总经理会议召开的条件、程序和参加的人员；

（二）总经理及其他高级管理人员各自具体的职责及其分工；

（三）公司资金、资产运用以及合同签订的审批权限；

（四）向董事会、监事会的述职报告制度；

（五）董事会认为必要的其他事项。

第八十三条　总经理可以在任期届满以前提出辞职。经理辞职的工作审计、工作交接等由公司制定专门文件规范。

第八十四条　公司设董事会秘书，负责公司股东会和董事会会议的筹备、文件保管以及公司股东资料管理，信息通报等事宜。

董事会秘书应遵守法律、行政法规、部门规章及公司章程的有关规定。

第八十五条　高级管理人员执行公司职务时违反法律、行政法规、部门规章、公司章程或公司高级管理人员行为准则的规定，给公司造成损失的，应当承担赔偿责任。

第八十六条 高级管理人员未通过公司管理绩效考核的，股东会或者董事会可在任期届满前解除其职务。

第八十七条 对于《公司法》或公司章程规定应经股东会或董事会决议的事项，法定代表人或其他高级管理人员在未经股东会或董事会作出决议的情况下以公司名义行事，给公司造成损失的，应向公司承担赔偿责任。

第八十八条 公司建立激励制度，公司可以以期股、期权等方式对董事、监事、高级管理人员和公司关键人员予以股权激励。

第八十九条 除公司股东会或者董事会出具明确书面授权及商务合同中明确约定外，公司高级管理人员及其他职员均无权代表公司对外行使以下行为，但单纯使公司受益或者获利的行为除外：

（一）增加公司义务，或者减少公司权利；

（二）免除交易相对方的义务和责任；

（三）在公司经营范围外达成交易，为其他公司提供担保或者债务加入；

（四）其他会对公司的利益造成较大影响的行为。

第十一章 监事会及其产生办法、职权、议事规则

第九十条 董事、总经理和其他高级管理人员不得兼任监事。

第九十一条 监事的任期每届为3年。监事任期届满，连选可以连任。

监事任期届满未及时改选，或者监事在任期内辞职导致监事会成员低于法定人数的，在改选出的监事就任前，原监事仍应当依照法律、行政法规和公司章程的规定，履行监事职务。

第九十二条 监事应当对公司披露信息的真实、准确、完整性，履行监督职责。

第九十三条 监事可以列席股东会会议，并对股东会决议事项提出质询

或者建议。

监事可以列席董事会会议，并对董事会决议事项提出质询或者建议。

第九十四条　监事不得利用其关联关系损害公司利益，因此给公司造成损失的，应当承担赔偿责任。

监事执行职务时违反法律、行政法规、部门规章或公司章程的规定，给公司造成损失的，应当承担赔偿责任。

第九十五条　监事会由3名监事组成，监事会设主席1人，可以设副主席。监事会主席和副主席由全体监事过半数选举产生。监事会主席召集和主持监事会会议；监事会主席不能履行职务或者不履行职务的，由监事会副主席召集和主持监事会会议；监事会副主席不能履行职务或者不履行职务的，由半数以上监事共同推举一名监事召集和主持监事会会议。

监事会应当包括股东代表和适当比例的公司职工代表，其中职工代表的比例不低于三分之一。监事会中的职工代表由公司职工通过职工代表大会、职工大会或者其他形式民主选举产生。

第九十六条　监事会行使下列职权：

（一）应当对董事会编制的公司定期报告进行审核并提出书面审核意见。

（二）检查公司财务。

（三）对董事、高级管理人员执行公司职务的行为进行监督，对违反法律、行政法规、公司章程或者股东会决议的董事、高级管理人员提出罢免的建议。

（四）当董事、高级管理人员的行为损害公司的利益时，要求董事、高级管理人员予以纠正。

（五）提议召开临时股东会会议，在董事会不履行《公司法》规定的召集和主持股东会会议职责时召集和主持股东会会议。

（六）向股东会会议提出提案。

（七）依照《公司法》第一百五十一条的规定，对董事、高级管理人员提起诉讼。

（八）发现公司经营情况异常，可以进行自行调查；必要时也可以聘请会计师事务所、律师事务所等专业机构协助其工作，费用由公司承担。

（九）对董事、高级管理人员涉嫌违反公司章程、侵犯公司利益的行为，监事会有权召开听证会。听证会程序由监事会另行制定并公布。

（十）公司章程授予的其他职权。

第九十七条 监事会每6个月召开一次定期会议。监事可以提议召开临时监事会会议。

监事会决议应当经过半数监事通过。

第九十八条 监事会制定监事会议事规则，明确监事会的议事方式和表决程序，以确保监事会的工作效率和科学决策。

第九十九条 监事会应当将所议事项的决定做成会议记录，出席会议的监事应当在会议记录上签名。

监事有权要求在记录上对其在会议上的发言作出某种说明性记载。监事会会议记录作为公司档案至少保存10年。

第一百条 监事会会议通知包括以下内容：

（一）举行会议的日期、地点和会议期限；

（二）事由及议题；

（三）发出通知的日期。

监事会召开会议，应按照本章程第十六章规定的方式予以通知。

第一百零一条 监事依照法律法规和本章程规定履行职责，任何人不得干涉。公司应对监事履行职责提供必要的办公条件及业务经费。监事履行职责时，有权要求公司任何部门提供相关资料，公司各机构、各部门须按照要求给予必要协助。

监事以书面形式提出的质询案，公司有关机构必须最迟在五个工作日内予以书面答复。

第一百零二条 公司董事会在审议通过金额在3000万元以上的关联交易事项、涉及股东代表诉讼的相关决议事项以及董事会认为应当事先征求监事会同意的决议事项，应在决议作出后书面征求监事会意见，监事会应当在三日内书面回复意见，不书面回复视为同意。监事会同意的，董事会决议事项付诸实施。如监事会不同意董事会决议事项，董事会须在十日内作出召开股东会的决议，将相关事项提交股东会表决。

第十二章 公司的法定代表人

第一百零三条 董事长为公司的法定代表人，由董事会三分之二以上董事同意选举产生和罢免，任期为3年，任期届满，可连选连任。

第一百零四条 公司法定代表人应严格履行法律法规和公司章程赋予的职责，对公司的不当经营行为承担相应的法律责任。

第一百零五条 法定代表人因故不能继续履行职责时，应在情形发生之日起十五日内向董事会提出书面辞职申请。董事会收到该申请后，应在三十日内召开董事会选举新任法定代表人。在选举出新的法定代表人之前，由副董事长代为履行法定代表人职责；副董事长不愿代为履行的由出资最多的股东指派人员代为履行法定代表人职责。

第一百零六条 未经股东会或董事会决议，法定代表人个人无权决定公司对外担保、债务加入或者借款等对公司有重大风险的事项。

法定代表人越权行为给公司造成损失时，公司可以请求法定代表人承担赔偿责任。公司没有提起诉讼的，股东可以依据法律规定请求法定代表人承担赔偿责任。

第十三章 财务会计制度、利润分配

第一百零七条 公司应当依照法律、行政法规和国务院有关部门的规定建立本公司的财务会计制度；并应在每一会计年度结束时制作财务会计报告，并在次年3月31日前送交各股东。

财务会计报告按照有关法律、行政法规及部门规章的规定进行编制。

第一百零八条 董事会是财务会计报告的责任人，董事会成员应对财务会计报告的真实性、准确性、全面性向公司及股东负责。财务会计报告制作完毕后，先由监事会进行审核。审核通过后，董事会应将财务会计报告和监事会审核报告一并交股东会审议。

会计报表中应当包括资产负债表、利润表、现金流量表、所有者权益变动表、附注等。

公司不得另立会计账簿。公司的资金，不得以任何个人名义开立账户存取。

第一百零九条 公司分配当年税后利润前，应当提取利润的10%列入公司法定公积金。公司法定公积金累计额达到公司注册资本的50%以上的，可以不再提取。

公司的法定公积金不足以弥补以前年度亏损的，在依照前款规定提取法定公积金之前，应当先用当年利润弥补亏损。

公司从税后利润中提取法定公积金后，经股东会决议，还可以从税后利润中提取任意公积金。公司任意公积金累计额达到公司注册资本的25%以上的，可以不再提取。

公司弥补亏损和提取公积金后所余税后利润，按照股东实缴出资比例分配，股东会一致决议按其他比例分配的除外。

股东会违反前款规定，在公司弥补亏损和提取法定公积金之前向股东分配利润的，股东必须将违反规定分配的利润退还公司。

公司持有的本公司股权不参与分配利润。

第一百一十条 公司的公积金用于弥补公司的亏损、扩大公司生产经营或者转为增加公司资本。

法定公积金转为出资时，所留存的该项公积金将不少于转增前公司注册资本的25%。

第一百一十一条　公司股东会对利润分配方案作出决议后，公司董事会须在股东会召开后2个月内完成利润分配。

第一百一十二条　公司实行内部审计制度，配备专职审计人员，对公司财务收支和经济活动进行内部审计监督。

第一百一十三条　公司内部审计制度和审计人员的职责，应当经董事会批准后实施。审计负责人向董事会负责并报告工作。

第一百一十四条　公司应向聘用的会计师事务所提供真实、完整的会计凭证、会计账簿、财务会计报告及其他会计资料，不得拒绝、隐匿、谎报。

公司董事、总经理和财务负责人对上述材料的真实性、完整性负责。

第一百一十五条　财务负责人负责处理公司财务、税务工作，其职权如下：

（一）协助董事会决定公司的经营计划和投资方案；

（二）协助董事会制订公司的年度财务预算方案、决算方案；

（三）协助董事会制订公司的利润分配方案和弥补亏损方案；

（四）协助董事会制订公司增加或者减少注册资本的方案；

（五）根据相关法律规定，建立本公司的财务制度、会计制度；

（六）对本公司财务会计部门的工作负责；

（七）在每一会计年度终了后，负责编制财务会计报告，并依法经会计师事务所审计；

（八）依照公司章程规定的期限将财务会计报告提交董事会；

（九）董事会授予的其他职责。

第十四章　合并、分立、增资、减资、解散和清算

第一百一十六条　公司合并可以采取吸收合并或者新设合并，由合并各方签订合并协议，并编制资产负债表及财产清单。

公司合并时，合并各方的债权、债务，由合并后存续的公司或者新设的公司承继。

第一百一十七条 公司分立，其财产作相应的分割。公司分立应当编制资产负债表及财产清单。

公司分立前的债务由分立后的公司承担连带责任；公司在分立前与债权人就债务清偿达成的书面协议另有约定的除外。

第一百一十八条 公司需要减少注册资本时，必须编制资产负债表及财产清单。

公司依据与财务投资者股东签订的对赌协议回购股权的，股东会应先形成减资决议，然后再进行回购。

第一百一十九条 公司应当自作出合并、分立、减资决议之日起10日内通知债权人，并于30日内在本省（直辖市、自治区）发行量排名前三名的报纸上公告。

债权人自接到通知书之日起30日内，未接到通知书的自公告之日起45日内，可以要求公司清偿债务或者提供相应的担保。

第一百二十条 公司合并或者分立，登记事项发生变更的，应当依法向公司登记机关办理变更登记；公司解散的，应当依法办理公司注销登记；设立新公司的，应当依法办理公司设立登记。

公司增加或者减少注册资本，应当依法向公司登记机关办理变更登记。

第一百二十一条 公司因下列原因解散：

（一）公司章程规定的营业期限届满或者公司章程规定的其他解散事由出现；

（二）股东会决议解散；

（三）因公司合并或者分立需要解散；

（四）依法被吊销营业执照、责令关闭或者被撤销；

（五）公司经营管理发生严重困难，继续存续会使股东利益受到重大损失，通过其他途径不能解决的，持有公司全部股东表决权10%以上的股东，可以请求人民法院解散公司。

第一百二十二条 公司有公司章程第一百二十四条第（一）项情形的，可以通过修改公司章程而存续。

依照前款规定修改公司章程，须经出席股东会会议的股东所持表决权的四分之三以上通过。

第一百二十三条 公司因公司章程第一百二十四条第（一）项、第（二）项、第（四）项、第（五）项规定而解散的，应当在解散事由出现之日起15日内成立清算组，开始清算。清算组由全体股东组成或由全体股东召开股东会会议确定清算组成员。逾期不成立清算组进行清算的，债权人可以申请人民法院指定有关人员组成清算组进行清算。

第一百二十四条 清算组在清算期间行使下列职权：

（一）清理公司财产，分别编制资产负债表和财产清单；

（二）通知、公告债权人；

（三）处理与清算有关的公司未了结的业务；

（四）清缴所欠税款以及清算过程中产生的税款；

（五）清理债权、债务；

（六）处理公司清偿债务后的剩余财产；

（七）代表公司参与民事诉讼活动。

第一百二十五条 清算组应当自成立之日起10日内通知债权人，并于60日内在本省（直辖市、自治区）发行量排名前三名的报纸上公告。债权人应当自接到通知书之日起30日内，未接到通知书的自公告之日起45日内，向清算组申报其债权。

债权人申报债权，应当说明债权的有关事项，并提供证明材料。清算组应当对债权进行登记。

在申报债权期间，清算组不得对债权人进行清偿。

第一百二十六条 清算组在清理公司财产、编制资产负债表和财产清单后，应当制订清算方案，并报股东会或者人民法院确认。

公司在分别支付清算费用、职工的工资、社会保险费用和法定补偿金，缴纳所欠税款，清偿公司债务后的剩余财产，按照股东实缴出资比例进行分配。全体股东一致决议按照其他比例分配的除外。

清算期间，公司存续，但不能开展与清算无关的经营活动。

公司财产在未按前款规定清偿前，不对股东分配。

第一百二十七条 清算组在清理公司财产、编制资产负债表和财产清单后，发现公司财产不足以清偿债务的，应当依法向人民法院申请宣告破产。

公司经人民法院裁定宣告破产后，清算组应当将清算事务移交给人民法院。

第一百二十八条 公司清算结束后，清算组应当制作清算报告，报股东会或者人民法院确认，并报送公司登记机关，申请注销公司登记，公告公司终止。

第一百二十九条 清算组成员应当忠于职守，依法履行清算义务。

清算组成员不得利用职权收受贿赂或者其他非法收入，不得侵占公司财产。

清算组成员因故意或者重大过失给公司或者债权人造成损失的，应当承担赔偿责任。

第一百三十条 公司被依法宣告破产的，依照有关企业破产的法律实施破产清算。

第十五章 修改章程

第一百三十一条 有下列情形之一的，公司应当修改章程：

（一）《公司法》或有关法律、行政法规修改后，章程规定的事项与修改后的法律、行政法规的规定相抵触；

（二）章程记载的事项不符合公司发展要求，或与公司实际情形不符的；

（三）股东会决定修改章程。

第一百三十二条　股东会决议通过的章程修改事项依法应经主管机关审批的，须报主管机关批准；涉及公司登记事项的，依法办理变更登记。

第十六章　通知和公告

第一百三十三条　公司的通知以下列形式发出：

（一）以专人送出；

（二）以快递方式邮寄；

（三）经过股东确认的传真、电子邮件、QQ、微信等电子数据途径；

（四）其他途径无法送达的，以公告方式进行。

第一百三十四条　公司召开股东会的会议通知，首选【快递或电子数据方式】进行。

第一百三十五条　公司召开董事会的会议通知，首选【快递或电子数据方式】进行。

第一百三十六条　公司召开监事会的会议通知，首选【快递或电子数据方式】进行。

第一百三十七条　公司通知以专人送出的，由被送达人在送达回执上签名（或盖章），被送达人签收日期为送达日期；公司通知以快递送出的，自交付邮局之日起第五个工作日为送达日期；公司通知以公告方式送出的，第一次公告刊登日为送达日期；公司通知以经股东确认的传真、QQ、微信、电子邮件等电子数据途径送出的，以发送次日为送达日期。

第一百三十八条　公司指定【媒体名称】为刊登公司公告和其他需要披露信息的媒体。

第十七章　附　　则

第一百三十九条　释义

（一）控股股东，是指其持有的出资额占公司注册资本总额50%以上的股东，以及持有股份的比例虽然不足50%，但依其持有的出资额所享有的表决权或者因关联关系或者协议安排能够影响的表决权已足以对股东会的决议产生重大影响的股东。

（二）实际控制人，是指虽不是公司的股东，但通过投资关系、协议或者其他安排，能够实际支配公司行为的人。

（三）关联关系，是指公司控股股东、实际控制人、董事、监事、高级管理人员与其直接或者间接控制的企业之间的关系，以及可能导致公司利益转移的其他关系。

第一百四十条　董事会可依照公司章程的规定，制定股东会议事规则、董事会议事规则和监事会议事规则等细则。细则不得与公司章程的规定相抵触。

第一百四十一条　总经理可以制定公司合同管理办法、印章资质证书管理使用办法、公司业务资料管理使用办法等公司实际经营业务中需要的规章制度，报董事会批准后实行。

第一百四十二条　公司应及时向股东公开如下信息：

（一）业务信息。销售收入变动情况、金额超过100万元的销售合同、金额超过30万元的采购合同、对外抵押情况、对外担保情况等。

（二）财务信息。公司财务报表包括的全部财务信息、重大债权回收情况、重大债务清偿情况、经营成本变动情况以及任何价值超过公司总资产5%的资产变动情况。

（三）人事信息。董事变动、监事变动、经理变动、财务主管人员变动、公司部门经理人员变动、公司顾问律师变动、公司顾问会计师变动等。

（四）其他信息。公司章程修改，公司作出的股东会会议决议、董事会会议决议、监事会会议决议。

股东应当对获得的公司信息保密，如因股东未遵守保密义务给公司造成损失的，应当承担赔偿责任。

第一百四十三条　公司章程以中文书写，其他任何语种或不同版本的公司章程与公司董事会留存的公司章程有不一致时，以由公司登记机关最近一次核准登记后的中文版章程为准。

第一百四十四条　公司章程所称“以上”“以内”“以下”“至少”，都含本数；“超过”“以外”“低于”“多于”不含本数。

第一百四十五条　公司章程由公司股东会负责解释。

第一百四十六条　公司章程附件包括股东会议事规则、董事会议事规则和监事会议事规则。

第一百四十七条　公司登记事项以公司登记机关核定的事项为准。

第一百四十八条　公司章程由全体股东共同订立，自公司设立之日起生效。

第一百四十九条　公司章程一式三份，公司董事会留存两份，并报公司登记机关备案一份。

（以下部分为股东签署页，无正文）

时间：【实际签署时间】

地点：【实际签署地址】

附录

上市公司章程指引

（2016 年 9 月 30 日修订公布　根据 2019 年 4 月 17 日《关于修改〈上市公司章程指引〉的决定》修订）

目　　录

第一章　总　　则

第一条　为维护公司、股东和债权人的合法权益，规范公司的组织和行为，根据《中华人民共和国公司法》（以下简称《公司法》）、《中华人民共和国证券法》（以下简称《证券法》）和其他有关规定，制订本章程。

第二条　公司系依照【法规名称】和其他有关规定成立的股份有限公司（以下简称公司）。

公司【设立方式】设立；在【公司登记机关所在地名】工商行政管理局注册登记，取得营业执照，营业执照号【营业执照号码】。

注释：依法律、行政法规规定，公司设立必须报经批准的，应当说明批准机关和批准文件名称。

第三条 公司于【批/核准日期】经【批/核准机关全称】批/核准，首次向社会公众发行人民币普通股【股份数额】股，于【上市日期】在【证券交易所全称】上市。公司于【批/核准日期】经【批/核准机关全称】批/核准，发行优先股【股份数额】股，于【上市日期】在【证券交易所全称】上市。公司向境外投资人发行的以外币认购并且在境内上市的境内上市外资股为【股份数额】，于【上市日期】在【证券交易所全称】上市。

注释：本指引所称优先股，是指依照《公司法》，在一般规定的普通种类股份之外，另行规定的其他种类股份，其股份持有人优先于普通股股东分配公司利润和剩余财产，但参与公司决策管理等权利受到限制。

没有发行（或拟发行）优先股或者境内上市外资股的公司，无需就本条有关优先股或者境内上市外资股的内容作出说明。以下同。

第四条 公司注册名称：【中文全称】【英文全称】

第五条 公司住所：【公司住所地址全称，邮政编码】。

第六条 公司注册资本为人民币【注册资本数额】元。

注释：公司因增加或者减少注册资本而导致注册资本总额变更的，可以在股东大会通过同意增加或减少注册资本的决议后，再就因此而需要修改公司章程的事项通过一项决议，并说明授权董事会具体办理注册资本的变更登记手续。

第七条 公司营业期限为【年数】或者【公司为永久存续的股份有限公司】。

第八条 【董事长或经理】为公司的法定代表人。

第九条 公司全部资产分为等额股份，股东以其认购的股份为限对公司承担责任，公司以其全部资产对公司的债务承担责任。

第十条 本公司章程自生效之日起，即成为规范公司的组织与行为、公司与股东、股东与股东之间权利义务关系的具有法律约束力的文件，对公司、股东、董事、监事、高级管理人员具有法律约束力的文件。依据本章程，股东可以起诉股东，股东可以起诉公司董事、监事、经理和其他高级管理人员，股东可以起诉公司，公司可以起诉股东、董事、监事、经理和其他高级管理人员。

第十一条　本章程所称其他高级管理人员是指公司的副经理、董事会秘书、财务负责人。

注释：公司可以根据实际情况，在章程中确定属于公司高级管理人员的人员。

第二章　经营宗旨和范围

第十二条　公司的经营宗旨：【宗旨内容】

第十三条　经依法登记，公司的经营范围：【经营范围内容】

注释：公司的经营范围中属于法律、行政法规规定须经批准的项目，应当依法经过批准。

第三章　股　　份

第一节　股份发行

第十四条　公司的股份采取股票的形式。

第十五条　公司股份的发行，实行公开、公平、公正的原则，同种类的每一股份应当具有同等权利。

存在特别表决权股份的上市公司，应当在公司章程中规定特别表决权股份的持有人资格、特别表决权股份拥有的表决权数量与普通股份拥有的表决权数量的比例安排、持有人所持特别表决权股份能够参与表决的股东大会事项范围、特别表决权股份锁定安排及转让限制、特别表决权股份与普通股份的转换情形等事项。公司章程有关上述事项的规定，应当符合交易所的有关规定。

同次发行的同种类股票，每股的发行条件和价格应当相同；任何单位或者个人所认购的股份，每股应当支付相同价额。

注释：发行优先股的公司，应当在章程中明确以下事项：（1）优先股股息率采用固定股息率或浮动股息率，并相应明确固定股息率水平或浮动股息率的计算方法；（2）公司在有可分配税后利润的情况下是否必须分配利润；（3）如果公司因本会计年度可分配利润不足而未向优先股股东足额派发股息，差额部分是否累积到下一会计年度；（4）优先股股东按照约定的股息率分配股息后，是否有权同普通股股东一起参加剩余利润分配，以及参与剩余利润分配的比例、条件等事项；（5）其他涉及优先股股东参与公司利润分配的事项；（6）除利润分配和剩余财产分配外，优先股是否在其他条款上具有不同的设置；（7）优先股表决权恢复时，每股优先股股份享有表决权的具体计算方法。

其中，公开发行优先股的，应当在公司章程中明确：（1）采取固定股息率；（2）在有可分配税后利润的情况下必须向优先股股东分配股息；（3）未向优先股股东足额派发股息的差额部分应当累积到下一会计年度；（4）优先股股东按照约定的股息率分配股息后，不再同普通股股东一起参加剩余利润分配。商业银行发行优先股补充资本的，可就第（2）项和第（3）项事项另作规定。

第十六条 公司发行的股票，以人民币标明面值。

第十七条 公司发行的股份，在【证券登记机构名称】集中存管。

第十八条 公司发起人为【各发起人姓名或者名称】、认购的股份数分别为【股份数量】、出资方式和出资时间为【具体方式和时间】。

注释：已成立1年或1年以上的公司，发起人已将所持股份转让的，无需填入发起人的持股数额。

第十九条 公司股份总数为【股份数额】，公司的股本结构为：普通股【数额】股，其他种类股【数额】股。

注释：公司发行优先股等其他种类股份的，应作出说明。

第二十条　公司或公司的子公司（包括公司的附属企业）不以赠与、垫资、担保、补偿或贷款等形式，对购买或者拟购买公司股份的人提供任何资助。

第二节　股份增减和回购

第二十一条　公司根据经营和发展的需要，依照法律、法规的规定，经股东大会分别作出决议，可以采用下列方式增加资本：

（一）公开发行股份；

（二）非公开发行股份；

（三）向现有股东派送红股；

（四）以公积金转增股本；

（五）法律、行政法规规定以及中国证监会批准的其他方式。

注释：发行优先股的公司，应当在章程中对发行优先股的以下事项作出规定：公司已发行的优先股不得超过公司普通股股份总数的百分之五十，且筹资金额不得超过发行前净资产的百分之五十，已回购、转换的优先股不纳入计算。

公司不得发行可转换为普通股的优先股。但商业银行可以根据商业银行资本监管规定，非公开发行触发事件发生时强制转换为普通股的优先股，并遵守有关规定。

发行可转换公司债的公司，还应当在章程中对可转换公司债的发行、转股程序和安排以及转股所导致的公司股本变更等事项作出具体规定。

第二十二条　公司可以减少注册资本。公司减少注册资本，应当按照《公司法》以及其他有关规定和本章程规定的程序办理。

第二十三条　公司在下列情况下，可以依照法律、行政法规、部门规章和本章程的规定，收购本公司的股份：

（一）减少公司注册资本；

（二）与持有本公司股份的其他公司合并；

（三）将股份用于员工持股计划或者股权激励；

（四）股东因对股东大会作出的公司合并、分立决议持异议，要求公司收购其股份；

（五）将股份用于转换上市公司发行的可转换为股票的公司债券；

（六）上市公司为维护公司价值及股东权益所必需。

除上述情形外，公司不得收购本公司股份。

注释：发行优先股的公司，还应当在公司章程中对回购优先股的选择权由发行人或股东行使、回购的条件、价格和比例等作出具体规定。发行人按章程规定要求回购优先股的，必须完全支付所欠股息，但商业银行发行优先股补充资本的除外。

第二十四条 公司收购本公司股份，可以通过公开的集中交易方式，或者法律法规和中国证监会认可的其他方式进行。

公司因本章程第二十三条第一款第（三）项、第（五）项、第（六）项规定的情形收购本公司股份的，应当通过公开的集中交易方式进行。

第二十五条 公司因本章程第二十三条第一款第（一）项、第（二）项规定的情形收购本公司股份的，应当经股东大会决议；公司因本章程第二十三条第一款第（三）项、第（五）项、第（六）项规定的情形收购本公司股份的，可以依照本章程的规定或者股东大会的授权，经三分之二以上董事出席的董事会会议决议。

公司依照本章程第二十三条第一款规定收购本公司股份后，属于第（一）项情形的，应当自收购之日起10日内注销；属于第（二）项、第（四）项情形的，应当在6个月内转让或者注销；属于第（三）项、第（五）项、第（六）项情形的，公司合计持有的本公司股份数不得超过本公司已发行股份总额的10%，并应当在3年内转让或者注销。

注释：公司按本条规定回购优先股后，应当相应减记发行在外的优先股股份总数。

第三节　股份转让

第二十六条　公司的股份可以依法转让。

第二十七条　公司不接受本公司的股票作为质押权的标的。

第二十八条　发起人持有的本公司股份，自公司成立之日起1年内不得转让。公司公开发行股份前已发行的股份，自公司股票在证券交易所上市交易之日起1年内不得转让。

公司董事、监事、高级管理人员应当向公司申报所持有的本公司的股份（含优先股股份）及其变动情况，在任职期间每年转让的股份不得超过其所持有本公司同一种类股份总数的25%；所持本公司股份自公司股票上市交易之日起1年内不得转让。上述人员离职后半年内，不得转让其所持有的本公司股份。

注释：若公司章程对公司董事、监事、高级管理人员转让其所持有的本公司股份（含优先股股份）作出其他限制性规定的，应当进行说明。

第二十九条　公司董事、监事、高级管理人员、持有本公司股份5%以上的股东，将其持有的本公司股票在买入后6个月内卖出，或者在卖出后6个月内又买入，由此所得收益归本公司所有，本公司董事会将收回其所得收益。但是，证券公司因包销购入售后剩余股票而持有5%以上股份的，卖出该股票不受6个月时间限制。

公司董事会不按照前款规定执行的，股东有权要求董事会在30日内执行。公司董事会未在上述期限内执行的，股东有权为了公司的利益以自己的名义直接向人民法院提起诉讼。

公司董事会不按照第一款的规定执行的，负有责任的董事依法承担连带责任。

第四章　股东和股东大会

第一节　股　　东

第三十条　公司依据证券登记机构提供的凭证建立股东名册，股东名册是证明股东持有公司股份的充分证据。股东按其所持有股份的种类享有权利，承担义务；持有同一种类股份的股东，享有同等权利，承担同种义务。

注释：公司应当与证券登记机构签订股份保管协议，定期查询主要股东资料以及主要股东的持股变更（包括股权的出质）情况，及时掌握公司的股权结构。

第三十一条　公司召开股东大会、分配股利、清算及从事其他需要确认股东身份的行为时，由董事会或股东大会召集人确定股权登记日，股权登记日收市后登记在册的股东为享有相关权益的股东。

第三十二条　公司股东享有下列权利：

（一）依照其所持有的股份份额获得股利和其他形式的利益分配；

（二）依法请求、召集、主持、参加或者委派股东代理人参加股东大会，并行使相应的表决权；

（三）对公司的经营进行监督，提出建议或者质询；

（四）依照法律、行政法规及本章程的规定转让、赠与或质押其所持有的股份；

（五）查阅本章程、股东名册、公司债券存根、股东大会会议记录、董事会会议决议、监事会会议决议、财务会计报告；

（六）公司终止或者清算时，按其所持有的股份份额参加公司剩余财产的分配；

（七）对股东大会作出的公司合并、分立决议持异议的股东，要求公司收购其股份；

（八）法律、行政法规、部门规章或本章程规定的其他权利。

注释：发行优先股的公司，应当在章程中明确优先股股东不出席股东大会会议，所持股份没有表决权，但以下情况除外：(1) 修改公司章程中与优先股相关的内容；(2) 一次或累计减少公司注册资本超过 10%；(3) 公司合并、分立、解散或变更公司形式；(4) 发行优先股；(5) 公司章程规定的其他情形。

发行优先股的公司，还应当在章程中明确规定：公司累计 3 个会计年度或者连续 2 个会计年度未按约定支付优先股股息的，优先股股东有权出席股东大会，每股优先股股份享有公司章程规定的表决权。对于股息可以累积到下一会计年度的优先股，表决权恢复直至公司全额支付所欠股息。对于股息不可累积的优先股，表决权恢复直至公司全额支付当年股息。公司章程可以规定优先股表决权恢复的其他情形。

第三十三条　股东提出查阅前条所述有关信息或者索取资料的，应当向公司提供证明其持有公司股份的种类以及持股数量的书面文件，公司经核实股东身份后按照股东的要求予以提供。

第三十四条　公司股东大会、董事会决议内容违反法律、行政法规的，股东有权请求人民法院认定无效。

股东大会、董事会的会议召集程序、表决方式违反法律、行政法规或者本章程，或者决议内容违反本章程的，股东有权自决议作出之日起 60 日内，请求人民法院撤销。

第三十五条　董事、高级管理人员执行公司职务时违反法律、行政法规或者本章程的规定，给公司造成损失的，连续 180 日以上单独或合并持有公司 1% 以上股份的股东有权书面请求监事会向人民法院提起诉讼；监事会执行公司职务时违反法律、行政法规或者本章程的规定，给公司造成损失的，股东可以书面请求董事会向人民法院提起诉讼。

监事会、董事会收到前款规定的股东书面请求后拒绝提起诉讼，或者自收到请求之日起 30 日内未提起诉讼，或者情况紧急、不立即提起诉讼将会使公司利益受到难以弥补的损害的，前款规定的股东有权为了公司的利益以自己的名义直接向人民法院提起诉讼。

他人侵犯公司合法权益，给公司造成损失的，本条第一款规定的股东可以依照前两款的规定向人民法院提起诉讼。

第三十六条 董事、高级管理人员违反法律、行政法规或者本章程的规定，损害股东利益的，股东可以向人民法院提起诉讼。

第三十七条 公司股东承担下列义务：

（一）遵守法律、行政法规和本章程；

（二）依其所认购的股份和入股方式缴纳股金；

（三）除法律、法规规定的情形外，不得退股；

（四）不得滥用股东权利损害公司或者其他股东的利益；不得滥用公司法人独立地位和股东有限责任损害公司债权人的利益；

公司股东滥用股东权利给公司或者其他股东造成损失的，应当依法承担赔偿责任。

公司股东滥用公司法人独立地位和股东有限责任，逃避债务，严重损害公司债权人利益的，应当对公司债务承担连带责任。

（五）法律、行政法规及本章程规定应当承担的其他义务。

第三十八条 持有公司5%以上有表决权股份的股东，将其持有的股份进行质押的，应当自该事实发生当日，向公司作出书面报告。

第三十九条 公司的控股股东、实际控制人不得利用其关联关系损害公司利益。违反规定的，给公司造成损失的，应当承担赔偿责任。

公司控股股东及实际控制人对公司和公司社会公众股股东负有诚信义务。控股股东应严格依法行使出资人的权利，控股股东不得利用利润分配、资产重组、对外投资、资金占用、借款担保等方式损害公司和社会公众股股东的合法权益，不得利用其控制地位损害公司和社会公众股股东的利益。

第二节 股东大会的一般规定

第四十条 股东大会是公司的权力机构，依法行使下列职权：

（一）决定公司的经营方针和投资计划；

（二）选举和更换非由职工代表担任的董事、监事，决定有关董事、监事的报酬事项；

（三）审议批准董事会的报告；

（四）审议批准监事会报告；

（五）审议批准公司的年度财务预算方案、决算方案；

（六）审议批准公司的利润分配方案和弥补亏损方案；

（七）对公司增加或者减少注册资本作出决议；

（八）对发行公司债券作出决议；

（九）对公司合并、分立、解散、清算或者变更公司形式作出决议；

（十）修改本章程；

（十一）对公司聘用、解聘会计师事务所作出决议；

（十二）审议批准第四十一条规定的担保事项；

（十三）审议公司在一年内购买、出售重大资产超过公司最近一期经审计总资产30%的事项；

（十四）审议批准变更募集资金用途事项；

（十五）审议股权激励计划；

（十六）审议法律、行政法规、部门规章或本章程规定应当由股东大会决定的其他事项。

注释：上述股东大会的职权不得通过授权的形式由董事会或其他机构和个人代为行使。

第四十一条 公司下列对外担保行为，须经股东大会审议通过。

（一）本公司及本公司控股子公司的对外担保总额，达到或超过最近一期经审计净资产的50%以后提供的任何担保；

（二）公司的对外担保总额，达到或超过最近一期经审计总资产的30%以后提供的任何担保；

（三）为资产负债率超过70%的担保对象提供的担保；

（四）单笔担保额超过最近一期经审计净资产10%的担保；

（五）对股东、实际控制人及其关联方提供的担保。

第四十二条 股东大会分为年度股东大会和临时股东大会。年度股东大会每年召开1次，应当于上一会计年度结束后的6个月内举行。

第四十三条 有下列情形之一的，公司在事实发生之日起2个月以内召开临时股东大会：

（一）董事人数不足《公司法》规定人数或者本章程所定人数的2/3时；

（二）公司未弥补的亏损达实收股本总额1/3时；

（三）单独或者合计持有公司10%以上股份的股东请求时；

（四）董事会认为必要时；

（五）监事会提议召开时；

（六）法律、行政法规、部门规章或本章程规定的其他情形。

注释：公司应当在章程中确定本条第（一）项的具体人数。计算本条第（三）项所称持股比例时，仅计算普通股和表决权恢复的优先股。

第四十四条 本公司召开股东大会的地点为：【具体地点】。股东大会将设置会场，以现场会议形式召开。公司还将提供网络投票的方式为股东参加股东大会提供便利。股东通过上述方式参加股东大会的，视为出席。

注释：公司章程可以规定召开股东大会的地点为公司住所地或其他明确地点。现场会议时间、地点的选择应当便于股东参加。发出股东大会通知后，无正当理由，股东大会现场会议召开地点不得变更。确需变更的，召集人应当在现场会议召开日前至少2个工作日公告并说明原因。

第四十五条 本公司召开股东大会时将聘请律师对以下问题出具法律意

见并公告：

（一）会议的召集、召开程序是否符合法律、行政法规、本章程；

（二）出席会议人员的资格、召集人资格是否合法有效；

（三）会议的表决程序、表决结果是否合法有效；

（四）应本公司要求对其他有关问题出具的法律意见。

第三节　股东大会的召集

第四十六条　独立董事有权向董事会提议召开临时股东大会。对独立董事要求召开临时股东大会的提议，董事会应当根据法律、行政法规和本章程的规定，在收到提议后10日内提出同意或不同意召开临时股东大会的书面反馈意见。董事会同意召开临时股东大会的，将在作出董事会决议后的5日内发出召开股东大会的通知；董事会不同意召开临时股东大会的，将说明理由并公告。

第四十七条　监事会有权向董事会提议召开临时股东大会，并应当以书面形式向董事会提出。董事会应当根据法律、行政法规和本章程的规定，在收到提案后10日内提出同意或不同意召开临时股东大会的书面反馈意见。

董事会同意召开临时股东大会的，将在作出董事会决议后的5日内发出召开股东大会的通知，通知中对原提议的变更，应征得监事会的同意。

董事会不同意召开临时股东大会，或者在收到提案后10日内未作出反馈的，视为董事会不能履行或者不履行召集股东大会会议职责，监事会可以自行召集和主持。

第四十八条　单独或者合计持有公司10%以上股份的股东有权向董事会请求召开临时股东大会，并应当以书面形式向董事会提出。董事会应当根据法律、行政法规和本章程的规定，在收到请求后10日内提出同意或不同意召开临时股东大会的书面反馈意见。

董事会同意召开临时股东大会的，应当在作出董事会决议后的5日内发出召开股东大会的通知，通知中对原请求的变更，应当征得相关股东的同意。

董事会不同意召开临时股东大会，或者在收到请求后10日内未作出反馈的，单独或者合计持有公司10%以上股份的股东有权向监事会提议召开临时股东大会，并应当以书面形式向监事会提出请求。

监事会同意召开临时股东大会的，应在收到请求5日内发出召开股东大会的通知，通知中对原提案的变更，应当征得相关股东的同意。

监事会未在规定期限内发出股东大会通知的，视为监事会不召集和主持股东大会，连续90日以上单独或者合计持有公司10%以上股份的股东可以自行召集和主持。

注释：计算本条所称持股比例时，仅计算普通股和表决权恢复的优先股。

第四十九条 监事会或股东决定自行召集股东大会的，须书面通知董事会，同时向公司所在地中国证监会派出机构和证券交易所备案。

在股东大会决议公告前，召集股东持股比例不得低于10%。召集股东应在发出股东大会通知及股东大会决议公告时，向公司所在地中国证监会派出机构和证券交易所提交有关证明材料。

注释：计算本条所称持股比例时，仅计算普通股和表决权恢复的优先股。

第五十条 对于监事会或股东自行召集的股东大会，董事会和董事会秘书将予配合。董事会应当提供股权登记日的股东名册。

第五十一条 监事会或股东自行召集的股东大会，会议所必需的费用由本公司承担。

第四节 股东大会的提案与通知

第五十二条 提案的内容应当属于股东大会职权范围，有明确议题和具体决议事项，并且符合法律、行政法规和本章程的有关规定。

第五十三条 公司召开股东大会，董事会、监事会以及单独或者合并持有公司3%以上股份的股东，有权向公司提出提案。

单独或者合计持有公司3%以上股份的股东，可以在股东大会召开10日前提出临时提案并书面提交召集人。召集人应当在收到提案后2日内发出股东大会补充通知，公告临时提案的内容。

除前款规定的情形外，召集人在发出股东大会通知公告后，不得修改股东大会通知中已列明的提案或增加新的提案。

股东大会通知中未列明或不符合本章程第五十二条规定的提案，股东大会不得进行表决并作出决议。

注释：计算本条所称持股比例时，仅计算普通股和表决权恢复的优先股。

第五十四条 召集人将在年度股东大会召开20日前以公告方式通知各股东，临时股东大会将于会议召开15日前以公告方式通知各股东。

注释：公司在计算起始期限时，不应当包括会议召开当日。公司可以根据实际情况，决定是否在章程中规定催告程序。

第五十五条 股东大会的通知包括以下内容：

（一）会议的时间、地点和会议期限；

（二）提交会议审议的事项和提案；

（三）以明显的文字说明：全体普通股股东（含表决权恢复的优先股股东）均有权出席股东大会，并可以书面委托代理人出席会议和参加表决，该股东代理人不必是公司的股东；

（四）有权出席股东大会股东的股权登记日；

（五）会务常设联系人姓名，电话号码。

注释：1. 股东大会通知和补充通知中应当充分、完整披露所有提案的全部具体内容。拟讨论的事项需要独立董事发表意见的，发布股东大会通知或补充通知时将同时披露独立董事的意见及理由。

2. 股东大会采用网络或其他方式的，应当在股东大会通知中明确载明网络或其他方式的表决时间及表决程序。股东大会网络或其他方式投票的开始时间，不得早于现场股东大会召开前一日下午3:00，并不得迟于现场股东大会召开当日上午9:30，其结束时间不得早于现场股东大会结束当日下午3:00。

3. 股权登记日与会议日期之间的间隔应当不多于7个工作日。股权登记日一旦确认，不得变更。

第五十六条 股东大会拟讨论董事、监事选举事项的，股东大会通知中将充分披露董事、监事候选人的详细资料，至少包括以下内容：

（一）教育背景、工作经历、兼职等个人情况；

（二）与本公司或本公司的控股股东及实际控制人是否存在关联关系；

（三）披露持有本公司股份数量；

（四）是否受过中国证监会及其他有关部门的处罚和证券交易所惩戒。

除采取累积投票制选举董事、监事外，每位董事、监事候选人应当以单项提案提出。

第五十七条 发出股东大会通知后，无正当理由，股东大会不应延期或取消，股东大会通知中列明的提案不应取消。一旦出现延期或取消的情形，召集人应当在原定召开日前至少2个工作日公告并说明原因。

第五节 股东大会的召开

第五十八条 本公司董事会和其他召集人将采取必要措施，保证股东大会的正常秩序。对于干扰股东大会、寻衅滋事和侵犯股东合法权益的行为，将采取措施加以制止并及时报告有关部门查处。

第五十九条 股权登记日登记在册的所有普通股股东（含表决权恢复的优先股股东）或其代理人，均有权出席股东大会。并依照有关法律、法规及本章程行使表决权。

股东可以亲自出席股东大会，也可以委托代理人代为出席和表决。

第六十条 个人股东亲自出席会议的，应出示本人身份证或其他能够表明其身份的有效证件或证明、股票账户卡；委托代理他人出席会议的，应出示本人有效身份证件、股东授权委托书。

法人股东应由法定代表人或者法定代表人委托的代理人出席会议。法定代表人出席会议的，应出示本人身份证、能证明其具有法定代表人资格的有效证明；委托代理人出席会议的，代理人应出示本人身份证、法人股东单位的法定代表人依法出具的书面授权委托书。

第六十一条　股东出具的委托他人出席股东大会的授权委托书应当载明下列内容：

（一）代理人的姓名；

（二）是否具有表决权；

（三）分别对列入股东大会议程的每一审议事项投赞成、反对或弃权票的指示；

（四）委托书签发日期和有效期限；

（五）委托人签名（或盖章）。委托人为法人股东的，应加盖法人单位印章。

第六十二条　委托书应当注明如果股东不作具体指示，股东代理人是否可以按自己的意思表决。

第六十三条　代理投票授权委托书由委托人授权他人签署的，授权签署的授权书或者其他授权文件应当经过公证。经公证的授权书或者其他授权文件，和投票代理委托书均需备置于公司住所或者召集会议的通知中指定的其他地方。

委托人为法人的，由其法定代表人或者董事会、其他决策机构决议授权的人作为代表出席公司的股东大会。

第六十四条　出席会议人员的会议登记册由公司负责制作。会议登记册载明参加会议人员姓名（或单位名称）、身份证号码、住所地址、持有或者代表有表决权的股份数额、被代理人姓名（或单位名称）等事项。

第六十五条　召集人和公司聘请的律师将依据证券登记结算机构提供的股东名册共同对股东资格的合法性进行验证，并登记股东姓名（或名称）及其所持有表决权的股份数。在会议主持人宣布现场出席会议的股东和代理人人数及所持有表决权的股份总数之前，会议登记应当终止。

第六十六条 股东大会召开时，本公司全体董事、监事和董事会秘书应当出席会议，经理和其他高级管理人员应当列席会议。

第六十七条 股东大会由董事长主持。董事长不能履行职务或不履行职务时，由副董事长（公司有两位或两位以上副董事长的，由半数以上董事共同推举的副董事长主持）主持，副董事长不能履行职务或者不履行职务时，由半数以上董事共同推举的一名董事主持。

监事会自行召集的股东大会，由监事会主席主持。监事会主席不能履行职务或不履行职务时，由监事会副主席主持，监事会副主席不能履行职务或者不履行职务时，由半数以上监事共同推举的一名监事主持。

股东自行召集的股东大会，由召集人推举代表主持。

召开股东大会时，会议主持人违反议事规则使股东大会无法继续进行的，经现场出席股东大会有表决权过半数的股东同意，股东大会可推举一人担任会议主持人，继续开会。

第六十八条 公司制定股东大会议事规则，详细规定股东大会的召开和表决程序，包括通知、登记、提案的审议、投票、计票、表决结果的宣布、会议决议的形成、会议记录及其签署、公告等内容，以及股东大会对董事会的授权原则，授权内容应明确具体。股东大会议事规则应作为章程的附件，由董事会拟定，股东大会批准。

第六十九条 在年度股东大会上，董事会、监事会应当就其过去一年的工作向股东大会作出报告。每名独立董事也应作出述职报告。

第七十条 董事、监事、高级管理人员在股东大会上就股东的质询和建议作出解释和说明。

第七十一条 会议主持人应当在表决前宣布现场出席会议的股东和代理人人数及所持有表决权的股份总数，现场出席会议的股东和代理人人数及所持有表决权的股份总数以会议登记为准。

第七十二条　股东大会应有会议记录，由董事会秘书负责。会议记录记载以下内容：

（一）会议时间、地点、议程和召集人姓名或名称；

（二）会议主持人以及出席或列席会议的董事、监事、经理和其他高级管理人员姓名；

（三）出席会议的股东和代理人人数、所持有表决权的股份总数及占公司股份总数的比例；

（四）对每一提案的审议经过、发言要点和表决结果；

（五）股东的质询意见或建议以及相应的答复或说明；

（六）律师及计票人、监票人姓名；

（七）本章程规定应当载入会议记录的其他内容。

注释：既发行内资股又发行境内上市外资股的公司，会议记录的内容还应当包括：(1) 出席股东大会的内资股股东（包括股东代理人）和境内上市外资股股东（包括股东代理人）所持有表决权的股份数，各占公司总股份的比例；(2) 在记载表决结果时，还应当记载内资股股东和境内上市外资股股东对每一决议事项的表决情况。

未完成股权分置改革的公司，会议记录还应该包括：(1) 出席股东大会的流通股股东（包括股东代理人）和非流通股股东（包括股东代理人）所持有表决权的股份数，各占公司总股份的比例；

(2) 在记载表决结果时，还应当记载流通股股东和非流通股股东对每一决议事项的表决情况。

公司应当根据实际情况，在章程中规定股东大会会议记录需要记载的其他内容。

第七十三条　召集人应当保证会议记录内容真实、准确和完整。出席会议的董事、监事、董事会秘书、召集人或其代表、会议主持人应当在会议记录上签名。会议记录应当与现场出席股东的签名册及代理出席的委托书、网络及其他方式表决情况的有效资料一并保存，保存期限不少于10年。

注释：公司应当根据具体情况，在章程中规定股东大会会议记录的保管期限。

第七十四条 召集人应当保证股东大会连续举行，直至形成最终决议。因不可抗力等特殊原因导致股东大会中止或不能作出决议的，应采取必要措施尽快恢复召开股东大会或直接终止本次股东大会，并及时公告。同时，召集人应向公司所在地中国证监会派出机构及证券交易所报告。

第六节 股东大会的表决和决议

第七十五条 股东大会决议分为普通决议和特别决议。

股东大会作出普通决议，应当由出席股东大会的股东（包括股东代理人）所持表决权的1/2以上通过。

股东大会作出特别决议，应当由出席股东大会的股东（包括股东代理人）所持表决权的2/3以上通过。

第七十六条 下列事项由股东大会以普通决议通过：

（一）董事会和监事会的工作报告；

（二）董事会拟定的利润分配方案和弥补亏损方案；

（三）董事会和监事会成员的任免及其报酬和支付方法；

（四）公司年度预算方案、决算方案；

（五）公司年度报告；

（六）除法律、行政法规规定或者本章程规定应当以特别决议通过以外的其他事项。

第七十七条 下列事项由股东大会以特别决议通过：

（一）公司增加或者减少注册资本；

（二）公司的分立、合并、解散和清算；

（三）本章程的修改；

（四）公司在一年内购买、出售重大资产或者担保金额超过公司最近一期经审计总资产30%的；

（五）股权激励计划；

（六）法律、行政法规或本章程规定的，以及股东大会以普通决议认定会对公司产生重大影响的、需要以特别决议通过的其他事项。

注释：股东大会就以下事项作出特别决议，除须经出席会议的普通股股东（含表决权恢复的优先股股东，包括股东代理人）所持表决权的2/3以上通过之外，还须经出席会议的优先股股东（不含表决权恢复的优先股股东，包括股东代理人）所持表决权的2/3以上通过：（1）修改公司章程中与优先股相关的内容；（2）一次或累计减少公司注册资本超过10%；（3）公司合并、分立、解散或变更公司形式；（4）发行优先股；（5）公司章程规定的其他情形。

第七十八条　股东（包括股东代理人）以其所代表的有表决权的股份数额行使表决权，每一股份享有一票表决权。

股东大会审议影响中小投资者利益的重大事项时，对中小投资者表决应当单独计票。单独计票结果应当及时公开披露。

公司持有的本公司股份没有表决权，且该部分股份不计入出席股东大会有表决权的股份总数。

公司董事会、独立董事和符合相关规定条件的股东可以公开征集股东投票权。征集股东投票权应当向被征集人充分披露具体投票意向等信息。禁止以有偿或者变相有偿的方式征集股东投票权。公司不得对征集投票权提出最低持股比例限制。

注释：若公司有发行在外的其他股份，应当说明是否享有表决权。优先股表决权恢复的，应当根据章程规定的具体计算方法确定每股优先股股份享有的表决权。

第七十九条 股东大会审议有关关联交易事项时，关联股东不应当参与投票表决，其所代表的有表决权的股份数不计入有效表决总数；股东大会决议的公告应当充分披露非关联股东的表决情况。

注释：公司应当根据具体情况，在章程中制订有关联关系股东的回避和表决程序。

第八十条 公司应在保证股东大会合法、有效的前提下，通过各种方式和途径，优先提供网络形式的投票平台等现代信息技术手段，为股东参加股东大会提供便利。

注释：公司就发行优先股事项召开股东大会的，应当提供网络投票，并可以通过中国证监会认可的其他方式为股东参加股东大会提供便利。

第八十一条 除公司处于危机等特殊情况外，非经股东大会以特别决议批准，公司将不与董事、经理和其它高级管理人员以外的人订立将公司全部或者重要业务的管理交予该人负责的合同。

第八十二条 董事、监事候选人名单以提案的方式提请股东大会表决。

股东大会就选举董事、监事进行表决时，根据本章程的规定或者股东大会的决议，可以实行累积投票制。

前款所称累积投票制是指股东大会选举董事或者监事时，每一股份拥有与应选董事或者监事人数相同的表决权，股东拥有的表决权可以集中使用。董事会应当向股东公告候选董事、监事的简历和基本情况。

注释：公司应当在章程中规定董事、监事提名的方式和程序，以及累积投票制的相关事宜。

第八十三条 除累积投票制外，股东大会将对所有提案进行逐项表决，对同一事项有不同提案的，将按提案提出的时间顺序进行表决。除因不可抗力等特殊原因导致股东大会中止或不能作出决议外，股东大会将不会对提案进行搁置或不予表决。

第八十四条 股东大会审议提案时，不会对提案进行修改，否则，有关变更应当被视为一个新的提案，不能在本次股东大会上进行表决。

第八十五条 同一表决权只能选择现场、网络或其他表决方式中的一种。同一表决权出现重复表决的以第一次投票结果为准。

第八十六条 股东大会采取记名方式投票表决。

第八十七条 股东大会对提案进行表决前，应当推举两名股东代表参加计票和监票。审议事项与股东有利害关系的，相关股东及代理人不得参加计票、监票。

股东大会对提案进行表决时，应当由律师、股东代表与监事代表共同负责计票、监票，并当场公布表决结果，决议的表决结果载入会议记录。

通过网络或其他方式投票的公司股东或其代理人，有权通过相应的投票系统查验自己的投票结果。

第八十八条 股东大会现场结束时间不得早于网络或其他方式，会议主持人应当宣布每一提案的表决情况和结果，并根据表决结果宣布提案是否通过。

在正式公布表决结果前，股东大会现场、网络及其他表决方式中所涉及的公司、计票人、监票人、主要股东、网络服务方等相关各方对表决情况均负有保密义务。

第八十九条 出席股东大会的股东，应当对提交表决的提案发表以下意见之一：同意、反对或弃权。证券登记结算机构作为内地与香港股票市场交易互联互通机制股票的名义持有人，按照实际持有人意思表示进行申报的除外。

未填、错填、字迹无法辨认的表决票、未投的表决票均视为投票人放弃表决权利，其所持股份数的表决结果应计为“弃权”。

第九十条 会议主持人如果对提交表决的决议结果有任何怀疑，可以对所投票数组织点票；如果会议主持人未进行点票，出席会议的股东或者股东代理人对会议主持人宣布结果有异议的，有权在宣布表决结果后立即要求点票，会议主持人应当立即组织点票。

第九十一条 股东大会决议应当及时公告，公告中应列明出席会议的股东和代理人人数、所持有表决权的股份总数及占公司有表决权股份总数的比例、表决方式、每项提案的表决结果和通过的各项决议的详细内容。

注释：发行境内上市外资股的公司，应当对内资股股东和外资股股东出席会议及表决情况分别统计并公告。

第九十二条 提案未获通过，或者本次股东大会变更前次股东大会决议的，应当在股东大会决议公告中作特别提示。

第九十三条 股东大会通过有关董事、监事选举提案的，新任董事、监事就任时间在【就任时间】。

注释：新任董事、监事就任时间确认方式应在公司章程中予以明确。

第九十四条 股东大会通过有关派现、送股或资本公积转增股本提案的，公司将在股东大会结束后2个月内实施具体方案。

第五章 董 事 会

第一节 董 事

第九十五条 公司董事为自然人，有下列情形之一的，不能担任公司的董事：

（一）无民事行为能力或者限制民事行为能力；

（二）因贪污、贿赂、侵占财产、挪用财产或者破坏社会主义市场经济秩序，被判处刑罚，执行期满未逾5年，或者因犯罪被剥夺政治权利，执行期满未逾5年；

（三）担任破产清算的公司、企业的董事或者厂长、经理，对该公司、企业的破产负有个人责任的，自该公司、企业破产清算完结之日起未逾3年；

（四）担任因违法被吊销营业执照、责令关闭的公司、企业的法定代表人，并负有个人责任的，自该公司、企业被吊销营业执照之日起未逾3年；

（五）个人所负数额较大的债务到期未清偿；

（六）被中国证监会处以证券市场禁入处罚，期限未满的；

（七）法律、行政法规或部门规章规定的其他内容。

违反本条规定选举、委派董事的，该选举、委派或者聘任无效。董事在任职期间出现本条情形的，公司解除其职务。

第九十六条　董事由股东大会选举或者更换，并可在任期届满前由股东大会解除其职务。董事任期【年数】，任期届满可连选连任。

董事任期从就任之日起计算，至本届董事会任期届满时为止。董事任期届满未及时改选，在改选出的董事就任前，原董事仍应当依照法律、行政法规、部门规章和本章程的规定，履行董事职务。

董事可以由经理或者其他高级管理人员兼任，但兼任经理或者其他高级管理人员职务的董事以及由职工代表担任的董事，总计不得超过公司董事总数的1/2。

注释：公司章程应规定规范、透明的董事选聘程序。董事会成员中可以有公司职工代表，公司章程应明确本公司董事会是否可以由职工代表担任董事，以及职工代表担任董事的名额。董事会中的职工代表由公司职工通过职工代表大会、职工大会或者其他形式民主选举产生后，直接进入董事会。

第九十七条　董事应当遵守法律、行政法规和本章程，对公司负有下列忠实义务：

（一）不得利用职权收受贿赂或者其他非法收入，不得侵占公司的财产；

（二）不得挪用公司资金；

（三）不得将公司资产或者资金以其个人名义或者其他个人名义开立账户存储；

（四）不得违反本章程的规定，未经股东大会或董事会同意，将公司资金借贷给他人或者以公司财产为他人提供担保；

（五）不得违反本章程的规定或未经股东大会同意，与本公司订立合同或者进行交易；

（六）未经股东大会同意，不得利用职务便利，为自己或他人谋取本应属于公司的商业机会，自营或者为他人经营与本公司同类的业务；

（七）不得接受与公司交易的佣金归为己有；

（八）不得擅自披露公司秘密；

（九）不得利用其关联关系损害公司利益；

（十）法律、行政法规、部门规章及本章程规定的其他忠实义务。

董事违反本条规定所得的收入，应当归公司所有；给公司造成损失的，应当承担赔偿责任。

注释：除以上各项义务要求外，公司可以根据具体情况，在章程中增加对本公司董事其他义务的要求。

第九十八条 董事应当遵守法律、行政法规和本章程，对公司负有下列勤勉义务：

（一）应谨慎、认真、勤勉地行使公司赋予的权利，以保证公司的商业行为符合国家法律、行政法规以及国家各项经济政策的要求，商业活动不超过营业执照规定的业务范围；

（二）应公平对待所有股东；

（三）及时了解公司业务经营管理状况；

（四）应当对公司定期报告签署书面确认意见。保证公司所披露的信息真实、准确、完整；

（五）应当如实向监事会提供有关情况和资料，不得妨碍监事会或者监事行使职权；

（六）法律、行政法规、部门规章及本章程规定的其他勤勉义务。

注释：公司可以根据具体情况，在章程中增加对本公司董事勤勉义务的要求。

第九十九条 董事连续两次未能亲自出席，也不委托其他董事出席董事会会议，视为不能履行职责，董事会应当建议股东大会予以撤换。

第一百条 董事可以在任期届满以前提出辞职。董事辞职应向董事会提交书面辞职报告。董事会将在2日内披露有关情况。如因董事的辞职导致公司董事会低于法定最低人数时，在改选出的董事就任前，原董事仍应当依照法律、行政法规、部门规章和本章程规定，履行董事职务。

除前款所列情形外，董事辞职自辞职报告送达董事会时生效。

第一百零一条 董事辞职生效或者任期届满，应向董事会办妥所有移交手续，其对公司和股东承担的忠实义务，在任期结束后并不当然解除，在本章程规定的合理期限内仍然有效。

注释：公司章程应规定董事辞职生效或者任期届满后承担忠实义务的具体期限。

第一百零二条 未经本章程规定或者董事会的合法授权，任何董事不得以个人名义代表公司或者董事会行事。董事以其个人名义行事时，在第三方会合理地认为该董事在代表公司或者董事会行事的情况下，该董事应当事先声明其立场和身份。

第一百零三条 董事执行公司职务时违反法律、行政法规、部门规章或本章程的规定，给公司造成损失的，应当承担赔偿责任。

第一百零四条 独立董事应按照法律、行政法规及部门规章的有关规定执行。

第二节 董 事 会

第一百零五条 公司设董事会，对股东大会负责。

第一百零六条 董事会由【人数】名董事组成，设董事长1人，副董事长【人数】人。

注释：公司应当在章程中确定董事会人数。

第一百零七条 董事会行使下列职权：

（一）召集股东大会，并向股东大会报告工作；

（二）执行股东大会的决议；

（三）决定公司的经营计划和投资方案；

（四）制订公司的年度财务预算方案、决算方案；

（五）制订公司的利润分配方案和弥补亏损方案；

（六）制订公司增加或者减少注册资本、发行债券或其他证券及上市方案；

（七）拟订公司重大收购、收购本公司股票或者合并、分立、解散及变更公司形式的方案；

（八）在股东大会授权范围内，决定公司对外投资、收购出售资产、资产抵押、对外担保事项、委托理财、关联交易等事项；

（九）决定公司内部管理机构的设置；

（十）聘任或者解聘公司经理、董事会秘书；根据经理的提名，聘任或者解聘公司副经理、财务负责人等高级管理人员，并决定其报酬事项和奖惩事项；

（十一）制订公司的基本管理制度；

（十二）制订本章程的修改方案；

（十三）管理公司信息披露事项；

（十四）向股东大会提请聘请或更换为公司审计的会计师事务所；

（十五）听取公司经理的工作汇报并检查经理的工作；

（十六）法律、行政法规、部门规章或本章程授予的其他职权。

公司董事会设立审计委员会，并根据需要设立【战略】、【提名】、【薪酬与考核】等相关专门委员会。专门委员会对董事会负责，依照本章程和董事会授权履行职责，提案应当提交董事会审议决定。专门委员会成员全部由董事组成，其中审计委员会、【提名委员会】、【薪酬与考核委员会】中独立董事占多数并担任召集人，审计委员会的召集人为会计专业人士。董事会负责制定专门委员会工作规程，规范专门委员会的运作。

注释：公司股东大会可以授权公司董事会按照公司章程的约定向优先股股东支付股息。

超过股东大会授权范围的事项，应当提交股东大会审议。

第一百零八条　公司董事会应当就注册会计师对公司财务报告出具的非标准审计意见向股东大会作出说明。

第一百零九条　董事会制定董事会议事规则，以确保董事会落实股东大会决议，提高工作效率，保证科学决策。

注释：该规则规定董事会的召开和表决程序，董事会议事规则应列入公司章程或作为章程的附件，由董事会拟定，股东大会批准。

第一百一十条　董事会应当确定对外投资、收购出售资产、资产抵押、对外担保事项、委托理财、关联交易的权限，建立严格的审查和决策程序；重大投资项目应当组织有关专家、专业人员进行评审，并报股东大会批准。

注释：公司董事会应当根据相关的法律、法规及公司实际情况，在章程中确定符合公司具体要求的权限范围，以及涉及资金占公司资产的具体比例。

第一百一十一条　董事会设董事长1人，可以设副董事长。

董事长和副董事长由董事会以全体董事的过半数选举产生。

第一百一十二条　董事长行使下列职权：

（一）主持股东大会和召集、主持董事会会议；

（二）督促、检查董事会决议的执行；

（三）董事会授予的其他职权。

注释：董事会应谨慎授予董事长职权，例行或长期授权须在章程中明确规定。

第一百一十三条　公司副董事长协助董事长工作，董事长不能履行职务或者不履行职务的，由副董事长履行职务（公司有两位或两位以上副董事长的，由半数以上董事共同推举的副董事长履行职务）；副董事长不能履行职务或者不履行职务的，由半数以上董事共同推举一名董事履行职务。

第一百一十四条 董事会每年至少召开两次会议，由董事长召集，于会议召开10日以前书面通知全体董事和监事。

第一百一十五条 代表1/10以上表决权的股东、1/3以上董事或者监事会，可以提议召开董事会临时会议。董事长应当自接到提议后10日内，召集和主持董事会会议。

第一百一十六条 董事会召开临时董事会会议的通知方式为：【具体通知方式】；通知时限为：【具体通知时限】。

第一百一十七条 董事会会议通知包括以下内容：

（一）会议日期和地点；

（二）会议期限；

（三）事由及议题；

（四）发出通知的日期。

第一百一十八条 董事会会议应有过半数的董事出席方可举行。董事会作出决议，必须经全体董事的过半数通过。

董事会决议的表决，实行一人一票。

第一百一十九条 董事与董事会会议决议事项所涉及的企业有关联关系的，不得对该项决议行使表决权，也不得代理其他董事行使表决权。该董事会会议由过半数的无关联关系董事出席即可举行，董事会会议所作决议须经无关联关系董事过半数通过。出席董事会的无关联董事人数不足3人的，应将该事项提交股东大会审议。

第一百二十条 董事会决议表决方式为：【具体表决方式】。董事会临时会议在保障董事充分表达意见的前提下，可以用【其他方式】进行并作出决议，并由参会董事签字。

注释：此项为选择性条款，公司可自行决定是否在其章程中予以采纳。

第一百二十一条 董事会会议，应由董事本人出席；董事因故不能出席，可以书面委托其他董事代为出席，委托书中应载明代理人的姓名，代理事项、授权范围和有效期限，并由委托人签名或盖章。代为出席会议的董事应当在授权范围内行使董事的权利。董事未出席董事会会议，亦未委托代表出席的，视为放弃在该次会议上的投票权。

第一百二十二条　董事会应当对会议所议事项的决定做成会议记录，出席会议的董事应当在会议记录上签名。

董事会会议记录作为公司档案保存，保存期限不少于10年。

注释：公司应当根据具体情况，在章程中规定会议记录的保管期限。

第一百二十三条　董事会会议记录包括以下内容：

（一）会议召开的日期、地点和召集人姓名；

（二）出席董事的姓名以及受他人委托出席董事会的董事（代理人）姓名；

（三）会议议程；

（四）董事发言要点；

（五）每一决议事项的表决方式和结果（表决结果应载明赞成、反对或弃权的票数）。

第六章　经理及其他高级管理人员

第一百二十四条　公司设经理1名，由董事会聘任或解聘。公司设副经理【人数】名，由董事会聘任或解聘。

公司经理、副经理、财务负责人、董事会秘书和【职务】为公司高级管理人员。

注释：公司可以根据具体情况，在章程中规定属于公司高级管理人员的其他人选。

第一百二十五条　本章程第九十五条关于不得担任董事的情形，同时适用于高级管理人员。

本章程第九十七条关于董事的忠实义务和第九十八条（四）～（六）关于勤勉义务的规定，同时适用于高级管理人员。

第一百二十六条 在公司控股股东单位担任除董事、监事以外其他行政职务的人员，不得担任公司的高级管理人员。

第一百二十七条 经理每届任期【年数】年，经理连聘可以连任。

第一百二十八条 经理对董事会负责，行使下列职权：

（一）主持公司的生产经营管理工作，组织实施董事会决议，并向董事会报告工作；

（二）组织实施公司年度经营计划和投资方案；

（三）拟订公司内部管理机构设置方案；

（四）拟订公司的基本管理制度；

（五）制定公司的具体规章；

（六）提请董事会聘任或者解聘公司副经理、财务负责人；

（七）决定聘任或者解聘除应由董事会决定聘任或者解聘以外的负责管理人员；

（八）本章程或董事会授予的其他职权。经理列席董事会会议。

注释：公司应当根据自身情况，在章程中制订符合公司实际要求的经理的职权和具体实施办法。

第一百二十九条 经理应制订经理工作细则，报董事会批准后实施。

第一百三十条 经理工作细则包括下列内容：

（一）经理会议召开的条件、程序和参加的人员；

（二）经理及其他高级管理人员各自具体的职责及其分工；

（三）公司资金、资产运用，签订重大合同的权限，以及向董事会、监事会的报告制度；

（四）董事会认为必要的其他事项。

第一百三十一条 经理可以在任期届满以前提出辞职。有关经理辞职的具体程序和办法由经理与公司之间的劳务合同规定。

第一百三十二条　公司根据自身情况，在章程中应当规定副经理的任免程序、副经理与经理的关系，并可以规定副经理的职权。

第一百三十三条　公司设董事会秘书，负责公司股东大会和董事会会议的筹备、文件保管以及公司股东资料管理，办理信息披露事务等事宜。

董事会秘书应遵守法律、行政法规、部门规章及本章程的有关规定。

第一百三十四条　高级管理人员执行公司职务时违反法律、行政法规、部门规章或本章程的规定，给公司造成损失的，应当承担赔偿责任。

第七章　监　事　会

第一节　监　　事

第一百三十五条　本章程第九十五条关于不得担任董事的情形，同时适用于监事。

董事、经理和其他高级管理人员不得兼任监事。

第一百三十六条　监事应当遵守法律、行政法规和本章程，对公司负有忠实义务和勤勉义务，不得利用职权收受贿赂或者其他非法收入，不得侵占公司的财产。

第一百三十七条　监事的任期每届为3年。监事任期届满，连选可以连任。

第一百三十八条　监事任期届满未及时改选，或者监事在任期内辞职导致监事会成员低于法定人数的，在改选出的监事就任前，原监事仍应当依照法律、行政法规和本章程的规定，履行监事职务。

第一百三十九条　监事应当保证公司披露的信息真实、准确、完整。

第一百四十条　监事可以列席董事会会议，并对董事会决议事项提出质询或者建议。

第一百四十一条　监事不得利用其关联关系损害公司利益，若给公司造成损失的，应当承担赔偿责任。

第一百四十二条 监事执行公司职务时违反法律、行政法规、部门规章或本章程的规定，给公司造成损失的，应当承担赔偿责任。

第二节 监 事 会

第一百四十三条 公司设监事会。监事会由【人数】名监事组成，监事会设主席1人，可以设副主席。监事会主席和副主席由全体监事过半数选举产生。监事会主席召集和主持监事会会议；监事会主席不能履行职务或者不履行职务的，由监事会副主席召集和主持监事会会议；监事会副主席不能履行职务或者不履行职务的，由半数以上监事共同推举一名监事召集和主持监事会会议。

监事会应当包括股东代表和适当比例的公司职工代表，其中职工代表的比例不低于1/3。监事会中的职工代表由公司职工通过职工代表大会、职工大会或者其他形式民主选举产生。

注释：监事会成员不得少于3人。公司章程应规定职工代表在监事会中的具体比例。

第一百四十四条 监事会行使下列职权：

（一）应当对董事会编制的公司定期报告进行审核并提出书面审核意见；

（二）检查公司财务；

（三）对董事、高级管理人员执行公司职务的行为进行监督，对违反法律、行政法规、本章程或者股东大会决议的董事、高级管理人员提出罢免的建议；

（四）当董事、高级管理人员的行为损害公司的利益时，要求董事、高级管理人员予以纠正；

（五）提议召开临时股东大会，在董事会不履行《公司法》规定的召集和主持股东大会职责时召集和主持股东大会；

（六）向股东大会提出提案；

（七）依照《公司法》第一百五十一条的规定，对董事、高级管理人员提起诉讼；

（八）发现公司经营情况异常，可以进行调查；必要时，可以聘请会计师事务所、律师事务所等专业机构协助其工作，费用由公司承担。

注释：公司章程可以规定监事的其他职权。

第一百四十五条　监事会每6个月至少召开一次会议。监事可以提议召开临时监事会会议。

监事会决议应当经半数以上监事通过。

第一百四十六条　监事会制定监事会议事规则，明确监事会的议事方式和表决程序，以确保监事会的工作效率和科学决策。

注释：监事会议事规则规定监事会的召开和表决程序。监事会议事规则应列入公司章程或作为章程的附件，由监事会拟定，股东大会批准。

第一百四十七条　监事会应当将所议事项的决定做成会议记录，出席会议的监事应当在会议记录上签名。

监事有权要求在记录上对其在会议上的发言作出某种说明性记载。监事会会议记录作为公司档案至少保存10年。

注释：公司应当根据具体情况，在章程中规定会议记录的保管期限。

第一百四十八条　监事会会议通知包括以下内容：

（一）举行会议的日期、地点和会议期限；

（二）事由及议题；

（三）发出通知的日期。

第八章　财务会计制度、利润分配和审计

第一节　财务会计制度

第一百四十九条　公司依照法律、行政法规和国家有关部门的规定，制

定公司的财务会计制度。

第一百五十条 公司在每一会计年度结束之日起4个月内向中国证监会和证券交易所报送年度财务会计报告，在每一会计年度前6个月结束之日起2个月内向中国证监会派出机构和证券交易所报送半年度财务会计报告，在每一会计年度前3个月和前9个月结束之日起的1个月内向中国证监会派出机构和证券交易所报送季度财务会计报告。

上述财务会计报告按照有关法律、行政法规及部门规章的规定进行编制。

第一百五十一条 公司除法定的会计账簿外，将不另立会计账簿。公司的资产，不以任何个人名义开立账户存储。

第一百五十二条 公司分配当年税后利润时，应当提取利润的10%列入公司法定公积金。公司法定公积金累计额为公司注册资本的50%以上的，可以不再提取。

公司的法定公积金不足以弥补以前年度亏损的，在依照前款规定提取法定公积金之前，应当先用当年利润弥补亏损。

公司从税后利润中提取法定公积金后，经股东大会决议，还可以从税后利润中提取任意公积金。

公司弥补亏损和提取公积金后所余税后利润，按照股东持有的股份比例分配，但本章程规定不按持股比例分配的除外。

股东大会违反前款规定，在公司弥补亏损和提取法定公积金之前向股东分配利润的，股东必须将违反规定分配的利润退还公司。

公司持有的本公司股份不参与分配利润。

公司应当在公司章程中明确现金分红相对于股票股利在利润分配方式中的优先顺序，并载明以下内容：

（一）公司董事会、股东大会对利润分配尤其是现金分红事项的决策程序和机制，对既定利润分配政策尤其是现金分红政策作出调整的具体条件、决策程序和机制，以及为充分听取独立董事和中小股东意见所采取的措施。

（二）公司的利润分配政策尤其是现金分红政策的具体内容，利润分配的形式，利润分配尤其是现金分红的期间间隔，现金分红的具体条件，发放股票股利的条件，各期现金分红最低金额或比例（如有）等。

注释：公司应当以现金的形式向优先股股东支付股息，在完全支付约定的股息之前，不得向普通股股东分配利润。

第一百五十三条　公司的公积金用于弥补公司的亏损、扩大公司生产经营或者转为增加公司资本。但是，资本公积金将不用于弥补公司的亏损。

法定公积金转为资本时，所留存的该项公积金将不少于转增前公司注册资本的25%。

第一百五十四条　公司股东大会对利润分配方案作出决议后，公司董事会须在股东大会召开后2个月内完成股利（或股份）的派发事项。

第一百五十五条　公司利润分配政策为【具体政策】。

注释：发行境内上市外资股的公司应当按照《境内上市外资股规定实施细则》中的有关规定补充本节的内容。

第二节　内部审计

第一百五十六条　公司实行内部审计制度，配备专职审计人员，对公司财务收支和经济活动进行内部审计监督。

第一百五十七条　公司内部审计制度和审计人员的职责，应当经董事会批准后实施。审计负责人向董事会负责并报告工作。

第三节　会计师事务所的聘任

第一百五十八条　公司聘用取得“从事证券相关业务资格”的会计师事务所进行会计报表审计、净资产验证及其他相关的咨询服务等业务，聘期1年,可以续聘。

第一百五十九条　公司聘用会计师事务所必须由股东大会决定，董事会不得在股东大会决定前委任会计师事务所。

第一百六十条 公司保证向聘用的会计师事务所提供真实、完整的会计凭证、会计账簿、财务会计报告及其他会计资料，不得拒绝、隐匿、谎报。

第一百六十一条 会计师事务所的审计费用由股东大会决定。

第一百六十二条 公司解聘或者不再续聘会计师事务所时，提前【天数】天事先通知会计师事务所，公司股东大会就解聘会计师事务所进行表决时，允许会计师事务所陈述意见。

会计师事务所提出辞聘的，应当向股东大会说明公司有无不当情形。

第九章 通知和公告

第一节 通 知

第一百六十三条 公司的通知以下列形式发出：

（一）以专人送出；

（二）以邮件方式送出；

（三）以公告方式进行；

（四）本章程规定的其他形式。

第一百六十四条 公司发出的通知，以公告方式进行的，一经公告，视为所有相关人员收到通知。

第一百六十五条 公司召开股东大会的会议通知，以【具体通知方式】进行。

第一百六十六条 公司召开董事会的会议通知，以【具体通知方式】进行。

第一百六十七条 公司召开监事会的会议通知，以【具体通知方式】进行。

注释：公司应当根据实际情况，在章程中确定公司各种会议的具体通知方式。

第一百六十八条　公司通知以专人送出的，由被送达人在送达回执上签名（或盖章），被送达人签收日期为送达日期；公司通知以邮件送出的，自交付邮局之日起第【天数】个工作日为送达日期；公司通知以公告方式送出的，第一次公告刊登日为送达日期。

第一百六十九条　因意外遗漏未向某有权得到通知的人送出会议通知或者该等人没有收到会议通知，会议及会议作出的决议并不因此无效。

第二节　公　　告

第一百七十条　公司指定【媒体名称】为刊登公司公告和其他需要披露信息的媒体。

注释：公司应当在中国证监会指定的媒体范围内，在章程中确定一份或者多份报纸和一个网站作为公司披露信息的媒体。

第十章　合并、分立、增资、减资、解散和清算

第一节　合并、分立、增资和减资

第一百七十一条　公司合并可以采取吸收合并或者新设合并。

一个公司吸收其他公司为吸收合并，被吸收的公司解散。两个以上公司合并设立一个新的公司为新设合并，合并各方解散。

第一百七十二条　公司合并，应当由合并各方签订合并协议，并编制资产负债表及财产清单。公司应当自作出合并决议之日起 10 日内通知债权人，并于 30 日内在【报纸名称】上公告。

债权人自接到通知书之日起 30 日内，未接到通知书的自公告之日起 45 日内，可以要求公司清偿债务或者提供相应的担保。

第一百七十三条　公司合并时，合并各方的债权、债务，由合并后存续的公司或者新设的公司承继。

第一百七十四条　公司分立，其财产作相应的分割。

公司分立，应当编制资产负债表及财产清单。公司应当自作出分立决议之日起10日内通知债权人，并于30日内在【报纸名称】上公告。

第一百七十五条 公司分立前的债务由分立后的公司承担连带责任。但是，公司在分立前与债权人就债务清偿达成的书面协议另有约定的除外。

第一百七十六条 公司需要减少注册资本时，必须编制资产负债表及财产清单。

公司应当自作出减少注册资本决议之日起10日内通知债权人，并于30日内在【报纸名称】上公告。债权人自接到通知书之日起30日内，未接到通知书的自公告之日起45日内，有权要求公司清偿债务或者提供相应的担保。

公司减资后的注册资本将不低于法定的最低限额。

第一百七十七条 公司合并或者分立，登记事项发生变更的，应当依法向公司登记机关办理变更登记；公司解散的，应当依法办理公司注销登记；设立新公司的，应当依法办理公司设立登记。

公司增加或者减少注册资本，应当依法向公司登记机关办理变更登记。

第二节 解散和清算

第一百七十八条 公司因下列原因解散：

（一）本章程规定的营业期限届满或者本章程规定的其他解散事由出现；

（二）股东大会决议解散；

（三）因公司合并或者分立需要解散；

（四）依法被吊销营业执照、责令关闭或者被撤销；

（五）公司经营管理发生严重困难，继续存续会使股东利益受到重大损失，通过其他途径不能解决的，持有公司全部股东表决权10%以上的股东，可以请求人民法院解散公司。

第一百七十九条 公司有本章程第一百七十八条第（一）项情形的，可以通过修改本章程而存续。

依照前款规定修改本章程，须经出席股东大会会议的股东所持表决权的2/3以上通过。

第一百八十条　公司因本章程第一百七十八条第（一）项、第（二）项、第（四）项、第（五）项规定而解散的，应当在解散事由出现之日起15日内成立清算组，开始清算。清算组由董事或者股东大会确定的人员组成。逾期不成立清算组进行清算的，债权人可以申请人民法院指定有关人员组成清算组进行清算。

第一百八十一条　清算组在清算期间行使下列职权：

（一）清理公司财产，分别编制资产负债表和财产清单；

（二）通知、公告债权人；

（三）处理与清算有关的公司未了结的业务；

（四）清缴所欠税款以及清算过程中产生的税款；

（五）清理债权、债务；

（六）处理公司清偿债务后的剩余财产；

（七）代表公司参与民事诉讼活动。

第一百八十二条　清算组应当自成立之日起10日内通知债权人，并于60日内在【报纸名称】上公告。债权人应当自接到通知书之日起30日内，未接到通知书的自公告之日起45日内，向清算组申报其债权。

债权人申报债权，应当说明债权的有关事项，并提供证明材料。清算组应当对债权进行登记。

在申报债权期间，清算组不得对债权人进行清偿。

第一百八十三条　清算组在清理公司财产、编制资产负债表和财产清单后，应当制定清算方案，并报股东大会或者人民法院确认。

公司财产在分别支付清算费用、职工的工资、社会保险费用和法定补偿金，缴纳所欠税款，清偿公司债务后的剩余财产，公司按照股东持有的股份比例分配。

清算期间，公司存续，但不能开展与清算无关的经营活动。公司财产在未按前款规定清偿前，将不会分配给股东。

注释：已发行优先股的公司因解散、破产等原因进行清算时，公司财产在按照公司法和破产法有关规定进行清偿后的剩余财产，应当优先向优先股股东支付未派发的股息和公司章程约定的清算金额，不足以全额支付的，按照优先股股东持股比例分配。

第一百八十四条 清算组在清理公司财产、编制资产负债表和财产清单后，发现公司财产不足清偿债务的，应当依法向人民法院申请宣告破产。

公司经人民法院裁定宣告破产后，清算组应当将清算事务移交给人民法院。

第一百八十五条 公司清算结束后，清算组应当制作清算报告，报股东大会或者人民法院确认，并报送公司登记机关，申请注销公司登记，公告公司终止。

第一百八十六条 清算组成员应当忠于职守，依法履行清算义务。

清算组成员不得利用职权收受贿赂或者其他非法收入，不得侵占公司财产。

清算组成员因故意或者重大过失给公司或者债权人造成损失的，应当承担赔偿责任。

第一百八十七条 公司被依法宣告破产的，依照有关企业破产的法律实施破产清算。

第十一章 修改章程

第一百八十八条 有下列情形之一的，公司应当修改章程：

（一）《公司法》或有关法律、行政法规修改后，章程规定的事项与修改后的法律、行政法规的规定相抵触；

（二）公司的情况发生变化，与章程记载的事项不一致；

（三）股东大会决定修改章程。

第一百八十九条　股东大会决议通过的章程修改事项应经主管机关审批的，须报主管机关批准；涉及公司登记事项的，依法办理变更登记。

第一百九十条　董事会依照股东大会修改章程的决议和有关主管机关的审批意见修改本章程。

第一百九十一条　章程修改事项属于法律、法规要求披露的信息，按规定予以公告。

第十二章　附　　则

第一百九十二条　释义

（一）控股股东，是指其持有的普通股（含表决权恢复的优先股）占公司股本总额50%以上的股东；持有股份的比例虽然不足50%，但依其持有的股份所享有的表决权已足以对股东大会的决议产生重大影响的股东。

（二）实际控制人，是指虽不是公司的股东，但通过投资关系、协议或者其他安排，能够实际支配公司行为的人。

（三）关联关系，是指公司控股股东、实际控制人、董事、监事、高级管理人员与其直接或者间接控制的企业之间的关系，以及可能导致公司利益转移的其他关系。但是，国家控股的企业之间不仅因为同受国家控股而具有关联关系。

第一百九十三条　董事会可依照章程的规定，制订章程细则。章程细则不得与章程的规定相抵触。

第一百九十四条　本章程以中文书写，其他任何语种或不同版本的章程与本章程有歧义时，以在【公司登记机关全称】最近一次核准登记后的中文版章程为准。

第一百九十五条　本章程所称“以上”、“以内”、“以下”，都含本数；“以外”、“低于”、“多于”不含本数。

第一百九十六条 本章程由公司董事会负责解释。

第一百九十七条 本章程附件包括股东大会议事规则、董事会议事规则和监事会议事规则。

第一百九十八条 国家对优先股另有规定的，从其规定。

第一百九十九条 本章程自公布之日起施行。《上市公司章程指引（2014年修订)》（证监会公告〔2014〕47号）同时废止。

非上市公众公司监管指引第3号——章程必备条款

（2013年1月4日中国证券监督管理委员会公告〔2013〕3号公布）

第一条 公司章程应当符合本指引的相关规定。

第二条 章程总则应当载明章程的法律效力，规定章程自生效之日起，即成为规范公司的组织和行为、公司与股东、股东与股东之间权利义务关系的具有约束力的法律文件，对公司、股东、董事、监事、高级管理人员具有法律约束力。

第三条 章程应当载明公司股票采用记名方式，并明确公司股票的登记存管机构以及股东名册的管理规定。

第四条 章程应当载明保障股东享有知情权、参与权、质询权和表决权的具体安排。

第五条 章程应当载明公司为防止股东及其关联方占用或者转移公司资金、资产及其他资源的具体安排。

第六条 章程应当载明公司控股股东和实际控制人的诚信义务。明确规定控股股东及实际控制人不得利用各种方式损害公司和其他股东的合法权益；控股股东及实际控制人违反相关法律、法规及章程规定，给公司及其他股东造成损失的，应承担赔偿责任。

第七条　章程应当载明须提交股东大会审议的重大事项的范围。

章程应当载明须经股东大会特别决议通过的重大事项的范围。

公司还应当在章程中载明重大担保事项的范围。

第八条　章程应当载明董事会须对公司治理机制是否给所有的股东提供合适的保护和平等权利，以及公司治理结构是否合理、有效等情况，进行讨论、评估。

第九条　章程应当载明公司依法披露定期报告和临时报告。

第十条　章程应当载明公司信息披露负责机构及负责人。如公司设置董事会秘书的，则应当由董事会秘书负责信息披露事务。

第十一条　章程应当载明公司的利润分配制度。章程可以就现金分红的具体条件和比例、未分配利润的使用原则等政策作出具体规定。

第十二条　章程应当载明公司关于投资者关系管理工作的内容和方式。

第十三条　股票不在依法设立的证券交易场所公开转让的公司应当在章程中规定，公司股东应当以非公开方式协议转让股份，不得采取公开方式向社会公众转让股份，并明确股东协议转让股份后，应当及时告知公司，同时在登记存管机构办理登记过户。

第十四条　公司章程应当载明公司、股东、董事、监事、高级管理人员之间涉及章程规定的纠纷，应当先行通过协商解决。协商不成的，通过仲裁或诉讼等方式解决。如选择仲裁方式的，应当指定明确具体的仲裁机构进行仲裁。

第十五条　公司股东大会选举董事、监事，如实行累积投票制的，应当在章程中对相关具体安排作出明确规定。

公司如建立独立董事制度的，应当在章程中明确独立董事的权利义务、职责及履职程序。

公司如实施关联股东、董事回避制度，应当在章程中列明需要回避的事项。

国有企业公司章程制定管理办法

（2020年12月31日国务院国资委、财政部印发
国资发改革规〔2020〕86号）

第一章　总　　则

第一条　为深入贯彻习近平新时代中国特色社会主义思想，坚持和加强党的全面领导，建设中国特色现代企业制度，充分发挥公司章程在公司治理中的基础作用，规范公司章程管理行为，根据《中国共产党章程》、《中华人民共和国公司法》（以下简称《公司法》）、《中华人民共和国企业国有资产法》（以下简称《企业国有资产法》）等有关规定，按照《国务院办公厅关于进一步完善国有企业法人治理结构的指导意见》（国办发〔2017〕36号）等文件的要求，结合国有企业实际，制定本办法。

第二条　国家出资并由履行出资人职责的机构监管的国有独资公司、国有全资公司和国有控股公司章程制定过程中的制订、修改、审核、批准等管理行为适用本办法。

第三条　本办法所称履行出资人职责的机构（以下简称出资人机构）是指国务院国有资产监督管理机构和地方人民政府按照国务院的规定设立的国有资产监督管理机构，以及国务院和地方人民政府根据需要授权代表本级人民政府对国有企业履行出资人职责的其他部门、机构。

第四条　国有企业公司章程的制定管理应当坚持党的全面领导、坚持依法治企、坚持权责对等原则，切实规范公司治理，落实企业法人财产权与经营自主权，完善国有企业监管，确保国有资产保值增值。

第二章　公司章程的主要内容

第五条　国有企业公司章程一般应当包括但不限于以下主要内容：

（一）总则；

（二）经营宗旨、范围和期限；

（三）出资人机构或股东、股东会（包括股东大会，下同）；

（四）公司党组织；

（五）董事会；

（六）经理层；

（七）监事会（监事）；

（八）职工民主管理与劳动人事制度；

（九）财务、会计、审计与法律顾问制度；

（十）合并、分立、解散和清算；

（十一）附则。

第六条　总则条款应当根据《公司法》等法律法规要求载明公司名称、住所、法定代表人、注册资本等基本信息。明确公司类型（国有独资公司、有限责任公司等）；明确公司按照《中国共产党章程》规定设立党的组织，开展党的工作，提供基础保障等。

第七条　经营宗旨、范围和期限条款应当根据《公司法》相关规定载明公司经营宗旨、经营范围和经营期限等基本信息。经营宗旨、经营范围应当符合出资人机构审定的公司发展战略规划；经营范围的表述要规范统一，符合工商注册登记的管理要求。

第八条　出资人机构或股东、股东会条款应当按照《公司法》《企业国有资产法》等有关法律法规及相关规定表述，载明出资方式，明确出资人机构或股东、股东会的职权范围。

第九条　公司党组织条款应当按照《中国共产党章程》《中国共产党国有

企业基层组织工作条例（试行）》等有关规定，写明党委（党组）或党支部（党总支）的职责权限、机构设置、运行机制等重要事项。明确党组织研究讨论是董事会、经理层决策重大问题的前置程序。

设立公司党委（党组）的国有企业应当明确党委（党组）发挥领导作用，把方向、管大局、保落实，依照规定讨论和决定企业重大事项；明确坚持和完善“双向进入、交叉任职”领导体制及有关要求。设立公司党支部（党总支）的国有企业应当明确公司党支部（党总支）围绕生产经营开展工作，发挥战斗堡垒作用；具有人财物重大事项决策权的企业党支部（党总支），明确一般由企业党员负责人担任书记和委员，由党支部（党总支）对企业重大事项进行集体研究把关。

对于国有相对控股企业的党建工作，需结合企业股权结构、经营管理等实际，充分听取其他股东包括机构投资者的意见，参照有关规定和本条款的内容把党建工作基本要求写入公司章程。

第十条 董事会条款应当明确董事会定战略、作决策、防风险的职责定位和董事会组织结构、议事规则；载明出资人机构或股东会对董事会授予的权利事项；明确董事的权利义务、董事长职责；明确总经理、副总经理、财务负责人、总法律顾问、董事会秘书由董事会聘任；明确董事会向出资人机构（股东会）报告、审计部门向董事会负责、重大决策合法合规性审查、董事会决议跟踪落实以及后评估、违规经营投资责任追究等机制。

国有独资公司、国有全资公司应当明确由出资人机构或相关股东推荐派出的外部董事人数超过董事会全体成员的半数，董事会成员中的职工代表依照法定程序选举产生。

第十一条 经理层条款应当明确经理层谋经营、抓落实、强管理的职责定位；明确设置总经理、副总经理、财务负责人的有关要求，如设置董事会秘书、总法律顾问，应当明确为高级管理人员；载明总经理职责；明确总经理对董事会负责，依法行使管理生产经营、组织实施董事会决议等职权，向董事会报告工作。

第十二条　设立监事会的国有企业，应当在监事会条款中明确监事会组成、职责和议事规则。不设监事会仅设监事的国有企业，应当明确监事人数和职责。

第十三条　财务、会计制度相关条款应当符合国家通用的企业财务制度和国家统一的会计制度。

第十四条　公司章程的主要内容应当确保出资人机构或股东会、党委（党组）、董事会、经理层等治理主体的权责边界清晰，重大事项的议事规则科学规范，决策程序衔接顺畅。

第十五条　公司章程可以根据企业实际增加其他内容。有关内容必须符合法律、行政法规的规定。

第三章　国有独资公司章程的制定程序

第十六条　国有独资公司章程由出资人机构负责制定，或者由董事会制订报出资人机构批准。出资人机构可以授权新设、重组、改制企业的筹备机构等其他决策机构制订公司章程草案，报出资人机构批准。

第十七条　发生下列情形之一时，应当依法制定国有独资公司章程：

（一）新设国有独资公司的；

（二）通过合并、分立等重组方式新产生国有独资公司的；

（三）国有独资企业改制为国有独资公司的；

（四）发生应当制定公司章程的其他情形。

第十八条　出资人机构负责修改国有独资公司章程。国有独资公司董事会可以根据企业实际情况，按照法律、行政法规制订公司章程修正案，报出资人机构批准。

第十九条　发生下列情形之一时，应当及时修改国有独资公司章程：

（一）公司章程规定的事项与现行的法律、行政法规、规章及规范性文件相抵触的；

（二）企业的实际情况发生变化，与公司章程记载不一致的；

（三）出资人机构决定修改公司章程的；

（四）发生应当修改公司章程的其他情形。

第二十条 国有独资公司章程草案或修正案由公司筹备机构或董事会制订的，应当在审议通过后的5个工作日内报出资人机构批准，并提交下列书面文件：

（一）国有独资公司关于制订或修改公司章程的请示；

（二）国有独资公司筹备机构关于章程草案的决议，或董事会关于章程修正案的决议；

（三）章程草案，或章程修正案、修改对照说明；

（四）产权登记证（表）复印件、营业执照副本复印件（新设公司除外）；

（五）公司总法律顾问签署的对章程草案或修正案出具的法律意见书，未设立总法律顾问的，由律师事务所出具法律意见书或公司法务部门出具审查意见书；

（六）出资人机构要求的其他有关材料。

第二十一条 出资人机构收到请示材料后，需对材料进行形式审查。提交材料不齐全的，应当在5个工作日内一次性告知补正。

第二十二条 出资人机构对公司章程草案或修正案进行审核，并于15个工作日内将审核意见告知报送单位，经沟通确认达成一致后，出资人机构应当于15个工作日内完成审批程序。

第二十三条 出资人机构需要征求其他业务相关单位意见、或需报请本级人民政府批准的，应当根据实际工作情况调整相应期限，并将有关情况提前告知报送单位。

第二十四条 国有独资公司章程经批准，由出资人机构按规定程序负责审签。

第二十五条　国有独资公司在收到公司章程批准文件后，应当在法律、行政法规规定的时间内办理工商登记手续。

第四章　国有全资、控股公司章程的制定程序

第二十六条　国有全资公司、国有控股公司设立时，股东共同制定公司章程。

第二十七条　国有全资公司、国有控股公司的股东会负责修改公司章程。国有全资公司、国有控股公司的董事会应当按照法律、行政法规及公司实际情况及时制订章程的修正案，经与出资人机构沟通后，报股东会审议。

第二十八条　发生下列情形之一时，应当及时修改国有全资公司、国有控股公司章程：

（一）公司章程规定的事项与现行法律、行政法规、规章及规范性文件相抵触的；

（二）企业的实际情况发生变化，与公司章程记载不一致的；

（三）股东会决定修改公司章程的；

（四）发生应当修改公司章程的其他情形。

第二十九条　出资人机构委派股东代表参加股东会会议。股东代表应当按照出资人机构对公司章程的意见，通过法定程序发表意见、进行表决、签署相关文件。

第三十条　出资人机构要按照《公司法》规定在股东会审议通过后的国有全资公司、国有控股公司章程上签字、盖章。

第三十一条　国有全资公司、国有控股公司章程的草案及修正案，经股东会表决通过后，公司应当在法律、行政法规规定的时间内办理工商登记手续。

第五章　责任与监督

第三十二条　在国有企业公司章程制定过程中，出资人机构及有关人员

违反法律、行政法规和本办法规定的，依法承担相应法律责任。

第三十三条 国有独资公司董事会，国有全资公司、国有控股公司中由出资人机构委派的董事，应当在职责范围内对国有企业公司章程制定过程中向出资人机构报送材料的真实性、完整性、有效性、及时性负责，造成国有资产损失或其他严重不良后果的，依法承担相应法律责任。

第三十四条 国有全资公司、国有控股公司中由出资人机构委派的股东代表违反第二十九条规定，造成国有资产损失的或其他严重不良后果的，依法承担相应法律责任。

第三十五条 出资人机构应当对国有独资公司、国有全资公司、国有控股公司的章程执行情况进行监督检查，对违反公司章程的行为予以纠正，对因违反公司章程导致国有资产损失或其他严重不良后果的相关责任人进行责任追究。

第六章 附 则

第三十六条 出资人机构可以结合实际情况，出台有关配套制度，加强对所出资国有企业的公司章程制定管理。

第三十七条 国有企业可以参照本办法根据实际情况制定所出资企业的公司章程制定管理办法。

第三十八条 国有控股上市公司章程制定管理应当同时符合证券监管相关规定。

第三十九条 金融、文化等国有企业的公司章程制定管理，另有规定的依其规定执行。

第四十条 本办法自公布之日起施行。

主要参考书目

一、中文著作

1.《辞源》，商务印书馆 1981 年版。

2. 司马迁：《史记》。

3. 裴骃：《史记集解》。

4. 夏征农主编：《大辞海》（法学卷），上海辞书出版社 2003 年版。

5. 蒋大兴：《公司法的展开与评判》，法律出版社 2001 年版。

6. 赵旭东主编：《公司法学》，高等教育出版社 2003 年版。

7. 彭中礼：《法律渊源词义考》，载《法学研究》2012 年第 6 期。

8. 周旺生：《法理学》，北京大学出版社 2006 年版。

9. 张文显：《法理学》，高等教育出版社、北京大学出版社 2011 年版。

10. 周旺生：《重新研究法的渊源》，载《比较法研究》2005 年第 4 期。

11. 姚军、徐志新：《法社会学视野中的法官造法》，载中国法院网 2012 年 12 月 13 日，chinacourt. org。

12. 唐英：《公司章程司法适用研究》，法律出版社 2016 年版。

13. 王利明等：《民法学》，法律出版社 2017 年版。

14. 王林清：《公司纠纷裁判思路与规范释解》，法律出版社 2017 年版。

15. 曹志龙编著：《公司章程设计指引》，中国法制出版社 2018 年版。

16. 郭春宏：《公司章程个性化设计与疑难释解》，法律出版社 2018 年版。

17. 李占英：《公司章程制定实务与条款设计指引》，法律出版社 2017 年版。

18. 乔路主编：《公司章程制定指南》，法律出版社 2016 年版。

19. 邓海虹：《守护股权：股权控制精要详解及实务指引》，法律出版社 2016 年版。
20. 徐来：《实际控制人法律制度研究：以上市公司为中心》，知识产权出版社 2016 年版。
21. 石金平主编：《公司纠纷诉讼指引与实务解答》，法律出版社 2014 年版。
22. 刘月：《公司决议撤销之诉若干问题研究——基于案例的类型化视角》，载《法制博览》2013 年第 7 期。
23. 张子学：《公司突袭、权益披露、股权限制与正当目的规则》，载黄红元、卢文道主编：《证券法苑》第 18 卷，法律出版社 2016 年版。
24. 王宗正：《股东大会通讯表决的运行规则》，载《政治与法律》2008 年第 12 期。
25. 叶林：《股东会会议决议形成制度》，载《法学杂志》2011 年第 10 期。
26. 刘永光、陈碧珍：《日本股东大会召集权制度及其对我国的启示》，载《厦门大学法律评论》2004 年第 1 期。
27. 宋显忠、邵新：《约定送达地址：破解送达难“顽症”的新药方》，载《人民法治》2016 年第 10 期。
28. 王汝娟：《公司章程变更比较研究》，载《当代法学》2002 年第 11 期。
29. 最高人民法院案例指导工作办公室：《指导案例 8 号〈林方清诉常熟市凯莱实业有限公司、戴小明公司解散纠纷案〉的理解与参照》，载江必新主编：《最高人民法院司法解释与指导性案例理解与适用》第 1 卷，人民法院出版社 2013 年版。
30. 王保树：《公司法和公司章程适用中的法律问题》，载道客巴巴 2012 年 7 月 11 日，http：//www. doc88. com/p－733755898752. html。
31. 吕红兵等编著：《公司法适用疑难问题通览——法律原理、观点、实例及依据》，人民法院出版社 2013 年版。

二、译著

[德] 托马斯·莱塞尔、吕迪格·法伊尔:《德国资合公司法》,高旭军等译,法律出版社 2005 年版。

三、外文著作

Arthur T. Colr, legal and Mathematical Aspects of Cumulative Voting, 2 South Carolina Lew Quarterly 225 - 244 (1949).